舵手汇

www.duoshou108.com

聪明投资者沟通的桥梁

# 外汇日内交易与波段交易

凯西·莲恩（Kathy Lien）/著

山西出版传媒集团
山西人民出版社

**图书在版编目（CIP）数据**

外汇日内交易与波段交易／（美）莲恩著；魏强斌，文子译．
——太原：山西人民出版社，2011.12
ISBN 978-7-203-07516-5

Ⅰ．①外… Ⅱ．①莲… ②魏… ③文… Ⅲ．①外汇交易—基本知识
Ⅳ．①F830.92

中国版本图书馆CIP数据核字（2011）第246657号

著作权合同登记号 图字：04-2011-041



**外汇日内交易与波段交易**

---

**著　　者**：（美）凯茜·莲恩
**译　　者**：魏强斌，文子
**责任编辑**：梁晋华
**装帧设计**：蒋宏工作室

---

**出 版 者**：山西出版集团·山西人民出版社
**地　　址**：太原市建设南路21号
**邮　　编**：030012
**发行营销**：0351-4922220　4955996　4956039
0351-4922127（传真）　4956038（邮购）
**E-mail**：sxskcb@163.com　发行部
sxskcb@126.com　总编室
**网　　址**：www.sxskcb.com

---

**经 销 者**：山西出版集团·山西人民出版社
**承 印 者**：三河市利兴印刷有限公司

---

**开　　本**：710mm×1000mm　1/16
**印　　张**：20.25
**版　　次**：2012年5月第1版
**印　　次**：2015年5月第2次印刷
**书　　号**：ISBN 978-7-203-07516-5
**定　　价**：49.80

---

**如果印装质量问题请与本社联系调换**

# 推荐序
# 外汇交易界摩西的奠基之作

外汇市场的绝大多数书籍都是照搬股票市场的经验和模式，这是最为致命的做法。外汇市场绝非等同于股票市场，如果以做股票的思维做外汇绝然难以登堂入室。期货的杠杆往往低于外汇，即使如此许多做股票的交易者进入期货市场后也会败得一塌糊涂，所以装着做股票的思维来做外汇自然会输得不知方向。

凯西·莲恩的这本书完全没有半点股票思维在里面，全部是基于外汇市场的特征来展开的。如果硬要说有什么相同之处，只能说在最基本的交易哲学上和仓位管理上，以及所采纳的走势图表和技术指标上有貌似的地方。我阅读过很多国外的外汇交易书籍，也看过很多国内的外汇交易书籍，最大区别在于有没有创新，相比之下国内同行大多人云亦云，还停留在介绍“神秘指标和形态”的基础上。凯西·莲恩是国外同行的领军人物，她将很多心理分析法引入到外汇市场中，在本书中即有突出表现，比如认知差异分析等。在发展新的外汇分析方法上，她应该算作业界典范，在运用新的外汇交易策略上，她也堪称业界翘楚。

我郑重地向国内的外汇交易者们推荐本书，从这本书中得到的东西可以让你少走很多弯路，这是国内大多数外汇书籍所不具备的功效。这么多年来的经历让我切身体会到一位优秀的老师对于学生的重大意义所在，在一位优秀的老师指导下我们仅仅需要勤奋和反思就会有神速的进步。现在，就让我们一起聆听凯西·莲恩这位外汇界摩西的指引吧！

魏强斌

# 目 录

## 第五章　各个货币对的最佳交易时间



## 第六章　货币的相关性及其运用



## 第七章　外汇市场季节性分析



## 第八章　不同市场情况下的交易条件

## 第九章 技术面交易策略



## 第十章 基本面交易策略

## 第十一章　如何像对冲基金经理一样交易



## 第十二章　主要货币对的概况和特性

# 第一章
# 外汇市场——当代发展最快的金融市场

世界范围内参与外汇交易的机构和组织被通称为外汇市场。外汇市场常常被称为“forex”或“FX”，这是一个场外交易市场，因为不存在一个中央交易所和清算机构来撮合订单。世界上的外汇交易商和做市商通过电话、互联网和传真联系起来构成一个全天候运作的市场。

在过去几年当中，外汇成为了世界上交易最为广泛的品种。没有任何其他品种可以像外汇一样，在过去的三年间出现成交量71%的增长。根据国际清算银行2007年10月发布的三年央行调查报告介绍，外汇市场的日均成交量创造了3.2万亿美元的历史记录。在2004年日均成交量还是1.9万亿美元。这大约是纽约证券交易所和纳斯达克证券日交易量总和的20倍多。虽然有很多理由可以用来解释成交量在最近三年的跃升，但是最有意义的一种理由则是针对个人投资者的外汇在线交易的兴起，这与外汇成交量的跃升时间相当吻合。

# 外汇市场对于股票和债券市场的影响

并不单单是在线外汇交易的兴起促进了整个外汇市场的成交量。随着外汇市场在过去数年波动性的提高，许多交易者也日益意识到外汇市场波动将影响股票市场和债券市场。因此，如果股票、债券和商品交易者们想要做出明智的交易决策，就必须追踪和考虑外汇市场的变化。下面是一些外汇市场波动影响股票和债券市场的历史实例。

## 欧元/美元汇率与公司利润

对于股票交易者，特别是投资那些大量出口美国的欧洲公司的交易者而言，密切关注汇率的变化对于预测公司的收益和利润状况是非常重要的。自从2003年开始，欧洲的制造商们就大肆抱怨欧元的升值和美元的贬值。导致美元走软的罪魁祸首是美国快速增长的贸易赤字和预算赤字，也就是所谓的“双赤字”问题。这个问题导致欧元兑美元汇率飙升，而这又使得欧元区出口给美国消费者的商品变得更加昂贵，最终导致欧元区公司的利润下降。在2003年，由于德国大众公司没有进行充分的汇率对冲，造成了大约10亿欧元的利润损失，而荷兰国家矿业公司，这家化工集团则警告说欧元兑美元汇率变动百分之一会导致公司利润损失700万到1100万欧元。不幸的是，不充分的汇率对冲在2008年的欧元区仍旧是一个普遍存在的问题。因此，密切关注欧元兑美元的汇率变化对于预测欧元出口商们的收益和利润水平是极其重要的。

## 日经指数和美元

参与日本股票的交易者们也需要注意美元走势的变化，以及美元走势如何影响日经走势的涨落。日本最近已经经历了长达十年的经济停滞。在这期间，美国的共同基金和对冲基金大幅减持了日本股票。当日本经济开始复苏的时候，这些基金争抢着入场，他们对自己的投资组合进行了调整，以免错失掉日本经济复苏带来的投资机会。对冲基金借入美元以便买入日本股票，增加持有的日本股票敞口。不过，这样做却使得他们对于美元利率变化极端敏感，对于美联储货币政策是否进入紧缩周期非常敏感。美元借贷成本的上升会打击日经指数的上扬走势，因为更高的利率会提高美元贷款的融资成本。美国拥有巨大的经常项目赤字，美联储为了维持和增加美元资产的吸引力就必须持续提高利率水平。因此，持续的加息伴随着日本经济的低速增长或许会使得基金过度融资买入日本股票的行为变得无利可图。因此，美元的变动对于日经指数的涨跌具有重要的影响。

## 乔治·索罗斯

在外汇对债券市场的影响方面，在外汇市场上众口交传的大人物之一是乔治·索罗斯，他被称为“打败英格兰银行的人”，并因此而闻名遐迩。关于这件事情的来龙去脉在本书的第二章将会有详细的介绍，不过这里可以简单提一下。在1990年，英国决定加入欧洲货币体系下的欧洲汇率机制，以便分享德国央行，也称为德意志联邦银行创造的低通胀且稳定增长的经济环境。英国加入这个机制后就必须将英镑与德国马克挂钩，而这意味着英国将受制于德国央行的货币政策。在20世纪90年代初，德国央行为了避免东、西德统一所引发的通货膨胀，采取了激进的加息举措。而英国为了维持国家的荣誉以及履行加入欧洲汇率机制的承诺，没有让英镑贬值。在1992年9月16日，被称为“黑色星期三”的时候，乔治·索罗斯通过融资将自己的基金从10亿美元增加到了100亿美元，卖空了价值100亿美元等值的英镑，他打赌英国会退出欧洲汇率机制。这是在与英格兰银行开战，逼迫它贬值英镑。在24小时内，英镑大跌了5%，大约5000点。英格兰银行承诺提高利率以便吸引投机者买入英镑。结果是债券市场也经历了巨大的波动，1个月的伦敦同业拆借利率先是上涨了1个百分点，接下来的24个小时内却回吐了此前的涨幅。如果债券交易者们完全没有注意到外汇市场的变化，那么就会对债券收益率的大幅起落目瞪口呆。

## 外汇市场与期货及股票市场的比较

传统上，外汇市场并不为大众所追捧，因为管制、资本要求和技术等方面的原因，使得最初能够参与外汇市场的主体被局限于对冲基金和商品交易管理顾问基金这类管理大量资金的金融机构，以及大公司和其他机构。传统的外汇市场之所以被局限于这些大型机构，主要原因是交易者承担的风险完全是个性化的。换言之，一个交易者可能采纳了一百倍的杠杆，而与此同时另外一个交易者却没有采用任何杠杆。但是，最近几年许多公司开始向散户（零售小额交易者）提供进入外汇市场的途径。这些公司向散户交易者提供交易融资和杠杆，免费的即时执行交易平台、行情图表和实时新闻等。这就使得外汇作为可选的交易标的的吸引力大大上升了，而外汇交易也因此变得大众化。

许多股票和期货交易者已经将外汇加入到他们的交易对象池中，或者转向只交易外汇。之所以出现了这样的趋势，是因为这些交易者开始意识到外汇与股票和期货相比具有更多的吸引力。

## 外汇与股票比较

外汇现货交易与证券股票交易相比具有如下区别：

### 外汇市场的主要特征

外汇市场是全球最大的金融市场，并且成交量和流动性还在不停地增长。

外汇市场是全天候的24小时交易市场。

交易者既可以从上涨走势中赚取利润，又可以从下跌走势中赚取利润。

不存在交易限制。

立即执行的交易平台最小化了成交滑移点差和错误。

即使存在更高交易杠杆带来更高风险的问题，许多交易者仍旧认为外汇市场是一个“物有所值”的市场。

### 股票市场的主要特征

市场流动水平一般，主要依赖于股票日成交量。

市场运行从纽约时间上午9：30持续到下午4点，盘后的场外电子盘交易时间存在限制。

现有的成交和交割费用，以及佣金较高。

存在上涨方能抛空的规则，也就是必须在上涨中卖空，这令日内交易者受到极大的制约。交易限制或许也对日内交易者产生了负面影响。

完成交易涉及的步骤太多，以至于增加了成交滑移和错误的几率。

外汇市场是全球最具流动性的市场，其巨大的成交量和极高的流动性允许交易者们能够以较低的交易成本和较高的杠杆参与其中。这是一个24小时运作的市场，无论牛熊市都能赚钱，错误率和成交滑移价差都被最小化，没有交易限制和上涨抛空的规定。交易者们可以运用与股票市场中采纳的一样的分析技巧来研究外汇市场。对于基本面交易者而言，可以像分析股票一样分析国家。对于技术面交易者而言，外汇市场是一个使用技术分析的理想市场，因为专业交易者们已经在广泛地采用各种技术分析工具。为了更好地明白外汇市场为什么具有如此的吸引力，为什么如此值得我们去参与其中，我们应该更进一步深入地了解外汇市场的特征。

### 24小时运作的市场

对于活跃的交易者而言，外汇市场是一个理想的交易对象，这是外汇市场之所以广受欢迎的一个主要原因。外汇市场的全天候特性使得交易者可以随时地参与其中，从而对全球的各种发展动向做出及时反应。全天候可以参与的特点也给了交易者们增加了自主选择交易时段的弹性。对于活跃的交易者而言，不必再等到纽约时间早上9：30证券市场开盘后才能进行交易。假如在纽约时间下午4：00到早上9:00之间国内外发布了重要声明或者是发生了重大事件，绝大多数日内短线交易者却只能等到证券市场9：30开盘后才能进行交易。但是，除非你能够访问电子经纪通讯网络（ECNs），比如电子经纪商极讯网络(Instinet），从而在正式开市前进行交易，否则你就很可能遭遇正式开盘后的不利跳空。在普通交易者能够开始参与之前，专业交易者们已经将事件的影响体现在价格之中了。

另外，绝大多数想要从事交易的人们也同时拥有一份全职的工作。能够在正式工作之余提供交易机会使得外汇市场对于所有交易者而言，都显得更加方便。随着全球金融中心全部积极融入到外汇交易中，一天当中的不同时段将提供不同的交易机会。在外汇市场中，大型在线经纪商在普通大众下班之后仍旧提供了同样的流动性，全天的交易点差保持一致。

我们来看下全球的外汇交易时段指南，在纽约时间星期天下午5：00，澳大利亚悉尼的外汇市场开盘。然后，日本东京市场在纽约时间下午

7:00开盘。接着，新加坡和香港在东部时间下午9:00开盘，之后是欧洲法兰克福早上2:00开盘，而伦敦在早上3:00开盘。到了早上4:00，欧洲市场进入最活跃的时段，而亚洲市场则结束了全天的交易。美国最先开盘的纽约市场，大约在早上8:00左右开始。星期一欧洲市场休息，到了下午5:00，悉尼外汇市场又开始新的一天。

交易最为活跃的时段是市场间重叠运行的时段。例如，亚洲市场和欧洲市场在早上2:00到大约4:00之间是同时开市的；欧洲市场和美国市场在上午8：00到大约11:00之间是同时开市的；而美国市场和亚洲市场在下午5:00到9:00之间是同时开市的。在纽约和伦敦交易时段中，所有的货币对都处于成交活跃的状态，而在亚洲交易时段，诸如英镑/日元和澳元/日元等货币对则倾向于创出成交高峰。

### 更低的交易费用

更加低廉的交易费用也使得外汇市场变得极具吸引力。在股票市场，交易者必须缴纳价差，也就是买价和卖价之间的差值。另外还可能收取手续费。对于一些在线股票经纪商而言，可能收取高达20美元一笔的交易手续费。假如你交易金额达到10万美元，那么可能收取高达120美元的手续费。外汇市场所具有的场外交易结构消除了交易和清算费用，这就降低了整个交易成本。一个纯粹的电子市场允许客户直接与做市商交易，剔除了佣金和中间商费用，这个电子市场创造的高效率进一步降低了交易费用。因为外汇市场提供了全天候的流动性，交易者可以在白天和晚上得到有竞争力的报价。股票交易者更加容易遭受流动性不足带来的风险，通常他们容易遇到较宽的买卖价差，特别是在市场收盘后和开盘前这段时间。

低交易成本使得在线外汇交易成为了短线交易者们的最佳市场。对于一个活跃的股票交易者而言，通常情况下每天进行30笔交易，如果每笔交易需要20美元的手续费，那么一天的交易成本就是600美元。这笔数额巨大的支出毫无疑问地将蚕食掉你的利润或增加你的亏损。为什么股票交易的成本如此之高呢？那是因为一笔股票交易有数个交易者参与其中。具体而言，对于每笔股票交易，都存在一个经纪商、一个交易所和一个做市商。所有这些参与方都需要付费，而他们的这笔费用是交易者以手续费或者清算费用的方式支出的。在外汇市场，因为没有处于中心位置的交易所和清算机构，所以就没有这类费用产生。

### 个性化的杠杆水平

虽然很多人都意识到更高的杠杆伴随着更高的风险，但是交易者毕竟是人，很少有人能够抵制利用别人的钱来赚钱的诱惑。外汇市场对于这些交易者具有非常大的吸引力，因为它提供了对于其他任何市场而言都是最高的交易杠杆水平。绝大多数在线外汇经纪公司都为普通账户提供了100倍的杠杆融资水平，对于迷你账户则提供了高达200倍的杠杆融资水平。比起普通投资者在股票市场获得的2倍杠杆以及专业投资者获得的10倍杠杆而言，外汇交易可以获得的杠杆实在是高很多，这也难怪为什么会有这么多的交易者转向外汇市场。外汇市场的杠杆交易保证金不等同于购买证券时付的定金，而是相当于购买证券时一般保证金。更进一步来讲，交易保证金是履约保证或者是善意保证，以确保有能力支付交易中的亏损。这对于那些需要提高资本水平以便快速盈利的短线交易者而言是非常有用的。杠杆水平实际上是个性化和客户化的，这意味着那些更加厌恶风险的投资者可以只采用10倍或者20倍杠杆，甚至不采用杠杆。但是，交易杠杆是一把双刃剑，如果缺乏适当的风险管理，一个较高水平的杠杆也会导致绝大的亏损。

### 无论牛熊，皆能获利

在外汇市场中，无论是上涨的牛市还是下跌的熊市都提供了潜在的获利机会。因为外汇交易总是涉及买入一种货币，同时卖出另外一种货币，这里不会存在单一的买入或者卖出，也就是说这个市场不存在结构性的偏向。因此，如果你做多一个货币，那么你也在做空另外一个货币，结果便是潜在利润在上涨和下跌的趋势市场中同时存在。这与股票市场存在很大的区别，因为股票市场中的绝大多数交易者都倾向于通过做多一只股票获利，而不是采取做空。所以，当股票市场进入熊市的时候，股票市场中的主要投资群体都会普遍亏损。

### 没有上涨方能做空的限制

外汇市场是全球最大的市场，它促使做市商们提供最具竞争力的报价。不像股票市场，这里不存在因为下跌而不能抛空的情况，在下跌中做空交易不会中止，只是存在重新开盘时跳空的情况。这个市场剔除了那些导致利润损失的陈旧的交易管理。在外汇市场中，交易者能够24小时地参与交易，而不被打断。

### 在线交易降低了错误率

总体而言，交易过程越短则错误率越低。在线外汇交易是一个典型的三步过程。首先是一个交易者在平台上下单，接着外汇交易平台将自动通过电子信息通道执行它，最后订单确认信息会传到交易者的交易平台上。通常情况下，这些步骤会在几秒之中完成。而股票交易，一般存在五个步骤。首先是交易者会要求他的经纪商下单，第二步则是经纪商将这个单子送到交易场内，第三步是场内的经纪商专员尽力撮合这些订单，此时经纪商同另外的经纪商竞争以便为客户取得最佳的成交价，第四步是专员完成交易，第五步是交易者从经纪商那里收到订单完成的确认信息。由此看来，外汇交易取消了经纪商，最小化了错误率，同时也提高了交易的效率。

### 缩小了成交滑移价差

不像股票市场，许多在线外汇做市商提供了实时的双边报价，这就使得交易可以被立即执行。这些报价是外汇做市商们愿意与交易者进行买卖的价位，而不是那些饱受诟病（应该是承兑）仅仅是显示市场交易走势的无意义价位水平。交易者的订单在数秒之内被执行和确认。健全的交易系统在给出买卖报价之前不会对客户的潜在订单规模作出要求，也不会要求客户提供的交易方向。只有那些无效率的做市商们，才需要知道投资者是卖家还是买家，然后隐瞒和变动价格以增加他们自己在客户交易中的收益。

通常情况下，股票市场是在所谓的“仅次于最好价格”系统下运行的，也就是说在这个系统下你不能以想要的价格成交，而是以下一个可以得到的最好价格成交。举例而言，比如微软在$52.5元水平进行交易。假如你这个价位水平下了一个买入订单，当这个订单达到场内的经纪商专员那里时，股价可能已经变成了$53.25元。在这种情况下，你的单子不会在$52.5元成交，而是在$53.25元成交，实际上是损失了$0.75元。一些的较好的做市商提供的具有更高透明度的报价，从而确保交易者总是能够获得一个公平的价格。

### 技术分析的理想市场

对于技术分析者而言，外汇的紧密区间走势持续时间较少，外汇倾向于发展成为强劲的单边走势。在这个市场上，超过80%的成交量是投机性的，这使得外汇市场频繁发展过度，然后又自我修正。技术分析可以很好地运用于外汇市场，一个技术高超的交易者能够很容易识别新的趋势和突破，这些走势运动为交易者提供了进出获利的许多机会。所有的职业外汇交易者都在采用图表和指标，其中蜡烛图表在绝大多数软件图表包中都可以获得。另外，在这个市场中，最为常用的技术指标，比如菲波纳奇回撤、随机震荡指标、MACD、移动平均线和相对强弱指标以及支撑/阻力线等在许多情形下都被证明是有效的。

请看图1.1英镑兑美元的例子，显然图中的菲波纳奇回撤、移动平均线和随机震荡指标给出了成功的交易信号。比如，50%回撤水平在2005年1月到2月之间为英镑兑美元提供了支撑。10日和20日简单移动平均线的交叉成功预测了2005年3月21日英镑兑美元的抛售。那些专注于技术分析的股票交易者们要转移到外汇市场中应该是很容易的，因为他们能够在外汇市场中运用同样的技术策略。

图1.1英镑/美元的走势图（资料来源：www.eSignal.com）

## 如同分析股票一样分析国家

对于基本面交易者而言，外汇交易并不困难，他们可以像分析股票一样分析国家。比如，如果你分析一家上市公司的成长率，那么也可以通过国内生产总值来分析一个国家的成长率；如果你分析上市公司的存货和生产比率，那么也可以通过工业产值或耐用品订单来展开对国家经济类似的分析；如果你分析上市公司的销售数据，也可以分析国家的零售数据。如同股票投资一样，交易者最好投资那些增长更快国家的货币，同时这些国家的经济状况要比其他国家更好。汇价反映了对某一货币的供求均衡状态。影响某一货币供求的两项主要因素是利率水平和整体经济状况。反映一个经济体总体健康状况的经济指标有GDP、国外

投资以及贸易差额等，这些经济指标也导致了该国货币供求关系的根本变化。在特定的时间段会有大量经济数据公布，其中一些经济数据较另外一些更为重要。应该密切关注与利率和国际贸易相关的数据。

如果市场对于未来利率变动感到不确定，那么任何一点有关利率的新闻都会直接影响外汇市场的走势。通常情况下，假如一国提高它的利率水平，随着投资者将资产转向这个国家以便获得更高的收益，这个国家的货币相对于他国的货币将走强。不过总体而言，加息对于股票市场是利空消息。当利率水平升高时，部分投资者会将资产从该国股票市场上撤走，而这会使得该国货币走弱。判断哪种因素起主导作用是很棘手的事情，但是在事前对于利率的影响，市场整体上会有一个一致的评估。对于利率水平有最大影响的经济指标是生产者物价指数（PPI）、消费者物价指数（CPI）以及GDP。一般而言，利率变动的时间是预先知道的，它们一般会在英格兰银行、美联储、欧洲中央银行、日本银行及其他一些央行的例会结束后公布。

贸易差额这个经济指标显示了某一时段一国进出口额的差值。假如一国的进口额大于出口额，则贸易差额为赤字状态，而这对于该国货币的汇率水平通常为利空消息。举例来说，如果美国卖出美元来买入其他货币，以便支付进口商品，美元的流出就会导致美元贬值。同样，如果贸易数字显示出口增加，美元会流入美国，同时导致美元升值。从一国经济的角度来看，贸易赤字本身未必是坏事。但是如果赤字水平大于市场的预期，则将引发汇率的贬值走势。

## 外汇与期货比较

外汇市场不仅比股票市场具有优势，对于期货市场也具有相当多的优势。许多期货交易者将外汇现货交易纳入到他们的交易组合中。我们先介绍下外汇现货交易的特点，然后再与期货交易的特点进行比较。

### 外汇市场的主要特征

它是全球最大的市场，并且流动性还在增长。

24小时全天候交易。

无论牛市还是熊市都存在获利机会。

没有上涨方能做空的限制。

即时执行的交易平台最小化了成交滑移价差和其他错误。

虽然较高的杠杆水平增加了风险，但许多交易者则认为外汇市场带来了更高的潜在收益。

### 期货市场的主要特征

市场流动性有限，依赖于各月份交易合约的流动性

交易清算费用和佣金导致更高的交易成本

期货交易的开市时间短于现货外汇市场，并且取决于交易品种；每个交易品种或许有不同的开盘和收盘时间，盘后交易时间存在限制。

期货的交易杠杆高于证券，但是远远不及外汇交易中可以运用的杠杆水平。

通常情况下，期货市场中熊市持续的时间较长。

场内交易的构架增加了成交滑移价差和其他错误的概率。

正如股票市场上许多分析和交易策略可以运用于外汇市场一样，期货市场中的策略也可以运用到外汇交易中。绝大多数期货交易者都运用技术分析手段，正如之前在股票对比部分提到的一样，外汇市场是运用技术分析的理想场合。实际上，技术分析是职业交易者们运用最普遍的分析工具。我们看看期货市场与外汇市场的具体优劣比较吧。

### 交易时长和流动性比较

外汇市场的交易量大概超过了期货市场的五倍。外汇市场全天候24小时运行，而期货市场的运行时间则很混乱，不同的交易品种有不同

的交易时间。比如纽约商品交易所的黄金期货的交易时间为早上7:20到下午1:30，而美国商业交易所的原油期货的交易时间为早上8:30到下午2:10。期货市场运行时间的差异不仅容易引发混乱，而且也使得交易者很难对盘后公布的重要消息做出及时反映。

另外，如果你有一份全职工作，仅能在工作之余从事交易，那么期货对你而言就不是一个合适的市场。你基本上是根据过去的价格来下单，而不是根据现在的市价。缺乏透明度让交易变得困难重重。而在外汇市场上，如果你选择了正确的做市商来从事业余交易，则可以保证你在一天中的任何时间都得到相同的市场流动性和报价点差。此外，每个时段都有特定的新闻和事件，这些能够推动特定的货币对波动。

### 低至零的交易成本

在期货市场中，交易者必须支付买卖价差和（或）佣金。就大多数期货经纪人而言，一笔10万美元的头寸通常需要支付接近160美元的佣金，甚至更多。外汇市场所具有的场外交易架构剔除了交易清算费用，而这降低了整个交易成本。一个纯粹的电子交易市场允许客户直接与做市商进行交易，这就消除了中间环节导致的成本，这提高了效率，进一步削减了整个流程交易的成本。因为外汇市场提供了全天候的流动性，所以交易者无论是白天还是晚上都能够获得更窄的买卖价差和更具竞争性的报价。而期货交易者更容易遭遇流动性风险和更高的价差，尤其是盘后交易时。

低至零的交易成本使得在线外汇市场成为短线交易者的最佳交易目标。假如你是一位激进的期货交易者，通常每天做20笔交易，每笔交易支付100美元的佣金，那么一天就需要支付2000美元的佣金。一笔典型的期货交易涉及经纪人、期货经纪商、交易场内的书记员以及场内的马甲和交易员。所有的这些人员和机构都需要支付薪金，他们的收入是以佣金和和结算费用的方式获得的，而外汇市场的电子化则使得这些成本最小化了。

### 没有涨跌幅限制，无论上涨下跌都能获利

在外汇市场中，不存在上涨和下跌限制规则，这点与存在严格涨跌限制的期货市场不同。比如，如果标准普尔500指数期货合约较前一天收盘价下跌超过5%，则在接下来的10分钟时间里期货价格只能在不低于5%跌幅水平的区域交易。如果跌幅超过20%，则交易将被停止。外汇市场具有的分散特征使得日内交易不存在交易所强制执行的限制措施。因此，外汇市场降低了交易所陈旧管制带来的利润损失。

### 执行质量和速度/较低的错误率

众所周知，期货市场报价和成交方面存在不一致的现象。每个期货交易者都经历过等待半个小时甚至更长时间单子才被市场成交的情况，而这个成交价格可能已经远离了最初下单的价位。虽然有电子交易平台和订单执行速度的有限保证，市场订单的实际成交价格仍旧存在不确定性。这种缺乏效率的情况源于完成一笔期货交易所涉及的步骤太多。一笔期货交易的典型过程包括七个步骤：

1.客户打电话给他的经纪人下单，或者是通过电子平台在线下单。

2.交易台受到订单后进行处理，然后传给交易所内的期货经纪商的订单处理平台。

3.期货经纪商的订单处理平台将订单传给订单书记员。

4.订单书记员将订单传递给场内马甲，并且向场内交易员发出信号。

5.交易员在场内执行这笔交易。

6.交易确认信号发给场内马甲，或者发送给订单书记员，同时被期货经纪商订单平台处理。

7.经纪人受到交易确认信息，并将它发给客户。

与此相对的是，一笔外汇交易通常涉及三个步骤。一个交易者在平台上下单，外汇交易电子平台将自动执行这笔交易，交易确认信息显示或者记录在交易者的平台上。省去了期货交易中涉及的额外步骤，这使

得外汇交易的执行速度大为增加，同时降低了错误率。

另外，期货市场是在一个典型的“仅次于最好价格”系统下运作，在这个系统下交易者经常不能按照最初的订单价格完成交易，而是在仅次于最好价格的价位上完成交易。举例而言，假如一个客户在8800价位买入5张道琼斯3月期货合约，同时在8700价位下了止损订单。如果价格跌到这一水平，订单将很可能在8690被执行。这10个点的差别就是成交滑移价差，这在期货市场是一个非常普遍的情况。

在绝大多数外汇交易平台上，交易者执行订单的价格与实时报价一致。除了一些没有预测到的情况之外，在平台报价和执行价之间一般没有任何差别。即使在行情活跃时段和市场快速移动的时候也是如此。相反，在期货市场执行价并不确定，因为所有的订单都必须在交易所进行撮合，而这使得流动性受制于参与者的数目，而这限制了在报价水平成交的订单的数量。外汇市场的实时走势报价确保了市价单、止损订单和限价单能够以最小的成交滑移价差成交，也不会出现部分成交的情况。

## 外汇交易的不同途径

过去数年间，外汇市场飞速发展，许多外汇产品被开发出来以供投资或交易。外汇现货交易是这些外汇产品中最古老的一员，同时是其他新的外汇衍生品的基础。外汇期权、外货期货和外汇远期合约则相对较年轻。外汇远期合约的交易对象一般限制为非零售客户。要描述清楚这些新的外汇衍生品的差别需要一整本书，本书将只是给出一些有关其优缺点的基本介绍，肯定不免挂一漏万。

## 外汇现货

外汇现货市场是全球最大的市场，日成交量超过3万亿美元。

### 报价习惯

外汇现货以货币对的形式报价。举一个例子来说明，如果欧元兑美元的汇率是1.50，这就意味着每1欧元可以购买1.5美元。一个点的变动代表报价最后一位的单位变动，对于1手10万欧元/美元的合约而言，一个点的变动意味着10美元的价值变化。

### 优点

交易现货外汇市场的最大优点是它简单、流动性充裕、点差很窄、全天候可以参与。这里不存在到期日问题，而且账户规模可以较小。实时行情图表和新闻以及调查报告可以从许多经纪商处免费获得。

### 缺点

外汇现货市场的最大缺点是它是一个柜台外交易市场，这意味着这不是一个交易所交易市场。通常情况下，客户同他的外汇经纪商直接进行交易，这些经纪商的报价源于银行间市场。不幸的是并不是所有的经纪商都受到了政府相关机构的管理，不过这些情况将在未来得到改善。

### 其他评论

现货外汇市场的一个颇具争议的特点是杠杆交易，因为现货外汇市场交易的杠杆水平较高。部分经纪商提供了高达400比1的杠杆水平。许多人将现货外汇市场中如此慷慨的杠杆水平当成是福音，但事实上杠杆是一把双刃剑，它既能够增加收益也能够扩大损失。过高的杠杆水平也是许多交易者很难盈利的主要原因。交易者们有权改变他们的杠杆水平，但是他们往往不这么做。

## 外汇期货

外汇期货是芝加哥商品交易所在1972年创立的，这是第一份金融期货合约。外汇期货的日交易量估计为大约600亿美元。

### 报价习惯

外汇期货合约都是标准化的，以便于实际交割。期货合约的价格以单位外币的美元价格报出。比如，每欧元的美元价格或者是每日元的美元价格，每个点等于0.0001。比如，每份欧元合约涉及价值125 000欧元。

### 优点

外汇期货的最大优势是其交易通过一家交易所完成。这个市场极具流动性，且管理良好。由于每次交易都作为对手方，芝加哥商品交易所通过这个单一的对手方，清除了信用违约风险。关于价格和交易的信息很容易得到，也可以在电子平台上看到前5位的买入价和卖出价。

### 缺点

外汇期货合约都是标准化的，选择权就受到了限制。除非交易者一直持有期满合约，这样的话他们就必须进行实物交割。期货的买卖价差较高，这被一些交易者视为一大缺点，而且账户的最低金额门槛通常很高。佣金和管理费也比较高。

杠杆水平通常是5∶1。

## 外汇期权

有很多方法可以用来进行外汇期权交易。在费城股票交易所、国际证券交易所和芝加哥商品交易所都可以进行外汇期权交易。

### 报价习惯

外汇期权的报价习惯会依期权的交易地不同，而有所变化。比如，在费城股票交易所，欧元外汇期权以美元/每单位根本货币来表示，每手合约价格10000欧元。一个点价值100美元（即0.01欧元=货币价值×100）。在国际证券交易所，外汇期权以每一美元的外币单位来表示，以便创建一个类似指数的根本货币。比如，美元/欧元的汇率是0.7829，那么美元/欧元在国际证券交易所的期权的根本价值就是78.29（0.7829×100）。这个格式是为了帮助交易者更好地适应他们目前用于股票和指数期权的策略。一个点价值100美元。与之相对的，芝加哥商品交易所提供未来合约的期权交易，交易的单位是一手芝加哥商品交易所合约（用欧元表示，一手合约=125000欧元），最小的报价单位是0.0001每欧元，相当于一个点价值12.50美元。

### 优点

就像期货合约一样，期权也是在交易所进行交易的。它们可以用来控制风险，因为事先确定的最大损失就是保险费。他们也有很高的杠杆水平，对某些交易者有极大的吸引力。

### 缺点

交易外汇期权最大的劣势就是价值随时间过去而下跌（time decay）。另外，某些外汇期权产品有交易时间的限制。

## 交易型开放式指数基金

与外汇相关的交易型开放式指数基金（Exchange-traded funds）是最近加入外汇市场的一个新品种，时间是在2005年，当时瑞德克斯投资（Rydex Investments）首先推出了它的第一只外汇相关的交易型开放式指数基金，名为CurrencyShares。此后，名为PowerShares的基金也加入了这个市场，但是这个基金只是一家参与美元多头和空头的指数基金（DB U.S.Dollar Index Bullish and Bearish funds）。货币股票可以像其他任何一只挂牌上市的股票一样，在纽约证券交易所交易。

### 报价习惯

CurrencyShares可以像任何一只股票或传统交易所交易基金一样在美国纽交所群岛交易所（NYSE Arca）进行交易。CurrencyShares以5000股的整数倍进行交易。例如，一手CurrencyShares的欧元ETF等值于100欧元。另外，PowerShares经常是一篮子货币，这一外汇相关的开放式指数基金在美国股票交易所挂牌交易。

### 优点

对很多股票交易者来说，交易瑞德克斯的CurrencyShares的最大优点在于，它们简单，因为CurrencyShares与美国股票在同一交易所进行交易。

### 缺点

CurrencyShares最大的缺点是下午4:15停止交易，要到第二天纽约证券交易所重新开市才能继续交易。因为市场闭市，交易所货币指数基金主要是满足长期交易者的需要。另外，由于是在纽约证券交易所交易，所以它们有标准的股票交易手续费和费用比率。

## 谁是外汇市场玩家?

由于外汇市场是一个场外交易市场，没有集中的交易所，所以做市商之间的竞争防止了垄断性价格出现。如果某个做市商试图大幅度歪曲价格，交易者就会很容易地去选择另一个做市商。另外，点差也受到交易者密切的关注，以保证做市商不会随意地更改交易成本。相比之下，很多股票市场是在完全不同的方式下运作。举个例子，纽约证券交易所是在其挂牌上市的公司股票的唯一交易场所。集中化市场是由那些被称为专业证券商操作的，而做市商是用于分散化市场的术语。（见图1.2和图1.3）由于纽约证券交易所是一个集中化市场，所以无论何时，在纽约证券交易所交易的股票都只有一个买价/卖价。而分散化市场，比如外汇市场，就有众多的做市商，他们都有权提供不同的报价。让我们看看集中化市场和分散化市场都是如何运作的。

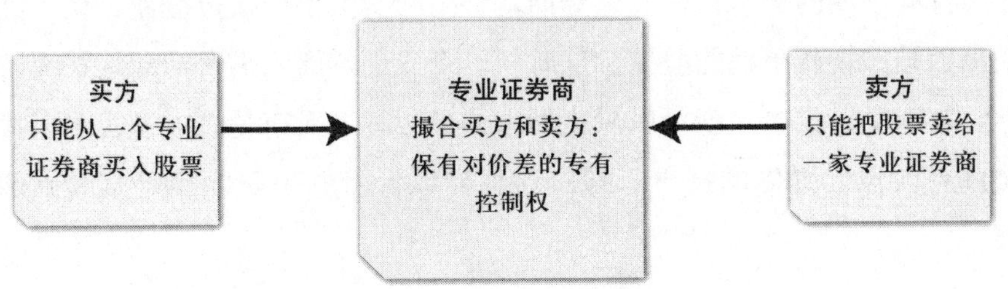


图1.2 集中化市场结构

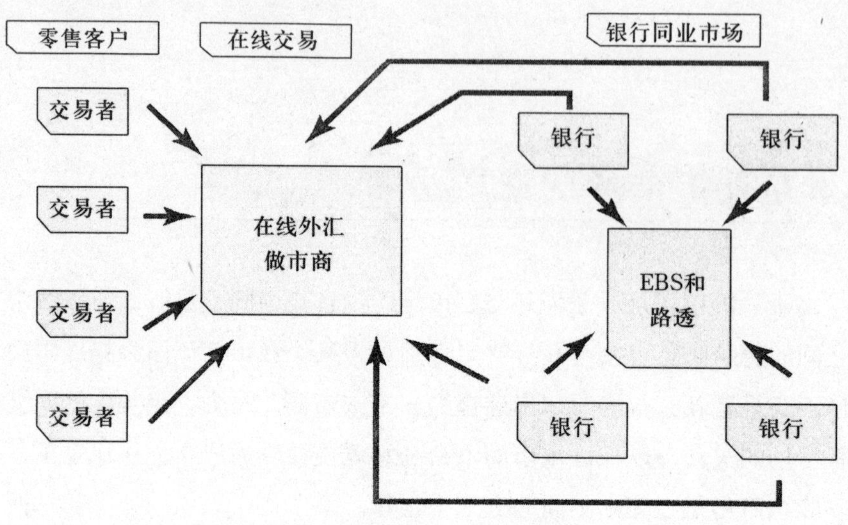


图1.3 分散化市场结构

## 集中化市场

集中化市场往往趋于垄断：唯一的专业证券商控制着市场，为了满足其自身利益，他们轻易就会歪曲报价。例如，如果市场上充满了卖家而没有预期的买家，专业证券商就必须从卖家手中接过股票，但不能卖出因被抛售而下跌的股票。这时候，专业证券商只需要简单地扩大价差，增加交易成本，就可以阻止后来的参与者进入市场。或者也可以大幅度更改他们提供的报价，通过这种操纵价格的手段以满足其利益需要。

## 分散化市场参与者的等级

外汇市场是一个分散化市场，所以拥有众多的做市商而没有唯一的专业证券商。外汇市场的参与者按照不同的等级关系组织起来，那些拥有更优良信贷资质、更大的交易量和更老练的参与者可以从市场获得优先权。

处于这个链条顶端的是银行同业市场，该市场在少量几种货币（主要是七大工业国的货币）上有着最大日交易量。在这个市场，经由银行同业经纪人或像电子经纪服务（EBS）和路透那样的电子经纪系统，最大的银行之间可以相互进行直接交易。银行同业市场是个核准信用系统，银行只和已经与他建立信用关系的银行进行交易。所有的银行都可以看到每个银行的报价。但是，为了可以在特定报价交易，银行必须与另一银行建立特定的信用关系。像在线外汇做市商、对冲基金和公司之类的其他机构必须通过商业银行才能进行外汇交易。

因为没有与大型银行建立信用关系，所以小型社区银行、新兴市场银行等很多银行、公司和机构投资者不能得到银行同业市场那样的价格。这就迫使小型的市场参与者只通过一家银行进行他们的外汇交易，而这往往意味着越底层的市场交易者，获得的价格越不具备竞争力。获得的价格最不具竞争力的是银行客户和外汇兑换代理。

最近，科学技术的发展打破了过去横在外汇交易终端用户和银行同业市场之间的壁垒。在线交易这场大变革为零售外汇客户打开了外汇交易的大门，它以高效、低成本的方式把做市商和市场参与者直接联系了起来。在线外汇交易平台就像一条去往外汇交易的通道。现在，普通的交易者可以与世界最大最强的银行一起，按照差不多的价格和执行速度参与交易。过去被大玩家控制和支配的游戏，现在开始慢慢变成一个公平竞争的舞台，个人也可以像大银行一样利用相同的机会并从中获利。外汇市场不再是大玩家的俱乐部，它为渴望大展拳脚的在线外汇交易者提供了大量的机会。

### 银行同业市场的交易平台

外汇交易量主要来自于银行同业市场。世界最主要几个银行间的电子交易都通过两个平台——电子经纪服务（EBS）和路透D3000。这两个平台都提供主要货币对的交易服务。但是，某些货币对在电子经纪服务（EBS）或路透D3000平台上的流动性更甚，交易更频繁。这两家公司都不断地想要侵占对方的市场份额。下面列举了在这两个交易平台最具流动性的货币对：

| 电子经纪服务（EBS） | 路透 |
| --- | --- |
| 欧元/美元 | 英镑/美元 |
| 美元/日元 | 欧元/英镑 |
| 欧元/日元 | 美元/加元 |
| 欧元/瑞郎 | 澳元/美元 |
| 美元/瑞郎 | 新西兰元/美元 |

交叉货币对一般不会在这两个平台上交易，而是通过主要货币对的汇率计算出来。举例来说明，如果一个银行同业交易员的客户想要买入澳元/日元，那么这个交易员很可能在路透D3000上买入澳元/美元，同时在电子经纪服务（EBS）上买入美元/日元。然后把两个汇率相乘，就得出可以提供给客户的澳元/日元汇率。这种货币对也称为合成货币对。这也解释了为什么交叉货币对点差要比主要货币对点差大的原因。

# 第二章
# 外汇市场上的历史性事件

在深入研究外汇交易之前，了解外汇市场上一些具有里程碑意义的历史性事件，是每个交易者都应该做的事情。因为即便到了今天，这些事件仍然不断被专业交易者提起。

## 布雷顿森林体系：选定美元为世界货币（1944年）

1944年7月，来自44个国家的代表在美国新罕布什尔州（New Hampshire）的布雷顿森林召开会议，目的在于建立新的制度以管理二战后的国际经济。二战过后，多数人认为国际经济的不稳定主要源于战争，未来应该杜绝类似动荡局面再度出现。由著名经济学家约翰·梅纳德·凯恩斯(John Maynard Keynes)和哈里·德克斯特·怀特(Harry Dexter White)提出的议案，最初是提出让英国加入租借法案——这是美国的一项法案，目的在于帮助英国在战后重建经济。在经过多方的谈判之后，布雷顿森林协议的最终版本得以确定，内容包括以下几个要点：

1.成立国际性组织，以促进公平贸易与国际经济和谐发展。

2.采用固定汇率制。

3.让黄金和美元直接挂钩，各国货币和美元挂钩。这就使得美元成为了国际储备货币。

上述内容中，只有第一点直到今天还仍然有效。布雷顿森林协议中成立的国际性组织包括国际货币基金组织（IMF）、世界银行和关税及贸易总协定（GATT）。这三个组织现今仍然存在，并在国际经济的发展和管理上扮演着决定性的作用。例如，布雷顿森林协议规定，国际货币基金组织执行每盎司黄金兑35美元的价格，并采用固定汇率制。为了保证固定汇率制不会造成国际经济基本面扭曲，国际货币基金组织还被要求提供适当融资。

自从布雷顿森林体系崩溃后，国际货币基金组织一直与布雷顿森林协议的另一个成果——世界银行紧密合作。现在，这两个机构定期向发展中国家提供贷款，帮助他们进行公共基础设施建设，以创造良好的有助于发展成为国际性投资舞台的商业经济环境。此外，为了确保这些国家在与工业国家贸易时，能够真正享有公平地位和合法途径，世界银行和国际货币基金组织还必须与关税及贸易总协定紧密合作。关税及贸易总协定最初只是一个临时性组织，现在这个组织致力于打破贸易壁垒，也就是关税和配额。

布雷顿森林体系从1944年开始运作，直到1971年被史密森协议取代。史密森协议是美国总统理查德·尼克松倡导建立的，用以弥补布雷顿森林协议缺陷的一个国际性公约。不幸的是，史密森协议也同样拥有“致命”的缺陷——虽然不再让黄金与美元挂钩，但是仍然保留了固定汇率制。固定汇率制不能满足美国持续增长的贸易赤字和国际对美元贬值的需要。于是，史密森协议成立没多久就夭折了。

最后，世界的汇率制度演变成了自由浮动汇率市场，供给和需求成为决定货币价值的唯一标准。虽然这个制度在过去确实引发了多次货币危机及货币剧烈的波动，而且现在仍然不断产生类似影响，但是，它也允许市场进行自我调节，因此市场可以自由地决定货币合理的价值。

对于布雷顿森林协议，它在国际经济舞台上可能最值得纪念的贡献就是改变了美元在国际上的地位。虽然英镑仍然很强势，而欧元这支革命性货币的诞生，也开拓了社会活动和国际贸易的新前沿。但是，美元目前仍保留着世界储备货币的地位。毫无疑问，这很大程度上都归因于布雷顿森林协议——通过让美元与黄金挂钩，使得美元成为世界最易流通和最可靠的货币，美元的地位得到极大巩固。虽然布雷顿森林协议已然成为过去，但是直到今天，它仍对美元和国际经济产生极大的影响。

## 布雷顿森林体系的结束：自由资本主义市场的诞生（1971年）

1971年8月15日，布雷顿森林体系，这个让货币价值与黄金价值挂钩的体系正式宣告结束。在这之前，这个体系已经名存实亡，虽然之后也出现过一些新的形式，但这次确是布雷顿森林体系真正彻底的拔除——货币价值不再与黄金挂钩，货币的波幅也不再限定在1%区间内。取而代之的是货币的合理价值由自由市场行为决定，比如贸易流动和外国直接投资。

虽然美国总统尼克松对布雷顿森林体系的结束有信心，认为这会给国际经济带来新的时机，但也不认为自由市场能发现货币真正的价值，且不引发灾难。尼克松和大部分经济学家推断，一个完全松散无组织的外汇市场会引发货币竞相贬值，从而导致国际贸易和投资的崩溃。尼克松和他的经济顾问还推断，由此引发的最后结果就是全球经济萧条。

于是，几个月后，史密森协议诞生。该协议被尼克松欢呼为“有史以来最伟大的货币协议”。史密森协议力求保留固定汇率制，却不再以黄金作为后盾。它与布雷顿森林体系的主要区别在于，美元的汇率的波幅从布雷顿森林体系的1%变到2.25%。

然而最后，史密森协议也同样被证明没有可行性。汇率不再与黄金挂钩，自由市场的黄金价格飙升到每盎司215美元。此外，美国贸易赤字持续增长，从基本面角度来讲，美元需要贬值到超过史密森协议规定的2.25%区间。鉴于上述问题，外汇市场被迫于1972年关闭。

1973年3月，外汇市场重新开放。这一次不再受到史密森协议的束缚：美元不再与任何商品挂钩，其价值完全由市场决定，同时汇率的波幅不再限定在某一区间内。虽然这赋予美元和其他货币以灵活性，以便适应快速发展的国际贸易新环境，但是同时也为史无前例的通货膨胀提供了舞台。布雷顿森林协议和史密森协议的相继结束，以及中东地区的冲突引发了石油价格暴涨，美国经济也陷入滞胀——高失业率和高通货膨胀率同时存在。不过在不到十年的时间内，美联储主席保罗·沃克尔引入新的经济政策，总统罗纳德·里根提出新的财政议案，美元才终于回归正常估值。这时，外汇市场完全发展起来，并能够服务于多种需要——除了为促进国际贸易采用一种“放任主义”的管理方式外，还开始吸引投资者参与到这个具有无比流动性并持续增长的市场中来。最终，在1971年，布雷顿森林体系崩溃，标志了一个经济新纪元的开始，它的崩溃不仅赋予了国际贸易自由，且极大地增加了投机机会。

## 广场协议——美元贬值（1985年）

20世纪国际经济的一大特点就是先后经历各种汇率机制——金本位制、布雷顿森林体系和史密森协议。在它们结束之后，外汇市场发展成完全没有规范的市场，只有自由资本市场这只“看不见的手”力求通过供给和需求来建立经济的平衡。不幸的是，因为一些意料外的经济事件，比如石油输出国组织（OPEC）遭遇的石油危机，以及贯穿整个70年代的经济滞胀和美联储财政政策的剧变，使得仅仅依靠供求关系已不足以规范外汇市场。外汇市场极需建立某种体系，该体系不能死板僵化，要具有灵活性。事实已经证明将货币价值与像黄金之类的商品挂钩的做法，太过死板，不利于经济发展。限定汇率的最大波幅也同样如此。在整个20世纪，外汇市场一直困扰于如何平衡规范和死板之间的关

系。虽然也取得了一些进展，但也非常需要一个最终的解决方案。

因此，在1985年，世界主要经济大国——法国、德国、日本、英国和美国的财政部长及央行行长们聚集在纽约的广场酒店，希望达成某种外交协议，以优化外汇市场的经济效益。国际首脑在关于某些国家的经济和整个国际经济的一些问题上达成了协议。

整个世界在这一时期的通货膨胀率非常低。相对于70年代的滞胀——高通货膨胀率和低经济增长并存，1985年的全球经济发生了180度转弯，不仅通货膨胀率低，且经济增长强劲。

低通货膨胀率，同时伴随强劲的经济增长，这样就可以保持较低的利率水平——这是发展中国家特别喜欢的情形。但是也会因此引来危险，比如像关税这样的贸易保护政策。美国拥有巨额且持续增长的经常项目赤字，而日本和德国却是数目巨大且持续增长的贸易顺差。如此严重的贸易不平衡会导致严重的经济不平衡，继而扭曲外汇市场以及国际经济。

所以需要采取行动来解决经常项目的不平衡和贸易保护主义的危害。最后认为美元的快速升值——美元兑主要贸易伙伴的货币升值超过80%——是主要的祸根，是它导致了巨额的贸易赤字。如果美元贬值，就能自然地平衡所有国家的进出口能力，进而有助于稳定国际经济。

在广场酒店会议上，美国说服了其他与会国联合进行多边干预。1985年9月22日，广场协议正式生效。这个协议旨在允许美元可控地贬值以及主要非美货币升值。各个国家都同意改变他们的经济政策，同意在必要时干预外汇市场，让美元贬值。美国同意消减其预算赤字并降低利率。法国、英国、德国和日本同意提高利率。德国还同意开始减税，而日本同意让日元汇率“充分地反映其经济的潜在强势”。但是，广场协议的实际执行问题在于不是每个国家都遵守了诺言。美国尤其没有遵守其最初消减赤字的承诺。日本由于日元急剧升值遭受巨大损失，因为出口商在海外不再具有竞争力。有人认为，这是最终导致日本长达10年经济不景气的原因。相反的，受惠于这个协议，美国享有了相当可观的经济增长和平稳的物价。

多边干预的协议很快显效。两年的时间内，美元兑德国马克（DEM）和日元(JPY)分别下跌了46%和50%。图2.1显示了美元兑德国马克(DEM)和日元(JPY)的下跌走势。结果，美国的经济变得更多以出口为主，而像德国和日本等工业国则担当了进口国的角色。这渐渐解决了眼下经常项目赤字的问题，也把贸易保护主义的威胁降到了最低。但最重要的可能是，广场协议确定并巩固了中央银行管理汇率波动的角色：是的，汇率不再固定不变，主要由供给和需求来决定；但是，一旦市场这只“看不见的手”失效时，世界的央行就有权利和责任在必要时代表国际经济进行干预。

图2.1 广场协议的汇价波动

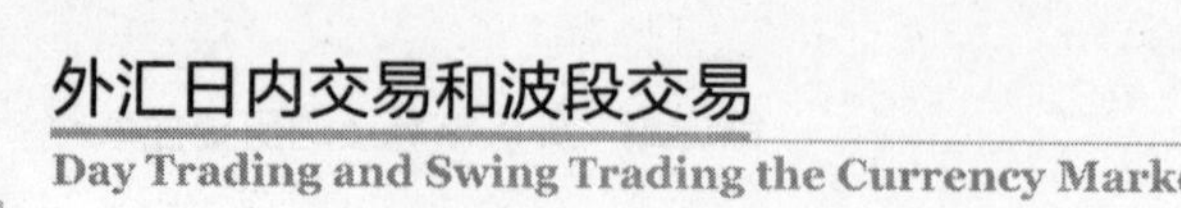


## 乔治·索罗斯——打败英格兰银行的人

当乔治·索罗斯卖空价值100亿美元等值的英镑，并取得胜利后，他成为众人皆知的“打败英格兰银行的人”。无论你是否喜欢他，索罗斯在外汇史上写下了最精彩绝伦的一笔。

### 英国加入汇率机制

1979年，法国和德国倡议建立欧洲货币体系（EMS），以稳定汇率、降低通货膨胀并为货币一体化作准备。最初成员国是法国、德国、意大利、荷兰、比利时、丹麦、爱尔兰和卢森堡。欧洲货币体系的主要构成——汇率机制（ERM）给予各成员国货币兑一篮子货币，即欧洲货币单位（ECU）一个中心汇率。各成员国必须保持其货币在双边中心汇率上下2.25%的区间内波动。汇率机制（ERM）是一个可调整的盯住汇率体系。在1979年到1987年间，已经过了9次调整。英国并不是汇率机制最初的成员国，最终是在1990年，按照1英镑兑2.95德国马克，波动幅度在上下6%区间内的规定加入该汇率机制。

直到1992年中，汇率机制看起来都是成功的。因为在德意志联邦银行的领导下，整个欧洲的通货膨胀显著降低了。但是，稳定的局面并不能长久维持，因为国际投资者开始担心汇率机制内有些货币的汇率并不恰当。1989年德国重新统一之后，政府开销急剧增加，迫使联邦银行印制更多的钞票，从而导致了较高的通货膨胀率，这又使得德国央行除了加息，别无他择。但是加息也会带来其他影响——给德国马克上涨施加了压力。同时为了维持盯住汇率制，其他央行也不得不跟着加息（直接应用了欧文·费雪的利率平价理论）。当意识到英国疲软的经济和高失业率将不会允许英国政府长期维持这一政策时，乔治·索罗斯开始展开行动。

## 索罗斯豪赌英国退出欧洲汇率机制

量子对冲基金经理本来是打赌英镑会下跌，因为英国要么贬值英镑，要么就退出汇率机制。由于在欧洲货币体系期间逐步取消了资本控制，这时的国际投资者在利用其察觉到的经济失衡上比以前有了更大的自由。所以通过借入英镑和投资德国马克计价的资产，索罗斯建立了英镑空头头寸和马克多头头寸。他还大量地使用了期权和期货。头寸总计达到庞大的100亿美元。索罗斯不是唯一这样操作的人，其他很多投资者纷纷效仿。每个人都在抛出英镑，给英镑施加了巨大的下行压力。

刚开始时，英格兰银行动用了大量的储备来买入英镑，试图保卫盯住汇率制度。但是，他的消毒干预（Sterilized interventions）作用有限。所谓消毒干预，也就是通过公开市场干预，使货币基数保持不变。英镑汇率仍然跌到了接近固定区间下限的程度，情况十分危险。1992年9月16日，也就是后来被称为“黑色星期三”这天，银行宣布加息2%（从10%提高到12%），以提高英镑的吸引力。几小时后，银行承诺再次加息到15%，但是以索罗斯为首的国际投资者毫不动摇，他们知道巨额的利润即将到来。交易者持续抛出大量英镑，英格兰银行则不断买入。直到最后当晚7点，英国财政大臣诺曼·拉蒙特（Norman Lamont）宣布英国将退出汇率机制，利率仍然回到最初10%的水平。混乱的“黑色星期三”标志着英镑实际价值极速贬值的开始。

英镑重新回到浮动汇率，到底是因为以索罗斯为首的投资者们狙击英镑，还是因为简单的基本面因素，至今仍有争议。但是，确定无疑的是，在接下来的5个星期里，英镑兑德国马克下跌约15%，兑美元下跌25%（如图2.2和图2.3所示），给索罗斯和其他交易者们带来了巨额的利润。一个月内，通过卖出当时价格较高的德国马克以及买回当时价格较低的英镑，量子基金兑现了约20亿美元。“打败英格兰银行的人”显示了央行在面对投机力量的攻击时，也是如此的脆弱不堪。

图2.2 遭遇索罗斯狙击后的英镑/德国马克走势图

图2.3 遭遇索罗斯狙击后的英镑/美元走势图

# 亚洲金融危机（1997年-1998年）

1997年7月2日，亚洲新兴国家的经济像多米诺骨牌一样倒下。这个例子很好地显示了全球资本市场的相互依存关系，以及随之而来的对整个国际外汇市场的影响。根据几个基本面因素的分析，亚洲金融危机的蔓延很大程度上源于隐蔽的贷款方式、巨额的贸易赤字和未发展成熟的资本市场。这些因素加起来，促成了这场“完美的风暴”，使得亚洲主要市场无力招架，曾经一度被视为珍贵的货币一下子贬值到非常低的水平。在这期间，证券市场受到的不利影响显而易见，外汇市场也未能幸免于难。

## 经济和金融泡沫

直到1997年之前，投资者越来越多地被亚洲的投资前景所吸引，都把焦点集中在亚洲的房地产市场和股票市场上。外国的投资资本纷纷涌入那些生产力提高，经济高速发展的亚洲国家，比如马来西亚、菲律宾、印度尼西亚和韩国等。使用货币泰铢的泰国经历了1988年13%的高速经济增长（1996年下降到6.5%）。在实行盯住美元汇率制后，这些国家获得了额外的贷款以助其把经济发展得更强大。由于货币与美元挂钩，像泰国这样的亚洲国家可以保证他们金融市场的稳定，而稳定的汇率又有助于他们与世界最大经济体进行出口贸易。最后，因为潜在的基本面因素被市场确认，预期价格会继续上升而增加了投机头寸，这些国家的货币开始升值。

## 经常项目赤字和不良贷款大幅增加

但是，1997年初，由于国际收支赤字对于各国政府来说越来越难以应付，而且贷款的方式也显示出对经济基础的危害，市场情绪开始发生转变。特别是经济学家已经发出警告——1996年泰国的经常项目赤字已激增到147亿美元（从1992年开始上升）。虽然相对于美国而言还不算太多，但也已占到了泰国国内生产总值的8%。隐蔽的贷款方式也极大地助推了经济的崩溃，因为有亲密个人关系的借款人和高级官员可以从中获得极高收益，而这种现象令人惊讶地充斥着整个地区。这种情况也波及了韩国很多高度负债的集团企业，不良贷款猛涨到国内生产总值的7.5%。

同样的情况也出现在了整个日本的金融机构。1994年，在宣布问题贷款和不良贷款总计达1360亿美元后，日本官方还承认一年后这一数字会高达惊人的4000亿美元。加上低迷的股票市场、降温的房地产市场和急剧的经济减速，投资者看到了日元贬值的机会。随后，日元贬值也给邻国货币贬值施加了压力。当日本资产泡沫破灭后，资产价格下跌了10万亿美元，而房地产价格的跌幅几乎占了整个跌幅的65%，差不多是国家两年的总产值。资产价格的下跌引发了日本银行的危机。这场危机从1990年初开始显现，随着一些著名金融机构纷纷破产，到1997年已发展成为全面的系统危机。作为回应，日本金融管理局通知有可能提高基准利率，以维护本国货币币值。不幸的是，这项考虑最终没有实行，继而引发了赤字。当泰国宣布对泰铢实行管理浮动汇率后，央行的储备大量蒸发，加上巨大的抛售压力，最终，汇价像滚雪球一样下滑。

## 货币危机

随后爆发了大规模的卖空潮。虽然官方试图干预，但是上述亚洲国家的经济最终还是走向崩溃，政府对此无能为力。曾经被视为珍贵的泰铢贬值多达48%，到新年时更是暴跌近100%（此处应该是“美元兑泰铢升值48%，到新年时更是暴涨近100%。”——译者注）。而受损最严重的是印尼盾。在与泰铢实行爬行盯住（crawling peg）汇率制的初期，印尼盾还能保持相对稳定，之后没多久，印尼盾兑美元就从前期的高点12950暴跌了228%（此处应该是“美元兑印尼盾暴涨到12950，涨幅228%”——译者注）。图2.4显示了这两只货币异常剧烈的波动。图2.5则显示了从1997年到1998年，主要货币中日元兑美元从最高点到最低点下跌了近23%（此处应该是“美元兑日元从最低点到最高点上涨了近23%”——译者注）。

图2.4 亚洲危机的汇价走势图

1997–1998年的亚洲金融危机反映了经济相互关联及由此造成的对全球外汇市场的影响。这场危机也显示出，当面临势不可当的市场力量，加上缺乏可靠稳固的经济基础时，央行无法成功地干预货币的价值。现在，在国际货币基金组织重整方案的援助下，并履行了更为严格的规定，亚洲“四小龙”再度活跃起来。随着通货膨胀基准的建立和出口市场的复苏，东南亚又站回了在世界工业经济地区中的重要位置。由于外汇储备大量蒸发，亚洲新兴国家现在开始展开行动，确保他们手中持有大量储备，以防备投机者再次狙击他们的货币。

图2.5 亚洲危机美元/日元的价格走势

## 欧元的诞生（1999年）

欧元的诞生是一项永载史册的人类成就，标志着有史以来最大的货币变革。1999年1月1日，欧元作为一只电子交易货币正式发行。欧洲货币联盟（European Monetary Union，EMU）最初的11个成员国是：比利时、德国、西班牙、法国、爱尔兰、意大利、卢森堡、荷兰、奥地利、葡萄牙和芬兰，希腊于两年后加入。各成员国的货币兑欧元都有一个特定的兑换率，并统一采用欧洲央行（ECB）制定的货币政策。在很多经济学家看来，这个体系在理想上应该包括欧盟（EU）最初的15个成员国，但是直到现在，英国、瑞典和丹麦仍然在使用自己国家的货币。欧元的纸币和硬币直到2002年的前两月才正式开始流通。在决定是否采纳欧元时，欧盟各成员国必须衡量这项重大决定的利和弊。

欧元对欧洲货币联盟成员国的公民来说，最突出的地方在于旅游变得更方便了。当然，欧元也给各成员国带来了其他很多好处：

- 消除了汇率的波动，在欧元区创造了一个更加稳定的贸易环境。
- 消除了欧元区内所有的汇率风险，使得企业在做投资决定时有更大的确定性。
- 减少了交易成本（主要与换汇、对冲操作、跨国支付和多个外币账户的管理有关）。
- 使物价变得更透明，因为消费者和企业更容易进行跨国物价比较；当然反过来也加剧了竞争。
- 巨大的单一货币市场对外国投资者更具有吸引力。
- 经济体规模巨大且稳定，加上央行抗通胀的可信度增加，使欧洲央行能以较低的利率控制通货膨胀。

当然，欧元并不是没有局限性。抛开政治主权不谈，采用欧元的主要问题在于，各成员国从根本上丧失了独立的货币政策。由于不是每个成员国的经济都与欧洲货币联盟的整体经济完美地相关联，所以就会出现一个国家国内经济不景气却遭遇欧洲央行提高利率的情况。这种情况尤其多发生在较小的国家身上。于是，这些国家只能更多地依靠财政政策。可是当财政政策不能和货币政策很好地配合时，财政政策的效果也会大打折扣。而且，由于《欧洲稳定与增长公约》规定成员国的预算赤字不得超过GDP的3%，这对财政政策来说不啻于雪上加霜。

对于欧洲央行作为一个中央银行的效用，也存在着一些担忧。虽然它的通胀目标是略微低于2%，但是欧元区的通货膨胀从2000年到2002年逐渐超过了基准。最近，已超过了2%这一目标。从1999年到2002年末，由于对欧元（也包括联盟本身）缺乏信心，欧元兑美元从1999年1月的1.15左右跌到2000年5月的0.88，共下跌24%。迫使欧洲央行在2000年的最后几个月不得不干预外汇市场。不过，从此以后，情况发生了极大的转变，欧元现在的价值高于美元。而且很多分析师认为，欧元将在未来某天取代美元成为世界主要的国际货币。（图2.6显示了欧元从1999年诞生后的走势）

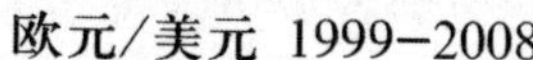


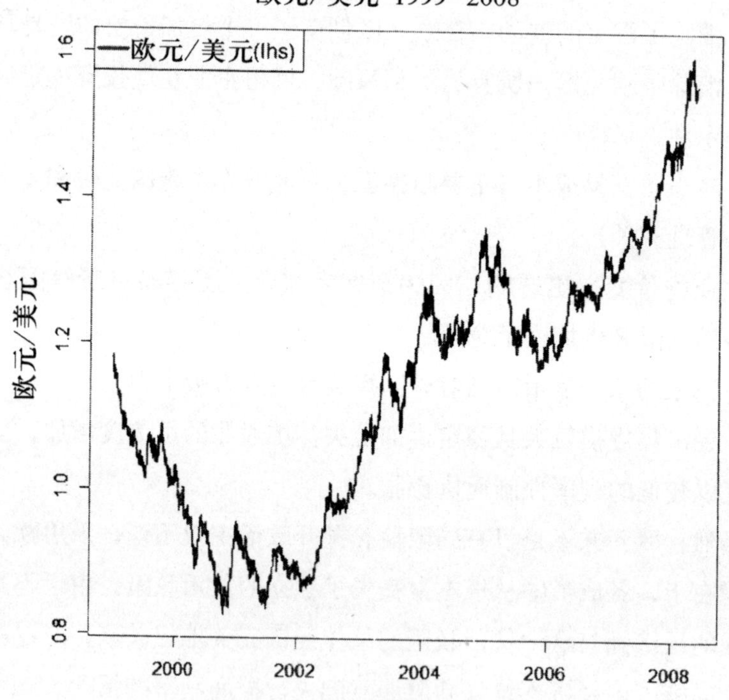


图2.6 自欧元诞生日起的欧元/美元走势

接下来的几年里，有超过10个成员国决定采纳欧元。这次扩张使得欧洲货币联盟的人口增加了1/5，这在政治和经济上都是重大的历史性事件。在新成员中，除了两个国家外，其他都是前苏联的加盟共和国，他们在历经15年的重组之后，加入了欧盟。这些国家成为了这个拥有人口4.5亿的世界最大自由贸易区的一部分。在这些新加盟国中，最大的三个国家是波兰、匈牙利和捷克——他们的GDP占了所有新成员国的79%——但他们还不会立即采纳欧元，因为规定欧元区内各国的财政赤字不能超过国内生产总值的3%，而这三个国家目前的财政赤字预计接近6%。估计他们要推迟到2009年初才能采纳欧元。不过即使是一些目前经济能满足欧盟要求的较小国家，仍然面临一个漫长的更换货币的过程。而那些已经保持其货币兑欧元固定汇率的国家——爱沙尼亚和立陶宛——则可以较早加入汇率机制，但即便是如此相对较快的过程，他们也必须等到2007年才能采纳欧元。

## 马斯特里赫特条约：趋同标准（Convergence Criteria）

1.政府预算赤字不得超过GDP的3%。

2.政府债务不得超过GDP的60%。

3.在加入的前两年，国家的汇率必须维持在汇率机制规定的波幅内，且没有任何再调整。

4.国内通货膨胀率不得高于欧盟内3个最低通货膨胀率国家的平均通胀率的1.5%

5.政府债券的长期利率不得高于3个最低通胀国家的平均可比较利率的2%。

# 第三章
# 外汇市场长期波动的影响因素

分析金融市场主要有两种方法——基本面分析和技术面分析。基本面分析主要基于根本的经济状况，而技术面分析则是通过历史价格来预测未来的价格。自从技术分析出现，对于哪种方法更成功的争论就一直不断。短线交易者更喜欢使用技术分析，他们在制定交易策略时，主要关注价格走势。而中线交易者更倾向于通过基本面分析来判断货币适当的价格以及未来的价值。

在执行成功的交易策略之前，明白什么在驱动外汇市场的货币波动，是很重要的事情。最好的策略往往是那些同时结合了基本面和技术面分析的策略，因为经常会出现完美的技术形态由于发生重大基本面事件而失败的情况。同样的情况也会发生在基本面身上——当天没有发布任何消息，价格却快速地波动。这表明价格波动是随机的，或者是技术形态的原因。因此，对技术交易者来说，关注定期发布的重要经济数据是很重要的事情。反之，基本面交易者也应该了解市场大众所关注的重要技术位。

## 基本面分析

基本面分析主要集中在影响供给和需求的经济、社会和政治因素上。那些使用基本面分析的交易者会密切关注各种宏观经济指标，比如经济增长率、利率、通货膨胀率和失业率等。我们在第12章列出了最重要的经济数据，第4章列出了最能影响外汇市场波动的美国经济数据。基本面分析要综合所有这些信息来评估货币的价值及未来的表现。这需要大量的工作和详尽的分析，因为对于如何进行基本面分析，目前还没有唯一的看法。运用基本面分析的交易者需要持续关注新闻和公告，这些信息会预示着经济、社会和政治环境可能发生的变化。所有交易者在进行交易前，都应该对宏观经济状况有所了解。这对那些根据新闻事件做决策的日内交易者尤为重要。因为即使美联储的货币政策非常重要，但如果利率的变化已经充分体现在了外汇市场上，那么等利率决议真正公布时，欧元/美元的波动就会很小了。

再说回来，货币的价格波动主要由供给和需求决定。也就是说，一支货币价格上涨，最根本的原因是对该货币的需求增加。不管这需求是出于对冲、投机还是兑换，真正的波动取决于对该货币的需求。当供给大于需求时，货币就会贬值。供给和需求是预测货币未来走势的真正决定性因素。但是，如何预测供给和需求，不像很多人想得那么简单。有很多影响货币供需的因素，比如资本流动、贸易流动、投机需求和对冲需求。

举例说明，从1999年到2001年末期间，美国互联网和证券市场非常繁荣，外国投资者都希望参与其中以获取高额回报。要持有美元资产，外国投资者必须卖出本国货币并买入美元，因此，这段期间美元表现非常强势（兑欧元）。而从2001年末开始，由于地缘政治的不确定性增加，美国开始降低利率后，外国投资者纷纷卖出美元资产并到别处谋求更高收益。供给的增加使得美元兑其他主要货币开始走软。可用于购买一只货币的资金大小或者购买该货币的兴趣强弱，是影响货币价格走势的主导因素。这也是2002年到2005年期间影响美元走势的决定性因素。外国官方购买美国资产的数据（也称为美国财政部国际资本流动数据或简称为TIC数据）已经成为市场关注的最重要的经济指标之一。

## 国际资本和贸易流动

资本流动和贸易流动构成了一个国家的国际收支，它反映了一定时期内对一国货币的需求数量。理论上，要维持货币的现行价格需要国际收支差额等于零。如果国际收支差额为负数，就表示资本流出的速度大于流入的速度，这时的货币在理论上应该贬值。

这在美国当前（本书出版的时候）情况下，尤为重要。这时的美国有着持续增长的贸易赤字，却没有足够的外国资本流入以弥补赤字。日元是另一个很好的例子。作为世界最大出口国之一，日本有很高的贸易顺差。因此，尽管零利率的政策减少了资本的流入，但是由于贸易流动，日元仍然有上涨的趋势。这是另一方面的平衡。为了更详细地说明，以下有关于资本和贸易流动构成的详细解释。

## 资本流动：测量货币的买入与卖出

资本流动衡量的是由资本投资引起的货币买卖的净额。正的资本流动净额表示外国实物资产投资或证券投资的流入超过了流出。负的资本流动净额就表示国内投资者进行的实物资产投资或证券投资超过了外国投资者。让我们看看这两种资本流动——直接投资和间接投资。

## 直接投资

直接投资包括实际的外国直接投资，比如外国公司投资房地产、制造业和收购当地企业。所有这些活动都需要外国公司卖出他们本国货币，并买入要投资的国家的货币，这个行为就会引起外汇市场的波动。这对那些涉及现金超过股票的全球性公司收购尤为重要。

直接投资非常值得关注，因为直接投资反映了直接投资活动的根本变化。直接投资的转变，代表了一个国家金融市场的健康状况和经济增长机会发生了变化。如果当地法律作了修改，变为鼓励外国投资，也会促进直接投资。例如，中国加入了世界贸易组织后，对于外国投资的法律开始放宽，于是，廉价的劳动力和大量充满吸引力的投资机会（超过10亿人口）引得世界各地的公司投资像潮水一样涌入中国。就外汇市场而言，为了到中国进行投资，外国公司不得不卖出他们本国的货币买入人民币。

## 间接投资

间接投资衡量是股票市场和固定收益市场的资本流入和流出。

### 股票市场

科技的发展使得资本的流动更加容易，所以，投资全球的股票市场变得更加可行。不管地理位置如何，世界上任何一个上涨的股票市场对于所有的投资者来说，都是理想的机会。因此，一个国家的股票市场和货币有着越来越强的相关性——如果美国股票市场上涨，为了抓住机会，投资者通常会投资美元。相反，如果美国股票市场下跌，就会促使投资者卖出美国本土股票，去国外寻找投资机会。

这些年来，比起固定收益市场，股票市场的吸引力逐渐增加。从上世纪90年代初开始，外国投资美国政府债券和股票的比例从10:1逐渐下降到2:1。如图3.1所示，从1994年到1999年间，道・琼斯工业平均指数与美元（兑德国马克）有很强的相关性（约81%）。此外，从1991年到1999年，道指上涨了300%，同期的美元指数上涨近30%。于是，外汇交易者开始密切地关注全球股票市场的动向，以预测由股票引起的短期和中期资本流动。但是，自从美国的科技泡沫破灭之后，这种关系就出现了转变，因为外国投资者仍然比较厌恶风险，使得美国股票市场和美元的相关性降低了。不过，虽然降低，但这种关系仍然存在，所以每个交易者都应该留意全球市场的表现，以寻找跨市场的机会。

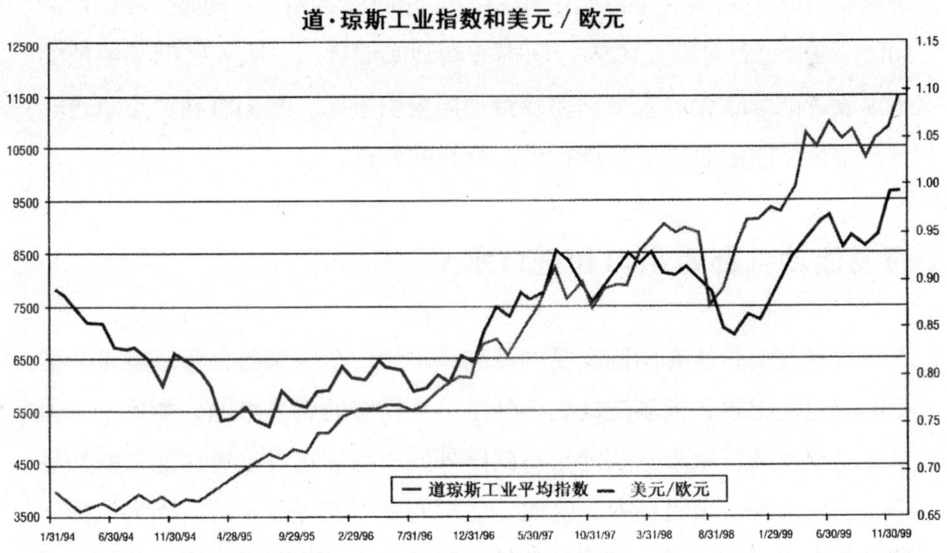


图3.1 道・琼斯工业平均指数和美元/欧元

## 固定收益市场

就像股票市场与汇率变化具有相关性一样，固定收益市场也与汇率变化具有一定的相关性。在全球局势不确定时，固定收益投资就会变得极具吸引力，因为相对其他投资品种，固定收益投资的安全性较高。因此，经济学认为最有价值的固定收益机会将吸引外国投资——当然也就会增加外国投资者对该国货币的需求。

衡量固定收益资本流动的一个很好的指标是，国际间政府债券的短期和长期收益率。监测10年期的美国国库券和外国债券的收益率差异非常有用。原因在于国际投资者总是投资具有最高收益的资产。如果美国资产有最高之一的收益率，将会吸引更多投资者投资到美国的金融工具中，美元也因此受益。投资者也会使用像2年期政府票据之类的短期收益率差异，来估计国际资金的短期流动。除了政府债券收益率，联邦基金期货也可以用来估计美国资金的流动，因为联邦基金期货的价格会反映美联储利率政策的预期。欧元同业拆借利率期货（Euribor futures），也就是欧元区银行间拆放款利率期货，是欧元区利率预期的晴雨表，能为欧元区未来利率政策动向提供指示。我们将在第十章进一步介绍使用固定收益工具进行外汇交易的方法。

## 贸易流动：衡量出口和进口水平

贸易流动是所有国际交易的基础。正如一个国家的投资环境是其货币的决定性因素，贸易流动表示的是一个国家的贸易净额。如果一个国家是净出口国，就表示该国出口到国外的产品额超过了进口国外的产品额，也就出现了贸易顺差。这时，该国的货币就可能升值。因为从国际贸易角度看，该国货币被买入超过了被卖出——国际客户想要购买一国出口产品，就必须买入该国的货币，于是形成了对其货币的需求。

如果一个国家是净进口国，就表示该国的购买他国的产品和服务超过了卖给他国的产品和服务，也就是贸易赤字。这就可能引起该国货币的贬值。因为为了进行国际购买，进口商必须卖出本国货币并买入那些出口产品或服务的国家的货币。如果进口规模巨大，就会导致本国货币贬值。很多经济学家之所以说美元在未来几年必须继续贬值，才能阻止美国的贸易赤字不断创出新高，主要也是这一原因。

为了更进一步说明这个问题，让我们举个例子。假设英国经济非常繁荣，股票市场不断上涨，同时，美国经济低迷，缺乏投资机会。在这种情况下，美国人自然会卖出美元并买入英镑，以从英国繁荣的经济中获利。这就会导致资本从美国流出，然后流进英国。从汇率角度看，由于对美元需求下降，英镑需求上升，就会导致美元下跌，英镑上涨。换句话说就是，英镑/美元会上扬。

对于日内和波段交易者而言，把握宏观经济局势的技巧在于，理解经济数据是如何整合起来反映一个国家的经济状况的。

## 交易诀窍：图示意外经济数据

这里给交易者一个不错的秘诀——统计与价格行为有悖的意外经济数据，这有助于解释和预测货币未来走势。图3.2就是这样操作的一个例子。条形图表示公布的经济指标与市场预期值的意外程度，黑线表示数据公布期间的价格走势，而白线则是简单的价格回归线。这张图表可以用于所有主要的货币对，它形象地显示出价格行为是否与经济基本面同步，也有助于预测未来价格走势。这些数据每月会在www.dailyfx.com网站的“图解经济基本面”（Charting Economic Fundamentals）一栏中列出。

如图3.2所示，2004年11月的15个数据中有12个为正数，即好于市场预期，但是在12月数据公布之时，美元兑欧元却出现了大跌。图3.3显示了在随后的月份里欧元/美元的走势。就如你看到的，1月的欧元/美元很快作了修正，回吐了此前大部分的涨幅，做多美元的投资者获利近600点。12月份基本面与价格行为的背离，被证明了是非常有用的美元多头信号。虽然这种方法不是很精确，但是方法很简单，而且过去的图表为未来的价格走势提供了一些非常有用的线索。这种分析方法称作“差异的认知”（Variant Perception），是传奇式对冲基金经理迈克尔·斯坦哈特（Michael Steinhardt）发明的方法。他连续30年创造了24%的平均回报率。

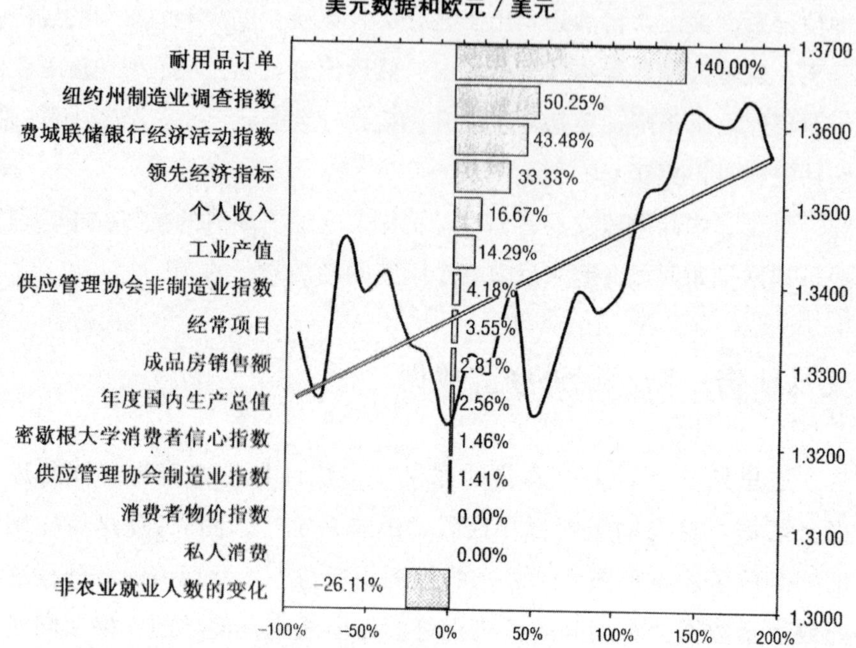


图3.2 图解意外经济数据

虽然这种图表很少提供如此明确的信号，但是它们的分析价值在于定位和诠释那些异常的数据。如果某个数据出现很大的正值或负值意外程度，就会为未来的价格行为提供线索。如果你再回头看欧元/美元那张图，就会注意到美元从10月到12月一直在猛跌。这是因为美国不断扩大的经常项目赤字到2004年10月创出了新高。相对于其他市场，外汇市场的基本经济事件可能更多。在绘制图表时，通常会为每个地区选取15个最重要的经济指标，然后在过去20天的价格数据线上添加一条价格回归线。这样的图表能为价格走势提供极具价值的线索。

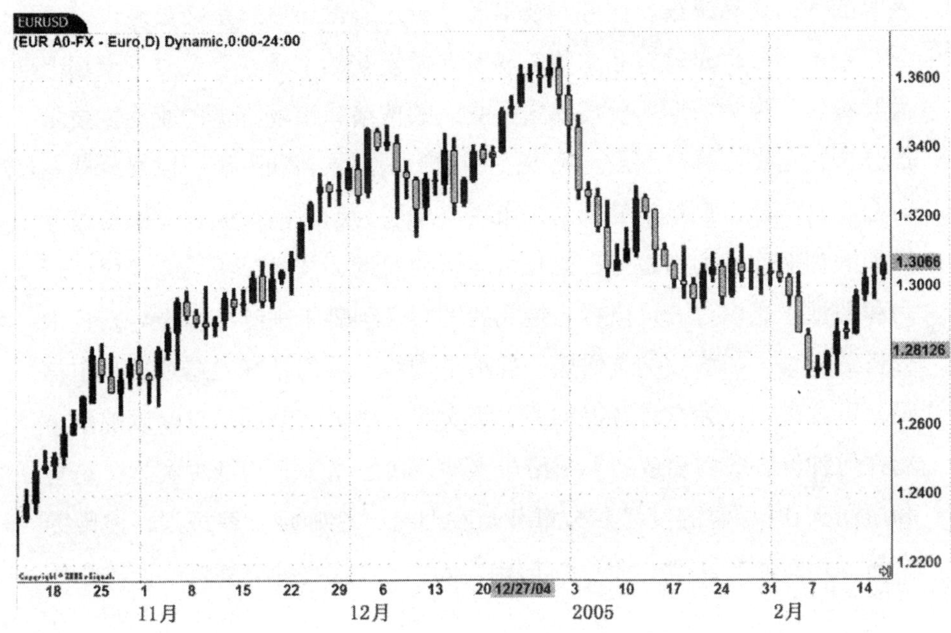


图3.3 欧元/美元的走势图（资料来源：www.eSignal.com）

## 技术面分析

在上世纪80年代中期前，外汇市场主要以基本面交易者为主。但是随着技术分析越来越普及以及新技术的出现，技术交易在外汇市场的影响越来越大。高杠杆水平导致动量基金（momentum funds）或模型基金(model funds)不断增加，它们已经成为外汇市场上，有能力影响货币价格的重要参与者。

技术面分析主要研究价格的波动。技术分析者使用货币历史数据来预测未来价格走势。技术面分析的前提是所有的市场信息都已经充分反映在了每一只货币的价格上。因此，只要研究好价格的行为，就能做出及时准确的交易决策。此外，技术面分析还假设历史总是会重复。

技术面分析是短线和中线交易者非常喜欢的工具。它在外汇市场上尤其奏效，因为短期汇价波动主要受人的情绪或市场感觉的驱动。技术面分析的主要工具是图表。图表主要用于识别趋势和形态，以寻找获利机会。技术分析最基本的观念是市场有发展为趋势的倾向。能够在趋势发展的初期就识别出趋势，是技术分析的关键。技术分析结合了价格行为和动量，通过过去价格行为绘成的图表来预测未来的价格走势。技术分析的工具，如菲波纳奇回撤、移动平均线、震荡指标、蜡烛图和布林带，可以进一步为交易者提供关于买卖双方极端情绪的信息，以确定市场在何种价位的贪婪或恐惧情绪最强烈。市场基本分为两种类型，趋势和区间。在第8章的交易参数章节，我们会试着确定一些规则，以帮助交易者判断他们目前处于何种市场以及应该寻找哪种交易机会。

## 技术面分析和基本面分析，孰更优?

技术面分析和基本面分析是一场长期的战斗，即使过了很多年，关于孰优孰劣的争论仍然没有定论。大部分交易者都采用技术分析，因为技术分析不需要长时间的研究。技术分析可以同时追踪好几种货币，而基本面分析通常只专攻一种货币，因为市场上的数据多得让人不知所措。由于外汇市场倾向于发展为强烈的趋势，所以技术分析非常有用。一旦精通技术分析，就可以很容易地把它运用到任何时间框架和任何货币上。

但是，也应该综合考虑两种策略，因为基本面会引发技术面波动，比如突破或趋势反转，而技术分析可以解释有些基本面无法解释的行为，尤其是在平静的市场，比如趋势中的阻力。举个例子，如图3.4所示，在2001年9月11日前，美元/日元刚刚突破三角形态，看起来似要准备往上涨。但是，正如图所示，美元并没有像技术交易者预期的那样向上突破高点，反而从9月10日的高点121.88跌到115.81的低点，因为

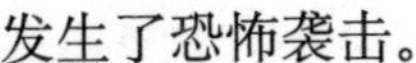
发生了恐怖袭击。

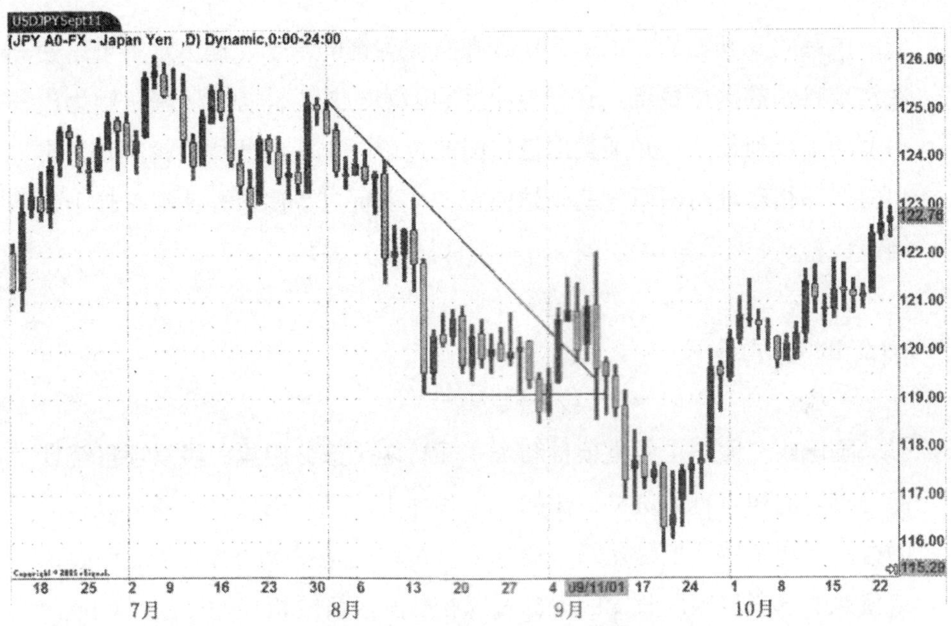


图3.4 2001年9月11日的美元/日元走势图（资料来源：www.esignal.com）

## 货币预测——学院派方法

这一部分主要是针对渴望学习更多外汇基本面分析和货币估价方法的交易者。在这一部分，我们将主要介绍被主要投资银行分析师采用的各种货币预测模型。货币预测模型主要有七个：国际收支差额理论、购买力平价、利率平价、货币模型、实际利率差异模型、资产市场模型和货币替代模型。

## 国际收支理论

国际收支理论认为汇率应该处在它们均衡的水平，这个水平可以使经常项目余额保持稳定。有贸易赤字的国家的外汇储备会下降，因为出口商为了收到款项，必须卖出进口国的货币。出口国的货币越便宜，出口的产品相对进口国而言就会越便宜，从而促进了出口并使汇率趋于平衡。

## 国际收支的定义

国际收支账户由经常项目和资本项目两个部分组成。经常项目统计的是有形的和可见的贸易，比如汽车和加工产品。出口总值和进口总值的盈余或赤字就是贸易差额。资本项目统计的是资金的流动，比如股票或债券的投资。国际收支的数据可以在美国经济分析局的网站（www.bea.gov）上找到。

## 贸易流动

一个国家的贸易差额表示，这个国家在一定时期内的出口总值和进口总值的净值。一个国家如果进口大于出口，贸易差额就为负数，或称为赤字；如果出口大于进口，贸易差额就为正数，或称为顺差。贸易差额反映了财富在国家之间的重新分配。通过这个途径，一个国家的宏观经济政策可以影响另一个国家。

贸易赤字对一个国家来说，通常是不利的，因为会对该国货币的价值产生负面影响。举个例子，如果美国的贸易数据显示进口大于出口，美元更多地流出美国，美元就会贬值。与之相反，正值的贸易差额则会使美元兑其他货币升值。

## 资本流动

除了贸易流动外，国家之间还有资本流动。资本流动记录了一个国家引入和输出资本的情况，比如公司并购款项的全部（或部分）支付、股票、债券、银行账户、房地产和工厂。很多因素会影响资本流动，包括其他国家的金融和经济形势。资本流动可以以直接投资或间接投资的形式。在发展中国家，资本流动通常以外国直接投资和银行贷款为主。而在发达国家，由于股票和固定收益市场具有优势，所以比银行贷款和外国直接投资更加重要。

### 股票市场

股票市场对汇率波动有非常显著的影响，因为股票市场是大量货币流动的主要场所。它对拥有成熟资本市场的国家的货币非常重要。在这种的发展极为成熟资本市场上，大量资本不断流进流出，外国投资者是主要的参与者。流进股票市场的外国投资额大小，取决于该市场的整体健康状况以及未来成长前景如何，它会反映公司和特定行业的收益水平。当外国投资者把他们的资金投入到某个股票市场时，就会引发货币波动。因为当他们把资金兑换成当地货币时，会增加对该货币的需求，导致其升值。而当股票市场走熊时，外国投资者会逃离，把资金换回本国货币，导致当地货币贬值。

### 固定收益（债券）市场

固定收益市场对货币的影响，与股票市场对货币市场的影响一样，都是资本流动的结果。投资者对固定收益市场是否有兴趣，取决于公司的特性和信用评级，以及经济的整体健康状况和国家的利率水平。外国资本流进和流出固定收益市场，会改变货币的需求和供给，从而影响货币的汇率。

## 贸易流动和资本流动的总结

或许对偏好基本面分析的交易者来说，判断和了解一个国家的国际收支是最重要和最有用的工具。任何国际交易都会产生两个抵消的项目：贸易流动差额（经常项目）和资本流动差额（资本项目）。如果贸易流动差额显示为负数，就表示国家的进口额超过了出口额；如果是正数，则表示出口额超过了进口额。如果外国流入的直接或间接投资超过了流出，资本流动差额就显示为正数，如果国家输出的直接或间接投资超过了引进，资本流动差额则显示为负数。

贸易流动和资本流动这两个项目加起来，就构成了一个国家的国际收支。理论上，这两个项目应该保持平衡，加总为零，才能保持经济和货币汇率的现状。

一个国家通常会处于贸易顺差或贸易逆差，并有着正值或负值的资本流动差额。为了把两者对汇率的净效应降到最低，应该努力维持两者间的平衡。例如，美国有着巨额的贸易赤字——进口大于出口。贸易赤字表示一国从国外买入的超过了卖出到国外的，因此，需要给赤字融资。如果外国人同时还进行了直接或间接投资，那么负的贸易流动可以被正的资本流动抵消。因此，美国在试着把贸易赤字降到最低的同时，还要把资本流入增加到最大，以达到相互平衡的目的。

这种平衡一旦出现了变化，影响就会极其深远，甚至影响到经济政策和货币的汇率。不管贸易流动和资本流动的净额或正或负，都会影响国家货币的波动。如果两者的净额为负数，会导致货币贬值；如果为正数，就会导致货币升值。

很显然，国际收支的变化会对汇率产生直接的影响。因此，投资者应该关注与之有关的经济数据，并了解由此可能导致的结果。与资本和贸易流动有关的数据都应该密切关注。例如，如果投资者发现美国的贸易赤字在增加，资本流入在减少，美国的国际收支就会出现赤字，于是，投资者会预期美元将贬值。

## 国际收支模型的局限

国际收支模型主要关注商品和服务的贸易，比较忽视国际资本的流动。事实上，在上世纪90年代末，国际资本流动的规模远远超过了贸易流动的规模，它在平衡像美国这类债务国的经常项目上发挥了重要的作用。

比如，在1999年、2000年和2001年，美国维持着巨额的经常项目赤字，而日本却是巨额的经常项目盈余。然而，在这期间，美元兑日元却是上涨，即便贸易流动对美元不利。出现这种现象的原因就是资本流动平衡了贸易流动。这与一定时期内的国际收支预测模型不符。事实上，资本流动的增长引出了后来的资产市场模型。

备注：称这种方法为国际收支理论，或许不太恰当，因为它只考虑了经常项目差额，不是完整的国际收支。但是，在上世纪90年代以前，资本流动一直在世界经济中扮演着小角色，所以对大多数国家而言，贸易差额几乎构成了国际收支的全部。

## 购买力平价

购买力平价理论的基本观念是，汇率应该由两个国家间的同一篮子商品的相对价格决定。一个国家通货膨胀率的任何变化，都应通过相反的汇率变化来平衡。因此，根据这个理论，当一个国家的物价由于通话膨胀而上升，那这个国家的汇率就应该下跌，才能回到平价状态。

### 购买力平价的一篮子商品

购买力平价的一篮子商品和服务，是国内生产总值包含的所有的商品和服务的一个样本。它包括了消费商品和服务、政府服务、机器设备和建设项目。更具体地说，消费品包括食品、饮料、烟草、服装、鞋袜、租金、自来水供应、燃气、电力、医疗用品和服务、家具、家用电器、个人交通工具、燃料、运输服务、娱乐设施、娱乐和文化服务、通讯服务、教育服务、个人护理和家政服务、修理和维护服务。

### 巨无霸指数

购买力平价最著名的一个例子，是《经济学人》杂志推出的“巨无霸指数”（巨无霸：麦当劳出售的一种汉堡。——译者注）。“巨无霸指数”是一个用以衡量两国汇率是否合理的指数，它假设美国和其他国家的汉堡包成本一样，把汉堡包在两国的售价比率与真实汇率进行比较，就可以知道一种货币是被高估还是低估。举例而言，在2002年4月，美元兑加拿大元的汇率是1.57。“巨无霸”汉堡包在美国的售价是2.49美元，在加拿大是3.33加拿大元，也就是2.12美元。因此，按照这个理论，美元/加拿大元的汇率应该是1.34（3.33/2.49=1.34——译者注），实际汇率被高估了15%（此处可能有误，应该是17%——译者注）。

### 经济合作与发展组织的购买力平价指数

这是由经济合作与发展组织（OECD）推出的一个更为正式的指数。在OECD和欧盟统计局的购买力平价联合项目中，他们共同承担了计算购买力平价的任务。关于各种货币兑美元是被高估还是低估的最新信息，可以在OECD的网站www.oecd.org上找到。OECD会发布一张列有主要工业国的物价水平的图表。图表的每一列表示各个国家购买相同的一篮子商品和服务，需要支出的具体货币单位数额。假设每个国家的一篮子商品或服务成本是100个单位，然后绘制出图表，再把货币的购买力平价与真实汇率进行比较。这张图表一个星期更新一次，以反映最近的汇率。对购买力平价的评估也会一年更新两次。这个评估也是来自于OECD。但是，却不能当作权威的数据。因为不同的计算方法可以得到不同的购买力平价汇率。

根据OECD发布的 2002年9月的信息，美元兑加元的汇率是1.58，而美国与加拿大的物价水平比是1.22，转换成汇率就是1.22。根据购买力平价模型，USD/CAD再次被大幅高估超过25%（应该是29%——译者注），与同期巨无霸指数相差不是很远。

### 购买力平价的局限

购买力平价理论只适用于长期基本面分析。购买力平价背后的经济力量最终会使货币的购买力趋于一致，只是需要很多年时间，通常是5到10年。

购买力平价的主要缺陷是，假设商品可以进行自由贸易，而没有考虑到关税、配额以及税收等情况。举例而言，当美国宣布实行新的进口关税，国内的加工制造商品成本就会上升，但增加的成本不会体现在美国的购买力平价图表上。

在衡量购买力平价时，还有其他一些因素需要考虑：通货膨胀、利率差异、发布的经济数据/经济报告、资产市场、贸易流动和政治发展动向。实际上，购买力平价仅仅是交易者在做汇率评估时，需要考虑的众多理论中的一种。

## 利率平价

利率平价理论认为，如果两种不同的货币拥有不同的利率，那么为了阻止无风险的套利交易，利率的差异就会表现为远期汇率的升水（premium）或贴水(discount)。

举例说明，如果美国的利率是3%，日本的利率是1%，那么美元兑日元会下跌2%，以阻止无风险的套利交易。今天公布的远期汇率会反映将来的汇率。在这个例子中，美元的远期汇率就称为“贴水”，因为比起即期汇率，远期汇率只能换到更少的日元。而日元则称为“升水”。

近几年来，利率平价理论被证明很少起作用。有较高利率的货币会升值，通常是因为中央银行试图通过提高利率来为过热的经济减速，与无风险套利无关。

## 货币模型

货币模型认为，汇率由一个国家的货币政策决定。根据这个理论，拥有稳定货币政策的国家，其货币通常会升值；而货币政策不稳定或极度宽松的国家，其货币往往会贬值。

如何使用货币模型　根据这个理论，有以下几个因素会影响汇率：

- 一个国家的货币供给。
- 一个国家的预期货币供给水平。
- 一个国家的货币供给增长率。

以上所有因素都是了解和判断会迫使汇率发生改变的货币趋势的关键。举例而言，日本已经经历了超过10年的经济衰退，利率几近为零，而每年的预算赤字又限制了政府的开支，因此日本政府只剩下一个工具来复苏经济，就是印刷更多的钞票。日本央行通过买入股票和债券，增加了国家货币的供给，导致了通货膨胀，而通货膨胀又促使汇率发生改变。图3.5的例子通过货币模型阐释了货币供给改变的影响。

事实上，货币模型在过度宽松的货币政策方面的表现最为成功。一个国家在阻止其货币急剧贬值时，可采用的少数方法之一就是实施紧缩的货币政策。举个例子，在亚洲金融危机期间，港元遭到投机者的狙击。为了保持钉住美元汇率制，香港政府将利率提高到300%（原文如此——译者注）。这个策略非常奏效，这个高得上天的利率清除了投机者。但是负面影响就是香港经济有陷入衰退的危险。不过最终还是保住了钉住汇率制，货币模型发挥了作用。

### 货币模型的局限

很少有经济学家会完全支持货币模型，因为这个模型没有考虑到贸易流动和资本流动。举例而言，在整个2002年，英国比美国和欧盟的利率、增长率和通货膨胀率都要高，但是英镑兑美元和欧元，却都在升值。事实上，由于自由浮动汇率的出现，货币模型受到了极大的挑战。货币模型认为，高利率预示着通货膨胀在增长，因而会导致货币贬值。但是它没有考虑到资本流动这方面。较高的利率收益或繁荣经济下大涨的股市会引发资本流入，而资本流入可能引发货币升值。

不管怎样，货币模型是几个有用的基本面分析工具之一，可以结合其他模型一起来预测汇率的走势。

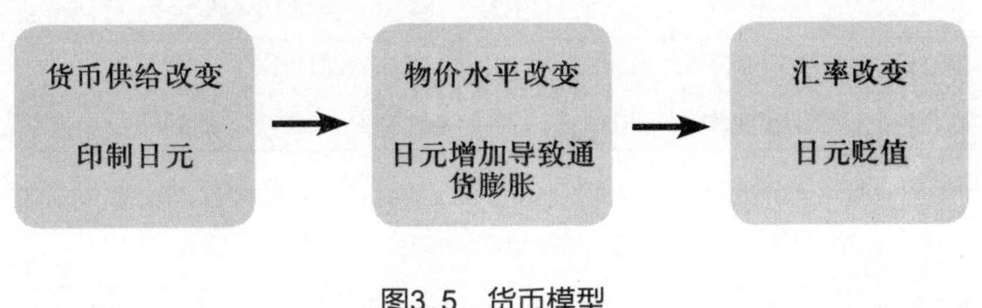


图3.5　货币模型

## 实际利率差异模型

实际利率差异理论认为，汇率波动由一个国家的利率水平决定。实行高利率的国家，其货币应该升值，而实行低利率的国家，其货币应该贬值。

### 模型的基本原理

一个国家一旦提高了利率，国际投资者就会发现这个国家的货币收益更具吸引力，从而增加该国货币的购买。图3.6显示了这个理论在2003年是如何地有效，当时的利率差额达到近几年最大水平。

图中的数据显示了，澳大利亚元比起美元，有着最大的基本点差异，也有着最高的回报，导致投资者尽量买进高收益的澳大利亚元。这

似乎证明了这个模型的有效性。同样的情形也发生在新西兰元身上。新西兰元也比美元有更高的收益，并且兑美元上涨了27%。但是，比起欧元，这个模型的说服力就不那么强了。虽然欧元和美元的基本点差异仅仅是100点，但它兑美元上涨了20%（比其他货币都高，除了新西兰元）。而当比起英镑和日元时，这个模型就陷入严重的问题。日元和美元的差异是-100点，但是日元兑美元却是上涨约12%。同时，英镑和美元有极大的275点的差异，但兑美元只上涨了11%。

| 利率VS.美元 | 欧元区 | 日本 | 英国 | 加拿大 | 澳大利亚 | 新西兰 |
|---|---|---|---|---|---|---|
| 2003年末的央行利率 | 100 | −100 | 275 | 175 | 425 | 400 |
| 2003年兑美元的变动 | 20% | 12% | 11% | 21% | 34% | 27% |

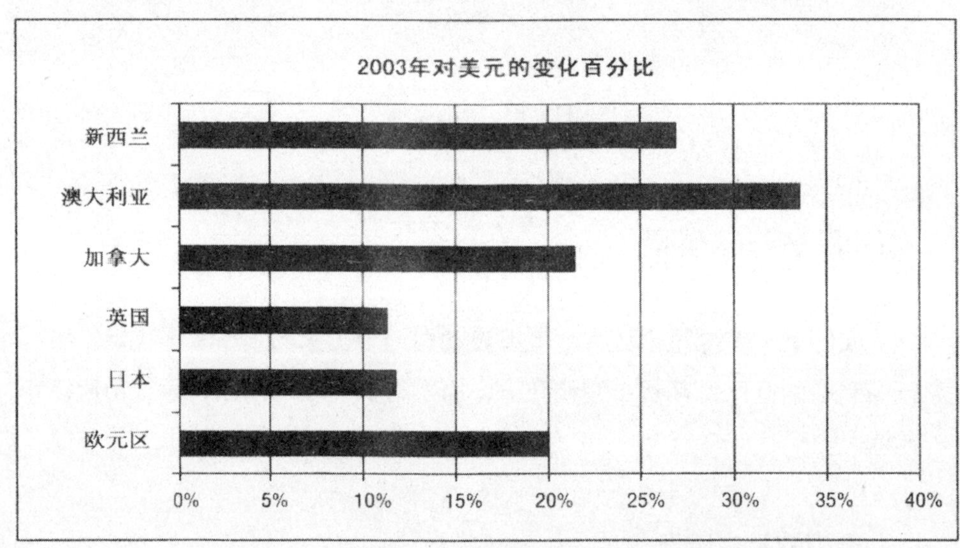


图3.6　实际利率模型

这个模型也强调，要判断利率变化对汇率的影响有多大，其中有个关键因素是利率变化所持续的时间。比如说，如果预期利率进入上升通道，并持续5年，对汇率的影响将超过预期利率提高只持续一年。

### 利率模型的局限

关于一个国家的利率变化和汇率变化之间，是否存在紧密的、具有显著统计学意义的关系，国际经济学家间有着很大的争议。这个模型主要的缺陷在于只考虑了一个国家的资本流动，却忽略了经常项目差额。事实上，这个模型过分强调了资本流动，忽略了其他很多因素，比如政治稳定性、通货膨胀和经济增长等。如果不考虑这些因素，这个模型还是相当有用的，因为它推断投资者会受到有高回报项目的吸引，这很符合逻辑。

## 资产市场模型

这个模型的基本假设是，资金流入一个国家的其他金融资产，比如股票和债券，会增加对该国货币的需求，反之亦然。这个模型的拥护者提出了证据，指出目前投入到股票和债券这类金融产品的资金量，远远超过了进出口商品和服务的总额。资本市场理论与国际收支理论基本相反，因为它刚好只考虑了一个国家的资本项目，却把经常项目排除在外。

### 美元驱动理论

在整个1999年，很多专家认为由于美国不断扩大的经常项目赤字以及华尔街价值被高估，美元会对欧元贬值。他们的基本理论是非美投资者会从美国股票和债券市场撤出资金，转投到其他经济发展更好的市场，这将对美元产生巨大的下行压力。不过这种担心从上世纪80年代初期起就挥之不去了，当时，美国的经常项目赤字飙升到国内生产总值的3.5%，创出了历史新高。

过去20年里，在评估美元的表现上，国际收支这个方法开始让位于资产市场理论。由于美国资本市场爆出了巨大的丑闻，学者们开始动摇对国际收支这个理论的看法。在2002年的5月和6月，美元兑日元直线下跌超过1000点，与此同时，由于会计丑闻困扰着华尔街，投资者纷纷逃出美国股票市场。到2002年末丑闻平息之后，美元兑日元从115.43的低位上涨到120.00，涨幅近500点，而此时的经常项目却仍然还是巨额赤字。

### 资产市场理论的局限

资产市场理论的主要局限是它诞生的时间非常短，还没有经过检验。而且充满争议的地方在于从长期来看，一个国家的股票市场表现和它的货币市场表现几乎没有任何关系。见图3.7中的对比。从1998年到2008年，标准普尔500指数和美元指数的相关性只有25%。

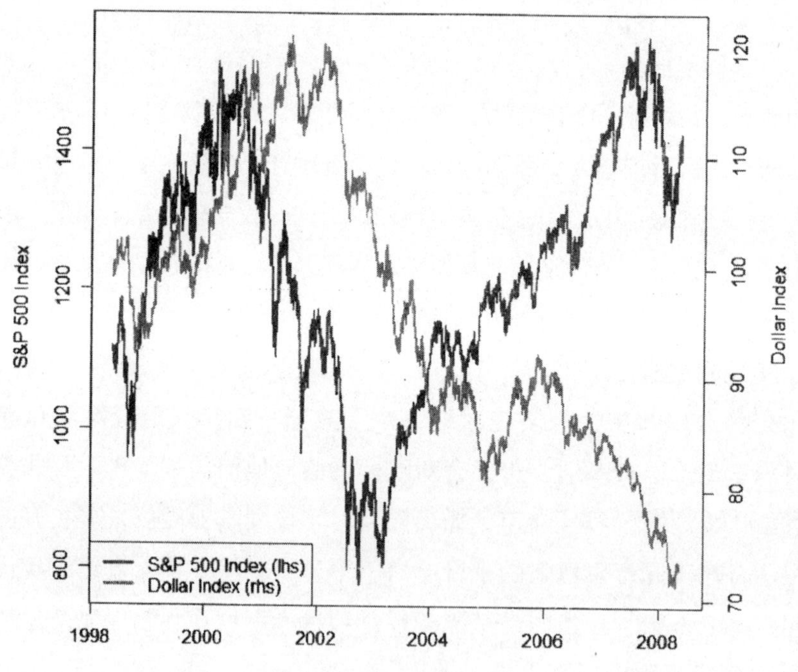


图3.7 1998至2008标准普尔500指数vs美元指数

另外，当一个国家的股票市场正在横向整理，市场情绪处于看涨和看跌之间时，这个国家的货币又会怎么样呢？这样的情形就发生在美国

2002年的大部分时间里，外汇交易者发现他们又回到了过去那种赚钱模式中，比如利率套利交易。只有时间可以证明资产市场模型是否经得起检验，它或许仅仅是货币预测雷达上出现的一个短暂的光点。

## 货币替代模型

货币替代模型是货币模型的延续，因为它考虑的是一个国家的资本流动。这个理论认为个人和企业的资本从一个国家流入到另一个国家，会对汇率产生显著的影响。个人可以把他们的本币资产和外币资产进行相互转换的能力，就称为货币替代。当在货币模型的基础上加上这个模型，有证据显示，一个国家的货币供给预期改变，一定会对这个国家的汇率产生影响。投资者看着货币模型的数据得出结论——资金流动将要发生改变，汇率也将跟着发生变化，因此可以进行相应的投资。这就使得货币模型变成一个自我强化的预言。认可这个理论的投资者仅仅是支持货币替代模型，却仍然朝着货币模型而去。

### 日元的例子

在货币模型的例子中，日本政府通过印制日元，在市场上买入股票和债券，增加了货币供给。货币模型的理论家断定，日本货币供给的增加会引发通货膨胀（更多的货币追逐更少的商品），从而降低对日元的需求，最终导致日元全面贬值。货币替代模型的理论家不但同意这种观点，还利用这次机会卖空日元，或者即使已买入日元，也会迅速平仓。通过这样的操作，我们的日元交易者帮助驱动市场精确地朝那个方向移动，使得货币模型理论得到证实。货币替代模型的每个步骤都显示在了图3.8中。

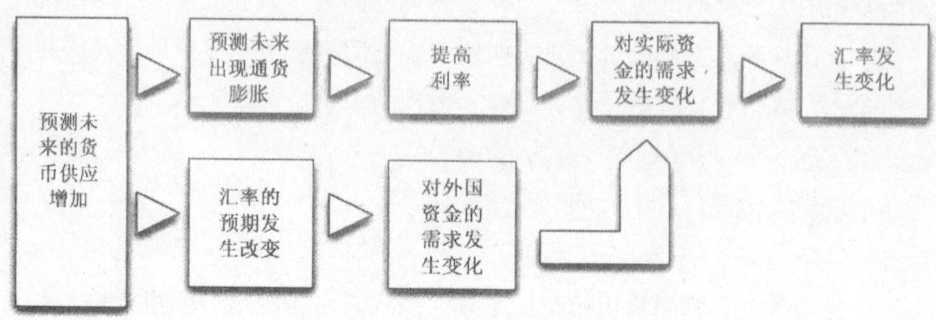


图3.8 货币替代模型

A.日本宣布新的股票和债券回购计划。经济学家因此预测日本的货币供给会大幅增加。

B.经济学家还预测新政策实施会导致通货膨胀上升。投机者预期汇率会因此发生变化。

C.由于通货膨胀会限制经济发展，经济学家预期利率会上升。投机者预期日元将下跌，开始做空日元。

D.因为资金可以轻易在日本国内外流动，投机者可以大量抛售日元，于是对日元需求直线下降。

E.由于日元对外币的价值在下跌，尤其是对那些投资者可以轻易兑换的外币（也就是有较强流动性的日元交叉货币），所以日元汇率将出现大幅波动。

### 货币替代模型的局限

在那些交易活跃的主要货币上，货币替代模型还没有显示出是汇率波动的唯一决定因素。如果把这个理论用在那些不发达国家身上，似乎更令人信服。热钱在这些新兴市场涌进涌出，产生了极大影响。还有很多变量没有被货币替代模型考虑进去。例如，在前面的日元例子中，虽然日本的证券回购计划引发了通货膨胀，但由于还有巨额的经常项目盈余，所以能继续支持日元。而且，日本在邻国还有大量的“政治地雷”必须避开，日本一旦明确表示要试着让日元贬值，将引起巨大反响。这些只不过是货币替代模型没有考虑到的众多因素中的两点。但是，这个模型（就像其他很多货币模型）应该作为一个全面外汇预测体系的一部分。

# 第四章
# 外汇市场短期波动的影响因素

不管是对基本面交易者还是技术面交易者，经济数据的重要性都不能低估。在外汇市场工作多年，我逐渐认识到，即便有很多人声称自己是纯技术交易者，但在制定交易策略时，几乎每个人都会把经济数据纳入他们的考虑范围。比如说，主要做区间交易的好的技术交易者，在美国非农就业人口数据这样的重大数据公布之前，往往会选择离场观望。而喜欢突破交易的技术交易者，则只在能引发大行情的重大数据公布之时进行交易。对于采用自动交易系统的人来说，结合基本面分析尤为重要。因为根据即将发布的经济数据来决定是否采用他们的策略，会对交易策略的整体表现产生很大的影响。基本面交易者自然主要根据发布的经济数据做交易，而对汇率影响最大的数据莫过于美国的经济数据。在所有外汇交易中，几乎90%的货币都是与美元相对，也就是说，美元在绝大部分的交易中不是基础货币就是报价货币。

## 每个数据的重要性不同

有些经济数据会对某个货币产生非常巨大且持久的影响，而其他数据则会毫无影响。在2005年出版的《外汇市场即日交易》第一版中，我介绍了2004年美国各种经济数据对美元（兑欧元）的影响。我之所以选择欧元/美元，是因为它们是世界上最具流动性的货币对，而且对美国经济数据的反应最为强烈。在这第二版《外汇日内交易和波段交易》中，我把数据更新为2007年的数据。在这一年，不仅排行榜发生了改变，平均波幅也发生了变化。

为了达到这次研究的目的，我将观察欧元/美元在各种经济数据发布之后20分钟和60分钟时的表现，以及是否会持续到美国交易时段结束。我把这20分钟称为“膝跳反应”（knee jerk）时段，我认为价格的变化是基于数据发布的时间以及20分钟或者60分钟后的收盘价。这个方法会有助于排除在前20分钟出现的某些自然的波动，如下所示。

如图4.1所示，对美元影响最大的指标中，美国非农就业人口数据仍然排在第一位，这在2004年和2007年都是如此。美国非农就业人口数据之所以这么重要，原因在于美国就业增加对任何国家都有广泛深远的影响。强劲的就业增长通常会带来强劲的消费，并导致较紧缩的货币政策，而疲软的就业则会导致消费不足，经济增长缓慢以及利率降低。在整个2007年，非农就业人口数据公布后的前20分钟，欧元/美元的平均波幅69个点，全天的平均波幅则是98个点。

从2004年到2007年，市场对非农就业人口数据和其他美国经济数据的反应，已显著降低。部分原因是因为货币市场的波动下降。在2006

年，汇率波幅创了历史新低。同时市场的流动性也显著增加，成交量接近过去三年成交量的两倍。流动性更高使得市场更加能够吸收数据公布的影响。

表4.1　经济数据公布后欧元/美元的波幅

| 2007年的指标排名（前20分钟的波幅） | | 2004年的指标排名（前20分钟的波幅） | |
|---|---|---|---|
| 1.非农就业人口数据 | 69点 | 1.非农就业人口数据 | 124点 |
| 2.利率(FOMC) | 57点 | 2.利率(FOMC) | 74点 |
| 3.通货膨胀(CPI) | 39点 | 3.贸易差额 | 64点 |
| 4.零售销售 | 35点 | 4.通货膨胀(CPI) | 44点 |
| 5.生产者物价指数 | 35点 | 5.零售销售 | 43点 |
| 6.新屋销售量 | 34点 | 6.国内生产总值 | 43点 |
| 7.成屋销售量 | 34点 | 7.经常项目 | 43点 |
| 8.耐用品订单 | 33点 | 8.耐用品订单 | 39点 |
| 9.国内生产总值 | 32点 | 9.外国购买美国国债数据(TIC) | 33点 |

排在第9位的国内生产总值，在2007年引起的欧元/美元平均波幅是32点，在2004年这一数据是43点。而在2007年引起的全天平均波幅，比起2004年的110点波幅，整整少了90点，这意味着它甚至不能进入最能影响美元波动的指标排行榜中。

我们可以看到，在过去几年最大的改变之一就是，“膝跳反应”已经变得更为缓和。在2004年，我们常常可以看到大量的“膝跳反应”后来都发生了回撤，所以在经济数据公布后的前20分钟的波幅时常大于全天的波幅。但是，在2007年，我们发现“膝跳反应”在降低，而持续反应在提高。出现如此变化的主要原因之一是，2007年美联储在下调利率。所以，交易者需要更好地评估这些数据将对美联储的下一次货币政策决定产生的影响。根据我们对前20分钟和全天的反应分析，我们列出了下面美国经济数据的排名：

## 最能撼动美元的指标排行榜（2007年的数据）

前20分钟

1.非农就业人口数据
2.利率（联邦公开市场委员会的利率决定）
3.通货膨胀（消费者物价指数）
4.零售销售
5.生产者物价指数
6.新屋销售量
7.成屋销售量
8.耐用品订单
9.国内生产总值

全天

1.非农就业人口数据
2.ISM非制造业指数
3.个人消费
4.通货膨胀（消费者物价指数）
5.成屋销售量
6.消费者信心指数（美国经济评议会）
7.密歇根大学的消费者信心指数
8.美国联邦公开市场委员会会议纪要
9.工业生产指数

还有一个有趣的地方是，ISM非制造业指数出现在了“全天”排行榜很显著的位置，却没有上“前20分钟”的榜单。出现这个有趣现象的原因，是因为ISM报告有很多组成部分，要了解清楚整个ISM报告，前20分钟的时间还不够。在ISM报告中，交易者需要关注就业和价格这两部分，以预测美联储下一次的政策动向。此外，ISM的服务业一项也格外重要，因为报告中的就业部分是预测非农就业人口数据的很好的先行指标。

## 经济数据的相对重要性随着时间发生改变

随着时间的移动，世界在发生改变，各种经济数据的重要性也在改变。仅仅2004年到2007年三年间，之前没有出现的有些指标现在都已经爬上了我们的指标榜单。比如，在2004年，没有人会真正地关注房地产市场数据，因为那时房地产市场正在飞速增长，每个人都预期这次增长会永远持续下去。但到2007年前，房地产市场泡沫破灭，波及到了美国甚而全球的经济。不仅房地产价格下跌、存量上升，而且越来越多的房屋持有者被迫断供。这就使得房地产市场的危机蔓延至美国整个经济。这时，人们开始意识到，美国经济要恢复，房地产市场必须先稳定。因此，交易者对每月的成屋销售数据的反应开始超过贸易差额。

这真的很有趣。根据美国国家经济研究局的张殷望（Yin-Wong Cheung）和门齐·D·钦（Menzie D.Chinn）的题为《外汇交易者的信念和行为的宏观经济含义》的工作论文显示，1992年，在数据公布之后的前20分钟里，贸易差额确实是最能撼动美元的指标。那时候，非农就业人口数据只排到第三。到1999年，失业人口数据或非农就业人口数据占据了榜单的第一名，而贸易差额则滑到了第四。如图4.1所示，非农就业人口数据仍然是最能撼动美元的指标，而贸易差额这项数据已经不再处于很多交易者的关注范围内。直观地看，这是有道理的。因为经济在发生变化，市场对美国不同经济数据和不同经济部门的关注度自然也会改变。比如，当一个国家的贸易赤字难以承受时，贸易差额会显得更重要，而当经济存在提供新职位的困难时，市场则会更加关注失业人口数据。所以，试着站到央行行长的角度，去思考什么问题才是当前最紧迫的。

### 随着时间改变的外汇交易商的经济数据重要性排名

截至2007年

1. 非农就业人口数据（失业人口数据）
2. 利率（FOMC利率决定）
3. 通货膨胀（消费者物价指数）
4. 零售销售
5. 生产者物价指数

截至1992年

1. 贸易差额
2. 利率（FOMC利率决定）
3. 非农就业人口数据（失业人口数据）
4. 通货膨胀
5. 国内生产总值

## 国内生产总值——不再重要

与大众看法相反，国内生产总值对美元来说，不再是非常具有影响力的指标。出现这种情况，有可能是因为，国内生产总值的公布频率要低于这项研究关注的其他指标。国内生产总值一个季度才公布一次，而其他指标每月都会公布。而且国内生产总值的意义也很含糊，容易让人产生误解。比如说，国内生产总值提高，有可能是因为出口增加，这会利好美元，也有可能是因为存货增加，如果是因存货增加，对美元则是利空消息。此外，国内生产总值中的很多数据，在报告正式公布之前就已被市场知晓。

## 如何使用这些信息?

对突破交易者来说，了解当天将有什么数据要发布，会对头寸规模的决定和交易信心有很大的帮助。例如，如图4.1欧元/美元日线图所示，图中可看到一个价格盘整形成的三角形态。一个突破交易者如果预期第二天公布的非农就业人口数据将会引发价格突破，那么他很可能在数据公布的前夕加大头寸规模。相反的，三角形态的第三根线正是国内生产总值公布的日子，就像你看到的，波幅却比较狭窄，尽管看起来似乎将要突破。由于知道国内生产总值公布后20分钟内的平均波幅要小于非农就业人口数据，所以这位期待大行情的突破交易者建立的头寸规模，很可能只有非农就业人口数据公布前建立的头寸规模的50%。这个方法同样也适用于区间交易或系统交易。在非农就业人口数据公布之前，这两类交易者最好在场外进行观望，等待价格平静下来再作决定。然而在国内生产总值公布时，仍然有一个可靠的区间或系统交易机会可以抓住。

总体来讲，对所有交易者来说，知道什么经济指标最能撼动市场非常重要。而知道数据公布后的前20分钟的波幅相对于全天的波幅如何，也同样非常重要，因为它会告诉你，哪个数据会引发“膝跳反应”，哪个数据会引发持续反应。同时，及时了解市场认为何种经济数据重要以及重要的原因，也非常关键，因为市场是周期变化的，交易者关注的数据也在跟着发生改变。

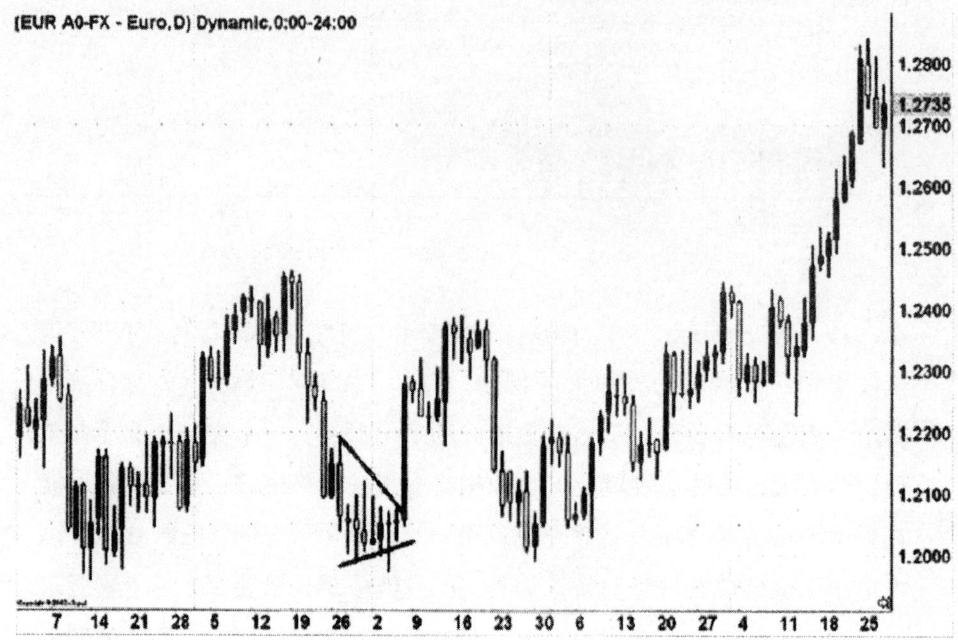


图4.1 欧元/美元的日线图（资料来源：www.esignal.com）

## 资料来源

美国国家经济研究局的张殷望（Yin-Wong Cheung）和门齐·D·钦（Menzie D.Chinn）的《外汇交易者的信念和行为的宏观经济含义》是1999年11月编号为7417的研究报告（www.georgetown.edu/faculty/evansm1/New%20Micro/chinn.pdf）。

# 第五章
# 各个货币对的最佳交易时间

外汇市场24小时全天候运作，因此一个交易者不可能跟踪每一个市场的波动，也不可能对每个波动都能作出及时反应。在外汇交易中，时间就是一切。为了设计一个高效并及时的投资策略，很有必要记录市场连续24小时的交易情况，以便交易者在自己的交易时段内，最大限度地抓住交易机会。除了流动性，一个货币对的交易波幅主要还取决于地理位置和宏观经济因素。如果了解某个货币对在一天哪个时间段会出现最大或最小的波幅，毫无疑问，将有助于交易者更好地分配资本，提高投资效用。这一章节概述了各主要货币对在不同时区的典型交易情况，以便我们可以找到各自最为活跃的时间段。表5.1列出了从2002年到2004年，不同货币对在不同时间段的平均波幅。

表5.1 货币对的波幅

| 货币对（美国东部时间） | 亚洲时段<br>7P.M.–4A.M. | 欧洲时段<br>2A.M.–12A.M. | 美国时段<br>8A.M.–4P.M. | 美国&欧洲重叠时段<br>8A.M.–12P.M. | 欧洲&亚洲重叠时段<br>8A.M.–4A.M. |
|---|---|---|---|---|---|
| 欧元/美元 | 51 | 87 | 78 | 65 | 32 |
| 美元/日元 | 78 | 79 | 69 | 58 | 29 |
| 英镑/美元 | 65 | 112 | 94 | 78 | 43 |
| 美元/瑞郎 | +8 | 117 | 107 | 88 | 43 |
| 欧元/瑞郎 | 53 | 53 | 49 | 40 | 24 |
| 澳元/美元 | 38 | 53 | 47 | 39 | 20 |
| 美元/加元 | 47 | 94 | 84 | 74 | 28 |
| 纽币/美元 | 42 | 52 | 46 | 38 | 20 |
| 欧元/英镑 | 25 | 40 | 34 | 27 | 16 |
| 英镑/日元 | 112 | 145 | 119 | 99 | 60 |
| 英镑/瑞郎 | 96 | 150 | 129 | 105 | 62 |
| 澳元/日元 | 55 | 63 | 56 | 47 | 26 |

## 亚洲时段（东京）：美国东部时间（EST）下午7:00——早上4:00

亚洲的外汇交易是在主要的区域金融中心进行。在亚洲交易时段，东京占了最大的市场份额，其次是香港和新加坡。尽管日本央行对外汇市场的影响力已经衰落，但东京仍然是亚洲最重要的交易中心之一。它是第一个开市的主要亚洲市场，很多大型参与者常常把它的交易动量作为基准来估计市场的动力变化，并制定相应的交易策略。东京市场的交易有时也会比较清淡。但是我们知道，一些大型投资银行和对冲基金会试图利用亚洲时段去触及重要的止损位和期权障碍水平。图5.1显示了亚洲交易时段不同货币对的波幅及排名情况。

对于较能承受风险的投资者来说，美元/日元、英镑/瑞郎和英镑/日元都是非常好的选择，因为他们波幅较大，平均90点，短线交易者可以得到较多获利机会。外国投资银行和机构投资者持有的资产中大部分是美元资产，当他们进入日本的股票和债券市场时，会导致美元/日元的成交量急剧上升。日本央行持有超过8000亿美元的美国国债，通过公开市场操作，会对美元/日元的供给和需求产生影响。最后但并不是最重要的一点是，日本大型出口商通常会利用东京交易时段把国外的收入汇回本国，这也增加了货币对的流动性。英镑/瑞郎和英镑/日元也保持了高度活跃性，因为央行和大玩家们此时开始建立头寸，等待欧洲市场开市。

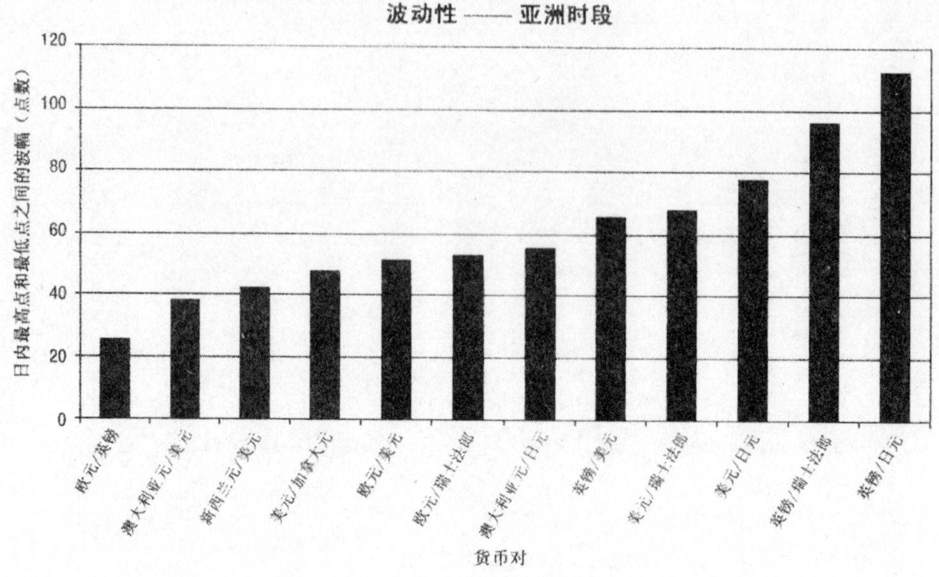


图5.1 亚洲时段的波幅

对于较厌恶风险的投资者来说，澳元/日元、英镑/美元和美元/瑞郎这几个货币对是很好的选择，因为它们允许中线和长线交易者在做交易决策时，把基本面因素考虑进去。这几个货币对波动比较缓和，有助于保护交易者，使他们的交易策略不易被日内投机交易所引起的不规则波动影响。

## 美国时段（纽约）：EST上午8:00——下午5：00

纽约是第二大的外汇交易市场。根据国际清算银行2004年4月公布的，三年一次对央行外汇及衍生品市场调查报告显示，纽约外汇交易量占了外汇交易总量的19%。纽约还是看守着世界外汇市场后门的金融中心，从它的下午时段开始直到次日东京市场开市，外汇交易量通常会逐渐降低直到最小。美国时段的大多数交易发生在上午8:00到中午这段时间，这段时间流动性很强，因为欧洲的交易者还仍在场内。

对于较能承受风险的投资者及日内交易者来说，英镑/美元、美元/瑞郎、英镑/日元和英镑/瑞郎都是非常好的选择，因为它们的日平均波幅约120点。如图5.2所示，这些货币对的交易很活跃，因为它们的交易都直接涉及美元。当美国的股票和债券市场在美国时段开市时，外国投资者为了参与这些市场，必须把他们本国的货币，比如日元、欧元和瑞郎转换成美元资产。由于美国时段和欧洲时段重叠，所以英镑/日元和英镑/瑞郎会出现最大的日内波幅。

外汇市场的大部分货币都对应美元报价。要转换成其他货币，主要通过美元。比如英镑/日元，要把英镑换成日元，首先要把英镑换成美元，再把美元换成日元。因此，英镑/日元的交易要涉及到两次不同的货币交易，即英镑/美元和美元/日元，英镑/日元的波幅最终取决于这两个货币对的相关性。由于英镑/美元和美元/日元具有负的相关性，也就是说两个货币对的走势相反，因此，英镑/日元的波幅会放大。美元/瑞郎（此处可能是英镑/瑞郎——译者注）也是同样的道理，只是波动会更强烈。交易那些波幅大的货币对，收益会更高。但是一定要记住的一点是，收益高的货币对风险也高。交易者应该根据市场情况，不断地修正交易策略，因为汇率的突然急剧的波动很容易打到交易者的止损位或导致其长期策略失效。

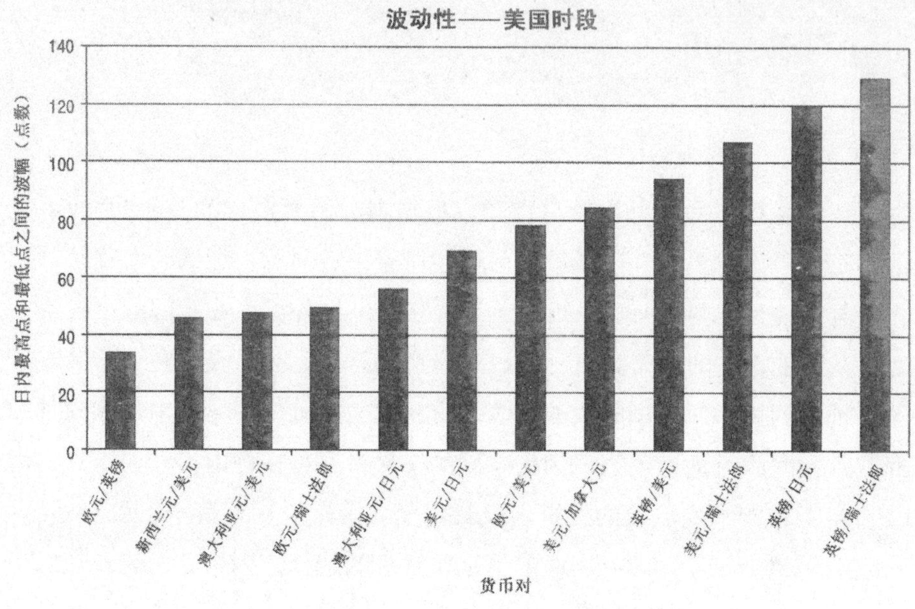


图5.2 美国时段的波幅

对于较厌恶风险的投资者来说，美元/日元、欧元/美元和美元/加元这几个货币对看起来是很好的选择，因为它们都有不错的波幅，交易者可以从中获得可观的收益，并且承受较小的风险。这几个货币对的流动性很高，交易者可以迅速有效地止赢或止损。它们的波幅也适中，为那些奉行长期交易策略的交易者提供了有利的环境。

## 欧洲时段（伦敦）：EST凌晨2:00——中午12:00

伦敦是世界上最大、最重要的外汇交易中心。根据国际清算银行的调查报告显示，伦敦占了世界超过30%的市场份额。大部分大型银行的交易部分都设立在伦敦。由于伦敦市场具有高度的流动性和效率，所以大多数的主要外汇交易都在伦敦时段完成。大量的市场参与者和庞大的交易量使得伦敦成为最活跃的外汇市场。如图5.3所示，12个主要货币对中有一半的波幅超过了80点的水平线，这条水平线是用来判断货币对是否活跃的基准。图中可看到，英镑/日元和英镑/瑞郎分别达到了140点和146点的波幅。

英镑/日元和英镑/瑞郎适合风险偏好者。这两个货币对日平均波幅超过了140点，交易者可以在短时间内获得巨额收益。这两个货币对如此高的流动性，反映了日交易活动的最高峰，全世界的大型参与者将要完成他们的货币转换周期。伦敦时段直接与美国时段和亚洲时段连接。大型银行和机构投资者一旦完成资产组合的重新配置，在美国市场开始前，他们需要再次把欧洲的资产转换成美元计价资产。大玩家们的两次资产转换过程，是导致这些货币对出现巨大波幅的主要原因。

对于较能承受风险的交易者，有很多货币对可以选择。比如欧元/美元、美元/加元、英镑/美元和美元/瑞郎，它们平均波幅100点，都是理想的选择。他们的大幅波动为交易者提供了充分的入市机会。就如前面提到的，由于大型参与者必须为美国市场开市做好资产组合准备，所以欧洲货币和美元间的交易又活跃起来。

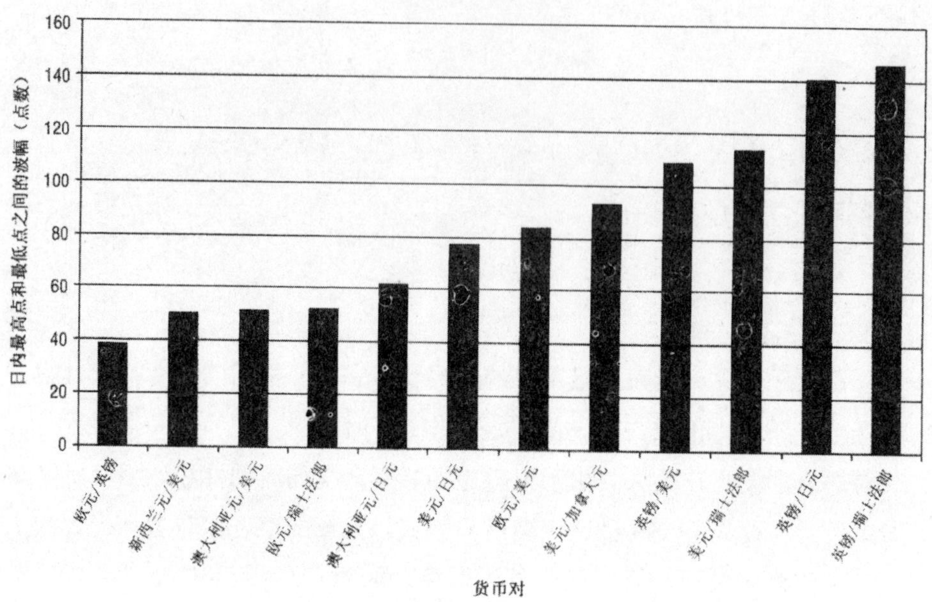


图5.3 欧洲时段的波幅

对于较厌恶风险的投资者来说，新西兰元/美元、澳元/美元、欧元/瑞郎和澳元/日元是不错的选择，它们的平均波幅50点。除了潜在的交易收益，这些货币对还有较高的利息收入。它们也允许投资者根据宏观经济因素来判断汇率的走势，减少因日内投机交易导致的损失。

## 美国-欧洲重叠时段：EST上午8:00——中午12:00

当世界最大两个交易中心的交易时段重叠时，外汇市场的表现最为活跃（见图5.4）。在美国东部时间早上8点到中午12点的交易波幅，占了欧洲时段所有货币对总平均波幅的70%，占了美国时段所有货币对总平均波幅的80%。仅仅是这些百分比就可以告诉日内交易者，如果他们在寻找活跃的货币波动和较大的波幅，不需要整天坐在电脑前，只需要在美国和欧洲市场重叠的时段进场交易就可以了。

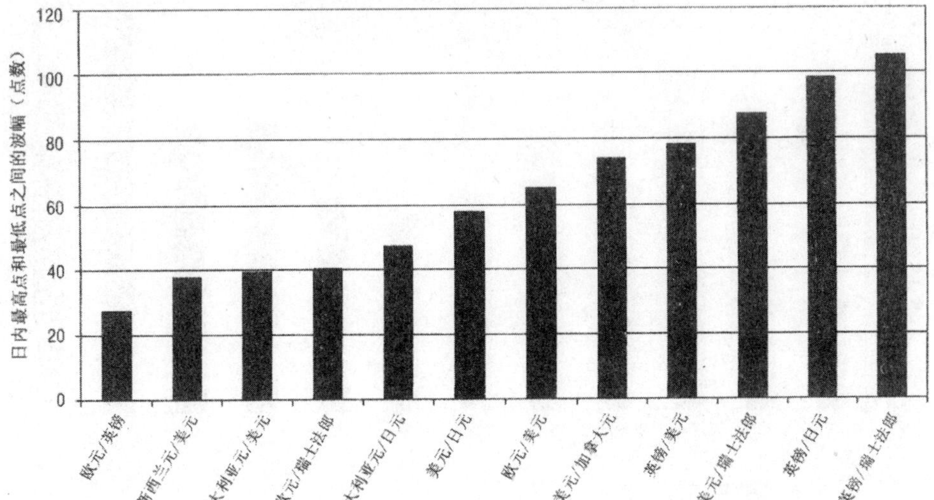


图5.4 美国-欧洲重叠时段

## 欧洲-亚洲重叠时段：EST凌晨2:00——凌晨4:00

欧洲-亚洲的重叠时段正处于亚洲的早晨，所以交易量远远低于其他交易时段（见图5.5）。自然的，我们研究它的时间也相对较少。由于在这个时段，交易量极度萎缩，所以能承受风险的交易者和偏好风险的交易者可以小睡2个小时，或者利用这个时间为欧洲市场或美国市场开市后的突破做准备。

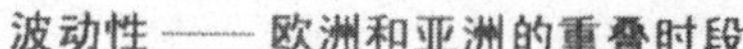


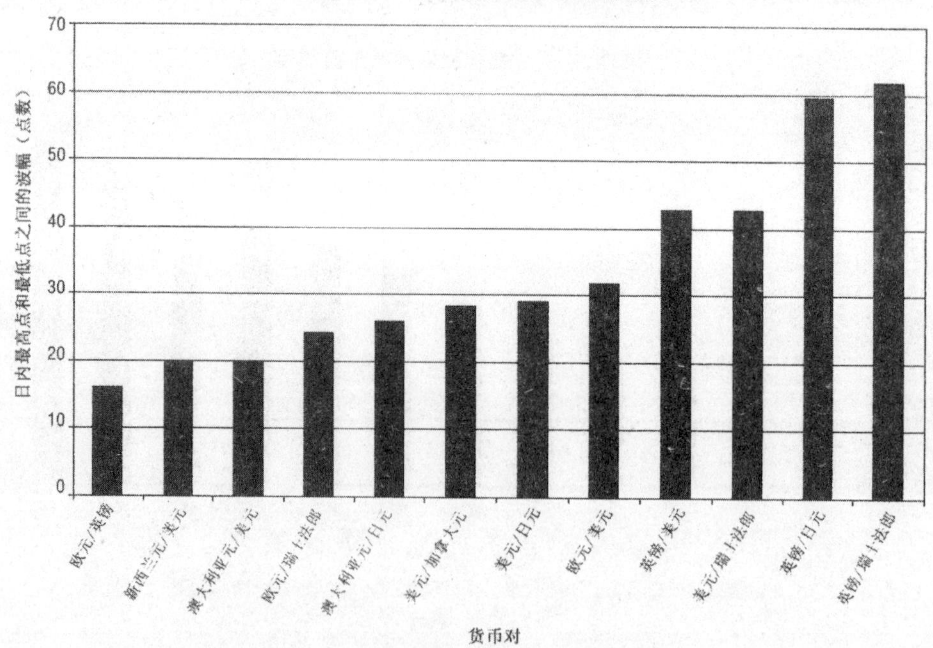


图5.5 欧洲-亚洲重叠时段

# 第六章
# 货币的相关性及其运用

在外汇市场进行交易时，需要记住的最重要一点是，每个货币对都不是孤立的。在很多时候，外国经济状况、利率和物价变化都不会只影响一个货币对。外汇市场上的一切在某种程度上都是相关联的。了解货币对相关性的正负和强度，有助于交易者制定有效的交易策略，并有可能成为一个伟大的交易工具。除非你一次只交易一个货币对，否则，考虑不同货币对之间的波动相关性，是极其重要的事情。要做到如此，我们可以采用相关性分析这个方法。

相关性是由价格数据计算得出，通过这些数字可以判断不同货币对之间的相关性如何。如果交易员想使投资组合多样化，或者想把头寸加倍却不想投资到同一货币上，又或者仅仅是想知道自己面临的风险有多大，那么相关性分析可以提供很大的帮助。如果运用正确，这个方法或许会使收益最大化，同时衡量风险暴露程度，并提高交易效率。

## 正/负相关性的意义及其使用

了解投资组合中各货币对的相关性程度，是衡量风险暴露程度的好方法。你可能会认为通过投资不同的货币对，就可以分散投资风险，但是很多货币对的走势往往相同或者相反。货币对间的相关性可能强，也可能弱，并可以持续数周、数月甚至数年。基本上，相关系数可以估计在某一时段内，货币对朝着相同或相反的方向运动的紧密程度。任何相关系数都是以小数的形式，数字越接近1，货币对的相关性就越强。比如，通过表6.1，我们可以看到，美元/日元和美元/瑞郎在上个月的相关系数为+0.83。如果你不喜欢小数，你也可以把它当成百分数，也就是用小数乘以100%（在这个例子里，美元/日元和美元/瑞郎有83%的相关性）。

数字越大，就表示货币对越紧密地相互反映。而数字越小，就表示货币对的运动越不是平行运动。因此，由于两个货币对有很高的相关性，我们可以看到同时投资美元/日元和美元/瑞郎，就意味着在一个头寸上加倍。同样道理，做多一个货币对的同时做空另一个货币对，也不是非常明智的选择，因为一个货币对上涨，另一个货币对也很可能一块上涨。然而由于不同货币对的点值不一样，这样操作也不会让你的盈利和亏损抵消为零，在两个走势类似的货币对上建立相反的头寸，会使利润大幅减少，甚至还可能导致亏损。

正相关性不是衡量货币对间相似性的唯一方法，负相关性也同样可以。下面这个例子就不是正相关性，而是具有高度负相关性的货币对。就像正相关一样，相关系数越接近−1，两个货币对的相关性就越强，只是运动方向相反。让我们来看看欧元/美元和美元/瑞郎这两个具有高度负相关性的货币对。它们过去一年的相关系数是-0.83，而过去一个月的相关系数达到-0.94。这就意味着这两个货币对朝着相反方向运动的倾向很强。因此，在这两个货币对上建立相反头寸，就类似于在两个具有正相关性的货币对上建立相同的头寸。在这个例子中，做多一个货币对的同时做空另一个货币对，几乎就等于在一个头寸上加倍，结果就是导致你的投资组合面临更高风险。但是，同时做多或做空两个货币对，会降低投资效率，导致零利润甚至亏损，因为这两个货币对完全朝着相反的方向运动。所以，如果其中一个货币对在盈利，那另一个货币对通常是在亏损。

## 货币对的相关性会改变

只要做过外汇交易的人都知道，汇率是动态变化的，经济状况、市场情绪和价格也都在不断变化。因此，在做货币相关性分析时，要记住的最重要一点是，它们会轻易地随时间改变。今天计算出具有最强的相关性，到下个月可能就不是。由于外汇市场的环境在持续变化，所以如果你想运用这种方法来交易，就必须不断更新数据。举例说明，我们观察了一个月的时间，发现澳元/美元和英镑/美元的相关系数为0.08，这是一个非常小的数字，表示这两个货币对的走向没有任何明确的关系。但是，如果观察同一时期三个月的数据，这一数字就增长到0.24，六个月长到0.41，一年则长到0.45。因此，通过这个例子我们可以看到，这两个货币对的相关性最近在显著地降低。长期具有较强的正相关关系，短期却几乎完全弱化。与此相反，欧元/美元和澳元/美元这两个货币对最近的数据显示出，相关性正在加强。他们的相关系数从一年的-0.52（此处可能有误，应该是0.52——译者注）逐渐上升到上月的-0.63（此处应该是0.63——译者注）。

还有一个更富有戏剧性的例子，就是美元/日元和澳元/美元这两个货币对。它们在整个一年的相关性是+0.41，从长期来看，理应朝着相似的方向继续走下去，然而在2008年4月却出现-0.30的相关性。可以改变货币对之间关系的强弱，甚至是正负的事件，通常与当时的经济发展和市场环境有很大的关系。

## 自己动手计算相关系数

因为相关性常常会随着时间而变化，所以要及时把握你交易货币对的方向和关系强弱，最好的方法是自己来计算相关系数。虽然这看起来很难，但实际操作却非常容易。最简单的方法就是通过Excel。通过Excel的相关性计算功能，就可以得到某一时段内两个货币对的相关系数。通过计算两个货币对一年、六月、三月和一个月的相关性，就可以全面了解它们的相似性和差异度。但是，具体要选取哪些数据，或选取多少数据进行分析，你可以自由决定。经过一步一步的分析，我们可以发现美元/英镑和美元/瑞郎之间的相关性。

首先，你要得到这两个货币对的价格数据。然后在Excel的第一列标注英镑，并输入每周英镑相对美元的收盘价，在第二列标注瑞郎，输入每周瑞郎相对美元的收盘价——可以选择你想分析的任何一段时期的数据。接着在两列底部的一个空白单元格输入函数“=CORREL”，然后选定一列所有数据，输入逗号，然后再选定另一列数据，得到的数据就是相关系数（在空白单元格输入函数“=CORREL()”，鼠标点击函数的括号内后，用鼠标选择一列所有数据，输入逗号，再用鼠标选择另一列数据，最后敲击回车键，得到的就是相关系数。——译者注）。你不需要每天更新数据，只要半月或一月更新一次就可以了。

## 主要货币对间相关性分析结果

表6.1 列出了主要货币对间的相关系数

表6.1 2008相关系数表：2008年4月的数据

| **欧元/美元** | **澳元/美元** | **美元/日元** | **英镑/美元** | **纽币/美元** | **美元/瑞郎** | **美元/加元** |
|---|---|---|---|---|---|---|
| 1个月 | 0.63 | −0.70 | 0.36 | 0.47 | −0.94 | −0.15 |
| 3个月 | 0.43 | −0.61 | 0.46 | 0.31 | −0.86 | −0.20 |
| 6个月 | 0.51 | −0.36 | 0.55 | 0.50 | −0.85 | −0.33 |
| 1年 | 0.52 | −0.26 | 0.60 | 0.47 | −0.83 | −0.38 |
| **澳元/美元** | **欧元/美元** | **美元/日元** | **英镑/美元** | **纽币/美元** | **美元/瑞郎** | **美元/加元** |
| 1个月 | 0.63 | −0.30 | 0.08 | 0.82 | −0.46 | −0.26 |
| 3个月 | 0.43 | 0.13 | 0.24 | 0.85 | −0.07 | −0.52 |
| 6个月 | 0.51 | 0.35 | 0.41 | 0.86 | −0.15 | −0.60 |
| 1年 | 0.52 | 0.41 | 0.45 | 0.86 | −0.16 | −0.60 |
| **美元/日元** | **欧元/美元** | **澳元/美元** | **英镑/美元** | **纽币/美元** | **美元/瑞郎** | **美元/加元** |
| 1个月 | −0.70 | −0.30 | −0.10 | −0.02 | 0.83 | −0.16 |
| 3个月 | −0.61 | 0.13 | −0.07 | 0.22 | 0.86 | −0.30 |
| 6个月 | −0.36 | 0.35 | 0.01 | 0.36 | 0.68 | −0.39 |
| 1年 | −0.26 | 0.41 | 0.04 | 0.44 | 0.61 | −0.36 |
| **英镑/美元** | **欧元/美元** | **澳元/美元** | **美元/日元** | **纽币/美元** | **美元/瑞郎** | **美元/加元** |
| 1个月 | 0.36 | 0.08 | −0.10 | 0.20 | −0.31 | −0.24 |
| 3个月 | 0.46 | 0.24 | −0.07 | 0.25 | −0.30 | −0.36 |
| 6个月 | 0.55 | 0.41 | 0.01 | 0.37 | −0.34 | −0.42 |
| 1年 | 0.60 | 0.45 | 0.04 | 0.41 | −0.38 | −0.44 |
| **纽币/美元** | **欧元/美元** | **澳元/美元** | **美元/日元** | **英镑/美元** | **美元/瑞郎** | **美元/加元** |
| 1个月 | 0.47 | 0.82 | −0.02 | 0.20 | −0.29 | −0.04 |
| 3个月 | 0.31 | 0.85 | 0.22 | 0.25 | 0.04 | −0.44 |
| 6个月 | 0.50 | 0.86 | 0.36 | 0.37 | −0.13 | −0.52 |
| 1年 | 0.47 | 0.86 | 0.44 | 0.41 | −0.10 | −0.55 |

表6.1　2008相关系数表：2008年4月的数据

| **美元/瑞郎** | **欧元/美元** | **澳元/美元** | **美元/日元** | **英镑/美元** | **纽币/美元** | **美元/加元** |
|---|---|---|---|---|---|---|
| 1个月 | −0.94 | −0.46 | 0.83 | −0.31 | −0.29 | 0.02 |
| 3个月 | −0.86 | −0.07 | 0.86 | −0.30 | 0.04 | −0.09 |
| 6个月 | −0.85 | −0.15 | 0.68 | −0.34 | −0.13 | 0.04 |
| 1年 | −0.83 | −0.16 | 0.61 | −0.38 | −0.10 | 0.09 |
| **美元/加元** | **欧元/美元** | **澳元/美元** | **美元/日元** | **英镑/美元** | **纽币/美元** | **美元/瑞郎** |
| 1个月 | −0.15 | −0.26 | −0.16 | −0.24 | −0.44 | −0.09 |
| 3个月 | −0.20 | −0.52 | −0.30 | −0.36 | −0.44 | −0.09 |
| 6个月 | −0.33 | −0.60 | −0.39 | −0.42 | −0.52 | 0.04 |
| 1年 | −0.38 | −0.60 | −0.36 | −0.44 | −.055 | 0.09 |
| **数据** | **欧元/美元** | **澳元/美元** | **美元/日元** | **英镑/美元** | **纽币/美元** | **美元/瑞郎** |
| 2007.5.1−2007.10.31 | 6个月移动 | 0.54 | −0.02 | 0.71 | 0.46 | −0.80 |
| 2007.6.1−2007.10.30 | 6个月移动 | 0.54 | 0.03 | 0.72 | 0.48 | −0.80 |
| 2007.7.2−2007.12.31 | 6个月移动 | 0.55 | −0.03 | 0.74 | 0.52 | −0.81 |
| 2007.8.1−2008.1.31 | 6个月移动 | 0.58 | −0.01 | 0.67 | 0.60 | −0.83 |
| 2007.9.3−2008.2.29 | 6个月移动 | 0.57 | −0.20 | 0.66 | 0.54 | −0.84 |
| 2007.10.1−2008.3.31 | 6个月移动 | 0.52 | −0.36 | 0.60 | 0.49 | −0.8. |
| 2007.10.1−2008.4.30 | 6个月移动 | 0.51 | −0.36 | 0.55 | 0.50 | −0.85 |
|  | 平均 | 0.55 | −0.13 | 0.66 | 0.51 | −0.82 |

# 第七章
# 外汇市场季节性分析

大部分交易者试图运用基本分析或技术分析，或者更巧妙一点的，结合运用两种分析，来分析货币的未来走势。但是很多交易者没有意识到，分析过去价格行为的最清晰的方法是观察价格行为本身，这个方法没有指标带来的“噪音”。这里就有一个这样的方法——季节性分析。

股票交易者可能会对这个“季节性”概念非常熟悉，因为“季节性”最有名的例子之一是股票市场的“一月效应”。这个概念首次被提出来是在1942年，在1992年罗伯特·A·豪根（Robert A.Haugen）和约瑟夫·拉格尼沙克（Josef Lakonishok）通过他们的《难以置信的一月效应：股票市场未解之谜》（埃温专业出版商，1987）一书使得这个概念广为人知。“一月效应”认为，在每年12月底到次年第5个交易日这段时间，股票市场的表现会特别突出。出现这种奇特现象的原因是年末资金的反向流动。当财政年度接近结束的时候，很多投资者会兑现他们的股票，确认投资税赋和资本收益。而有些公司也会这样做，目的是为了粉饰他们的资产负债表。“一月效应”不是股票市场上季节性效应的唯一例子。还有一个被称为“马克·吐

温效应”，这个效应认为每年10月份的股票回报会极低。这个效应的名字是源于马克·吐温的《傻瓜威尔逊》（Pudd 'nhead wilson）小说，马克·吐温在小说中写道：“十月，是股市中特别危险的一个月份。其他各危险月份依次为：七月、一月、九月、四月、十一月、五月、三月、六月、十二月、八月和二月。”

季节性是指在历年的某个固定时间点都会出现某种情形的规律性模式，不只是股票市场才有这个特征。所以，外汇市场也具有这个特征一点也不奇怪。和股票市场一样，一月也是外汇市场季节性最明显的一个月份。这么说是有道理的，因为当外国投资者在一月份重新进入股票市场建仓时，他们常常需要把他们当地的货币兑换成美元。但是，请记住，不是每个货币对都有均等的机会。因此，我们可以发现美元与某些货币组成的货币对的季节性特征会明显高于美元与其他货币组成的货币对。

## 1月份的季节性

在2007年年末的时候，我组织了一次关于1月份的季节性研究。在这次研究中，我们测量了过去11年（从1997年到2007年）每年1月月初到月末这段时间，货币对的价格变化情况。通过研究，我们发现季节性最强的货币对是欧元/美元和美元/瑞郎。

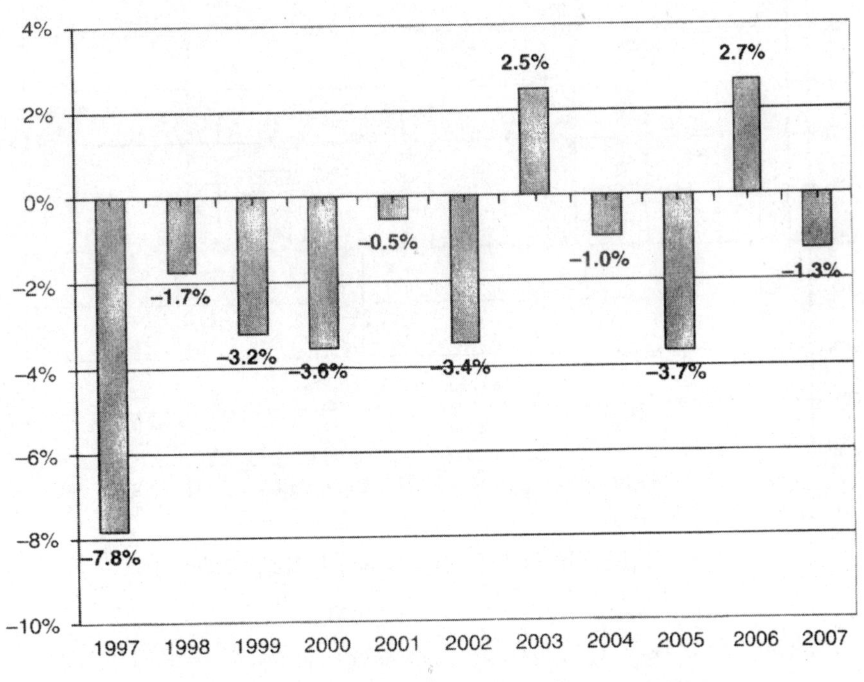


图7.1 1997年–2007年欧元/美元1月份的表现

如图7.1所示，美元兑欧元在过去11年中有9年，或者说在1月1日到

1月31日期间有81.8%的时间，出现上涨（1999年1月欧元诞生之前汇率是通过假设计算的）。欧元/美元最大的下跌幅度是在1997年，当时下跌了7.8%。算上2003年和2006年这两个上涨年份，欧元/美元在1月的平均下跌幅度是1.9%。把时间再往前推一些，从1979年开始统计，在1979年到2007年期间的1月份，欧元/美元平均下跌1.2%。年初建仓是这个季节性效应特别明显的主要原因。虽然它发生的概率不是百分之百，但是81.8%的发生概率在统计学上，已经是非常显著了。关注季节性有助于交易者把注意力集中在那些具有概率优势的策略上。

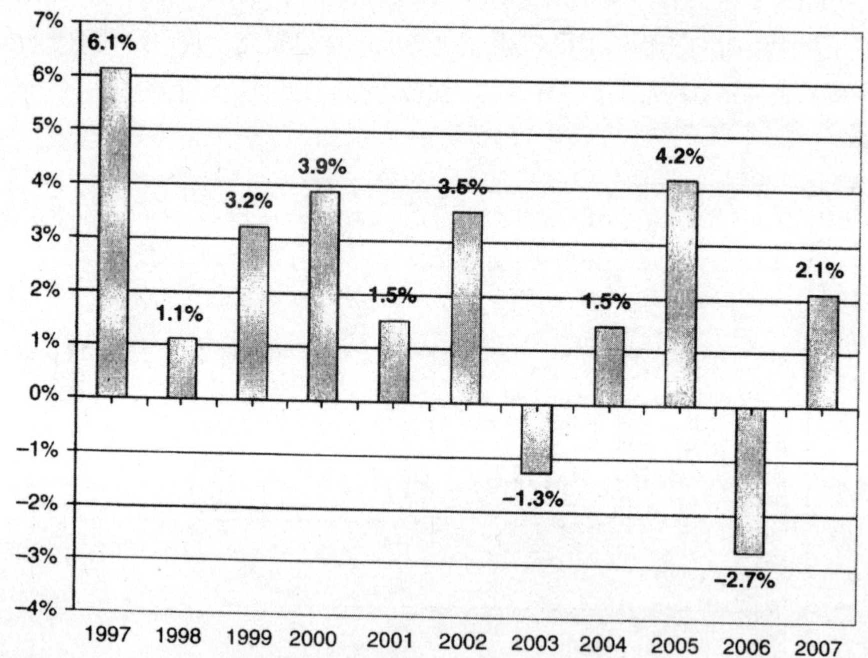


图7.2 1997年–2007年美元/瑞郎1月份的表现

我们在美元/瑞郎上也发现了“1月效应”。在图7.2中可以看到，美元兑瑞郎在过去11年中有9年，或者说在1月1日到1月31日期间有81.8%的时间，出现上涨。由于欧元/美元和美元/瑞郎这两个货币对通常朝着相反的方向波动，所以两个货币对的数据如此类似，一点也不奇怪。美元/瑞郎最大的涨幅也是出现在1997年，当时该货币对上涨了6.1%。最大的跌幅是在2006年，当时该货币对下跌了2.7%。包括美元/瑞郎出现下跌的年份，在1997年到2007年期间的1月份，美元/瑞郎平均上涨了2.1%。时间再往前推一点，从1979年开始统计。在1979年到2007年期间的1月份，美元/瑞郎平均上涨2.0%。

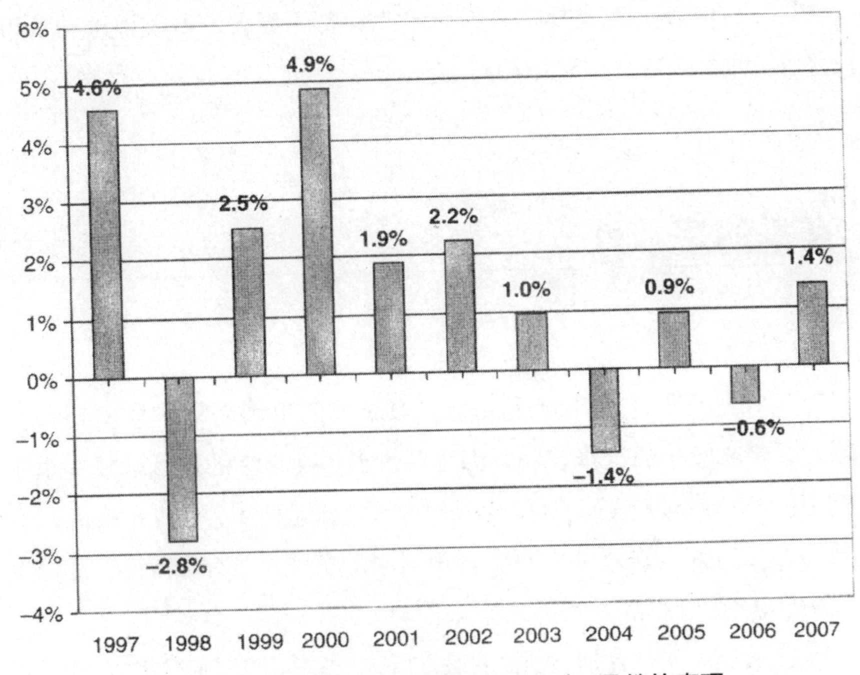


图7.3 1997年–2007年美元/日元在1月份的表现

美元/日元的在1月份的季节性效应不如欧元/美元和美元/瑞郎那么明显。从图7.3可以看到，在过去11年中有8年，或者说在1月1日到1月31日期间有72.7%的时间，美元兑日元上涨。其中最大的涨幅出现在2000年，当时该货币对上涨了4.9%。而最大的跌幅出现在1998年，当时该货币对下跌了2.8%。算上美元/日元下跌的3个年份，美元/日元在1997年到2007年期间的1月份，平均上涨1.3%。时间再往前推，在1979年到2007年间，美元/日元平均上涨1.04%。美元/日元的季节性不太强的部分原因是，日本的财政年度末期与美国不一样。日本在3月才到财政年度末，这就表示在1月份时，日本公司很少会采取措施粉饰自己的资产负债表。

除了欧元/美元、美元/瑞郎和美元/日元，其他货币对在1月份还真的没有季节性效应。比如，在过去11年，美元兑英镑、澳元和加元上涨的月份有6个，即54%的上涨概率。美元兑新西兰元上涨的月份有5个，概率只有45%。这些概率在统计学上，都不显著，所以说这些货币对不存在1月份效应。

## 夏季的季节性

7月和8月正处于北半球的夏季。对于外汇市场而言，夏季到来，通常也会带来较小的价格波动，因为此时很多交易者的焦点都放在享受假期上。特别有趣的是，这两个月对美元/日元和美元/加元来说，有着独一无二的季节性效应。两个货币对中的美元，通常都会在7月份上涨，然后在8月份回落。

可以从图7.4中看到美元/日元的这一情况。在1997年到2007年的11年间，美元/日元有9年出现上涨，最大的涨幅出现在1998年，最大的跌幅出现在1999年。在过去11年，美元/日元7月份的平均涨幅为0.5%。而在8月份，我们看到该货币对在11年中有9年出现下跌，最大的跌幅出现在2001年，当时美元/日元一个月内下跌了5.2%。如图所示，在这段时期，8月份的波幅常常大于7月份，平均跌幅为2.1%。

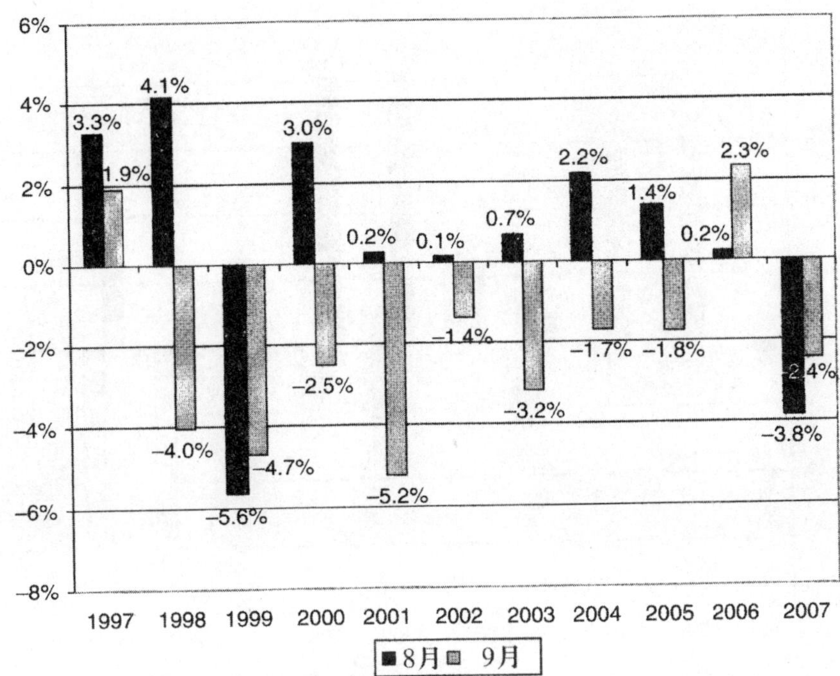


图7.4 1997年–2007年美元/日元在7月和8月的表现

美元/加元的季节性也非常明显。如图7.5所示，在1997年到2007年的11年间，美元/加元有8年出现上涨，最大的涨幅出现在2002年。算上下跌的3个年份，美元/加元在这期间平均上涨了1.5%。这些数据最有意思的地方在于，美元/加元在1997年、2004年和2005年的跌幅很小。因此，美元/加元会持续涨到这年7月份之前，对这一点，我们比较有把握。而8月份，情况就有些许不同。在过去11年里有8年，美元/加元出现上涨，但是在出现上涨的3个年份里，波幅却非常大。即便如此，美元/加元在8月份仍然偏向于走软，平均跌幅为0.7%。

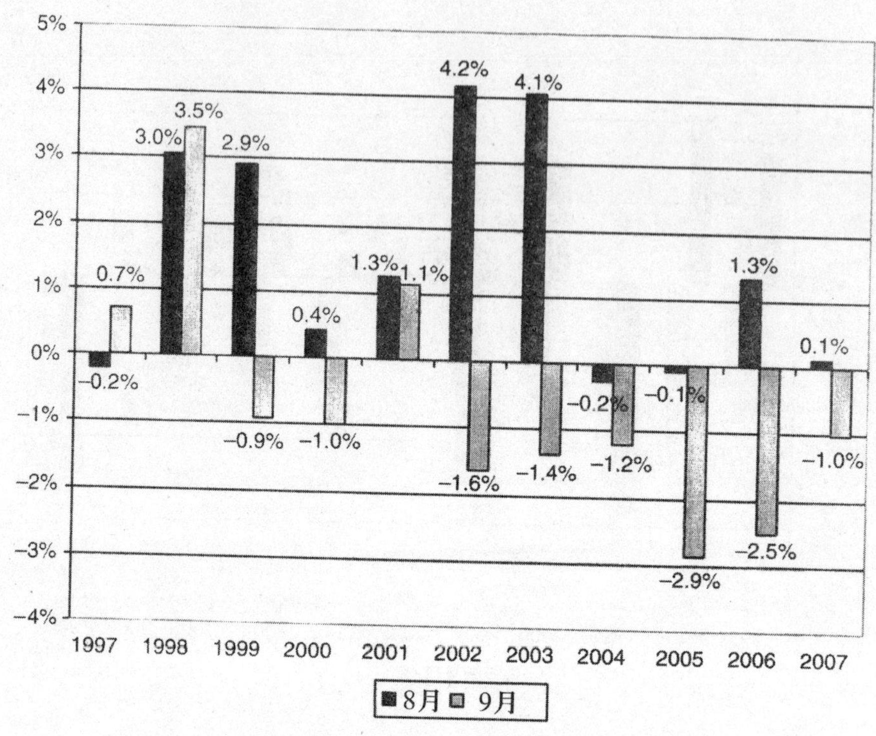


图7.5 1997年–2007年美元/加元在7月和8月的表现

有很多原因可以解释这个季节性，其中一个可能是旅游。根据来自政府旅游产业局（Governmental Office of Travel and Tourism Industries）2007年的数据，加拿大是美国的第一旅游客源国，其次是墨西哥、英国和日本。由于夏季常常是很多人选择度假的季节，所以美元在8月份的表现会反映旅游趋势。

## 其他季节性效应

这里还有其他比较明显的季节性效应例子。

### 5月

如图7.6和图7.7所示，在5月份时，美元通常会对澳元和新西兰元走强。澳元/美元在过去11年中只有2次在5月上涨，而新西兰元/美元要稍好一些，在过去11年中有3年在5月是处于上涨。

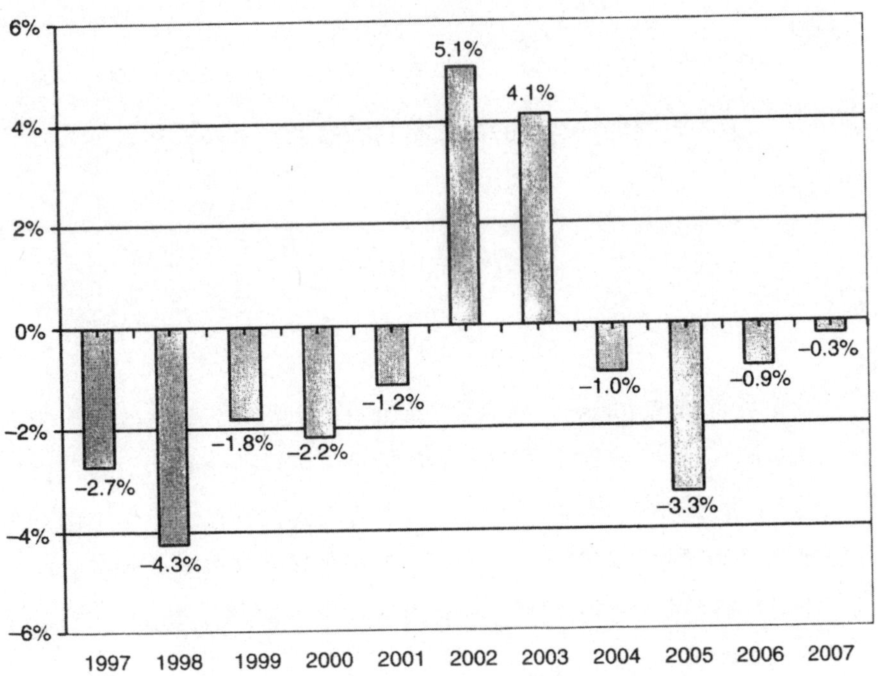


图7.6 1997年–2007年澳元/美元在5月份的表现

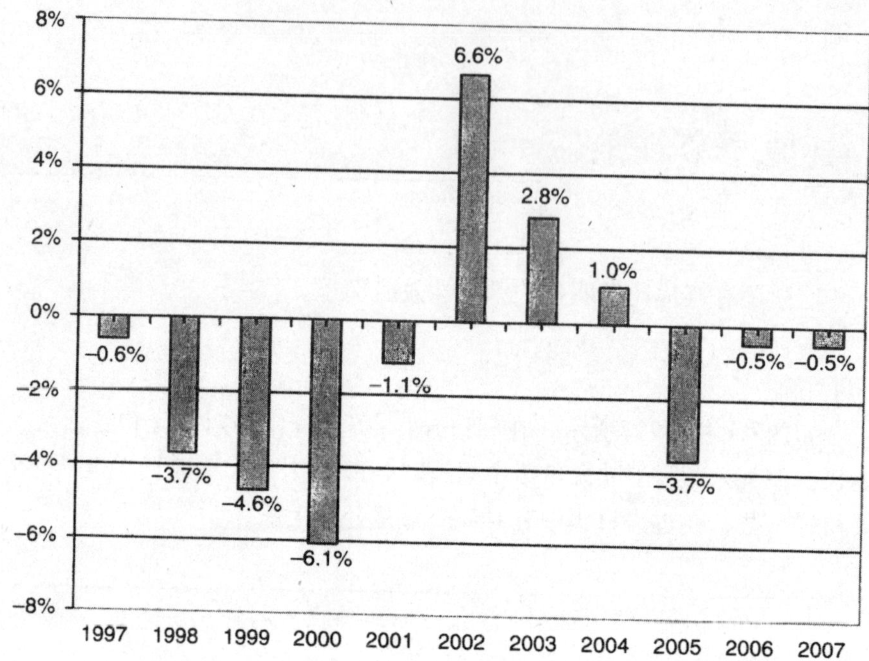


图7.7　1997年–2007年新西兰元/美元在5月份的表现

## 9月

我们还发现美元/瑞郎和英镑/美元在9月份的季节性效应比较强（见图7.8）。美元在这个月的主要趋势是下跌，两个货币对在过去11年里有9年都是下跌。而且两个货币对中的美元，在过去11年中都有两年是走强（2005年和2006年）。欧元/美元在这个月也有一些季节性效应，不过没有前两个那么明显——在过去11年中有8年，美元兑欧元在9月份出现下跌。

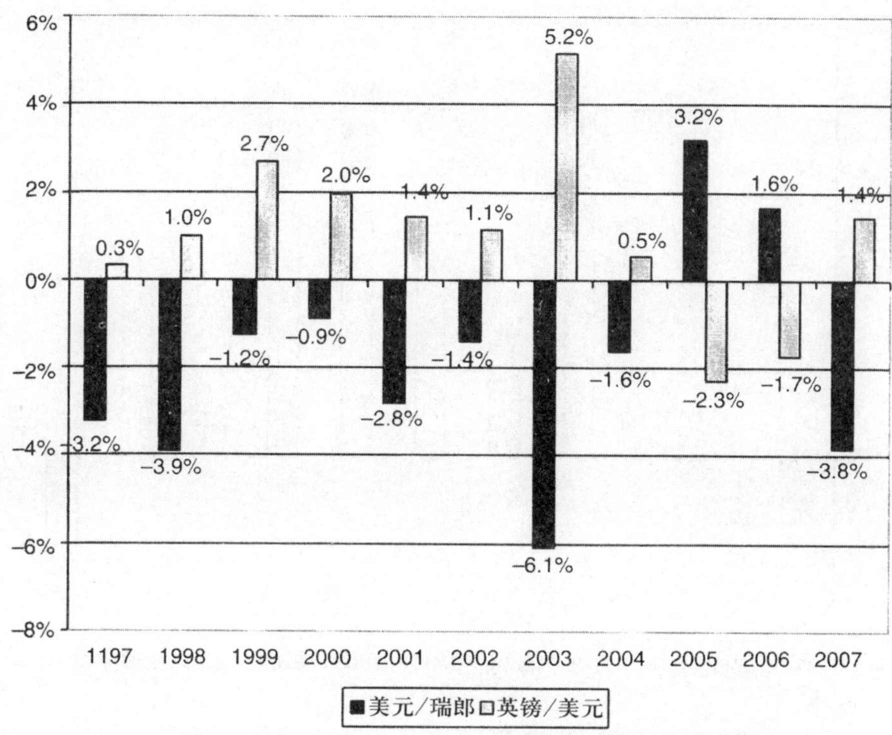


图7.8 1997年–2007年美元/瑞郎和英镑/美元在9月份的表现

## 11月

我们发现的最后一个季节性效应比较强的月份是11月。虽然它在统计学上的显著性不如5月和9月，但是在过去11年中有8年，新西兰元兑美元在11月出现上涨。平均上涨幅度是1.9%，这在很大程度上算是很显著了（见图7.9）。

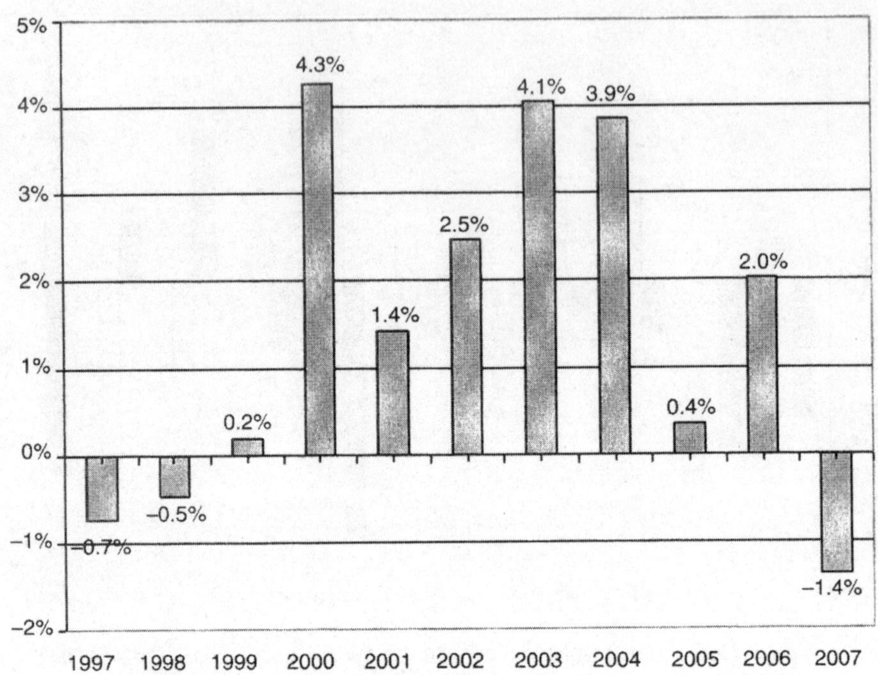


图7.9 1997年–2007年新西兰元/美元在11月份的表现

## 把季节性分析纳入你的交易

把季节性分析纳入你的外汇交易的最好方法就是，小心留意它。比如，在11月份的时候，寻找机会做多新西兰元/美元可能会比做空它们要好一些。季节性效应不是总是会重复，所以盲目地在那个月开始时买入，在月底时卖出，可能不是最好的做法。但是，通过季节性分析，我们知道了货币对向哪个方向运行的可能性较大。

# 第八章
# 不同市场情况下的交易条件

在学习完了前面的“外汇市场的兴起”、“谁是市场的大玩家”、“重大的历史里程碑”和“驱动市场的因素”之后，现在该是介绍我很喜欢的交易策略了。不过，在我介绍这些策略之前，我想说，对所有交易者都最重要的第一步是写交易日志，不管你处于哪个市场。

## 写交易日志

多年的经验告诉我，要成为一个成功的交易者，不是寻找技术指标的“圣杯”——可以100%完美预测价格走势的指标，而是逐渐形成纪律。我特别要强调一下写交易日志的重要性，要成为一个成功和专业的交易者，基本的第一步就是写交易日志。我曾在J.P.摩根从事银行间外汇交易，在摩根与大通合并后，又在跨市场部门工作。在这里，不论处于什么级别，写交易日志已经根植在每个交易员和交易场内所有人的脑海中。原因很简单——银行为交易员提供了交易资金，交易员必须对资金负责，尤其是那些涉及数百万美元的交易。对于每一笔交易，我们都需要有可靠的分析，以及进场出场的合理理由。更具体来讲，就是在你下单之前，就要知道出场点在哪，以估计可能的最大损失并管理风险。

通过这种责任感，世界顶尖银行才能培育出成功和专业的交易员。对于个人交易者，这种良好习惯就更重要了，因为你在用自己的钱进行交易，而不是别人的钱。对于银行同业交易员，在交易达到亏损底线时，交易员交易的还是别人的钱，不管之前两周的交易成绩如何糟糕，他们仍然能收到一月两次的薪水。在银行里，交易员有大量的时间把钱赚回，并不会影响日常生活——除非一天就亏掉了100万美元。作为个人交易者，你不会这么奢侈。当你用自己的钱进行交易时，赚的和亏的每一分钱都是你的钱。因此，即便仅仅是用风险资本来交易，或者是除开房租和吃饭之外的钱，不管什么闲钱，你仍然会感到亏损的痛苦。为了避免重复犯相同的错误并出现巨额亏损，我特别要强调写交易日志的重要性。交易日志是用来保证作为交易者的你，只承担计算好的损失，并从过往的每一个错误中吸取教训。我建议把交易日志分成三部分：

1. 货币对一览表。

2. 做我正在等待的交易。

3. 出场或完成交易。

## 货币对一览表

交易日志的第一部分应该是一张电子数据表，可以打印出来，每天填写。这张表是为了保持对市场的感觉，并从中发现交易机会。可以在表格的左边列出可以交易的所有货币对，接着三列是现价、最高价和最低价，然后在右边列出一系列技术指标。新手最开始可能只关注欧元/美元、美元/日元、美元/日元和英镑/美元这四个主要的货币对，然后再逐步加上交叉货币对。虽然我制作的这张表非常繁琐，但是我发现这是一个非常有用的日常练习，而且如果把相关指标保存在图表上，那完成这张表不会超过20分钟时间。通过这张表，可以清楚地看到哪些货币对正在形成单边趋势、哪些正在区间里波动。掌握整个市场大局是交易成功的第一步。我常常看到交易者因为没有掌握整个交易大环境而失败。最糟糕的事情就是盲目交易。试图在强劲的单边走势中抓住最高点或最低点，或者在区间盘整时买突破，都会导致巨大亏损。在图8.1欧元/美元的三年走势图中就可以看到，如果试图抓住这个货币对的最高点，那么将导致超过3年令人沮丧的失败交易。在单边势中，交易者会发现在上升趋势中买回调，或在下跌趋势中卖反弹会有更高的成功几率。抓住最高点或最低点也是一种交易策略，不过只有在非常明显的区间震荡中才奏效，而且交易者仍然需要加倍小心，以防收窄的区间出现突破。

表8.1是我使用的每日市场概览表的简化版。可以在表中看到，每日最高价和最低价之后的两列分别是10日最高价和10日最低价。列出这

些价格有助于确认目前价格是处于历史价格的什么位置，是在向最高价或最低价压进还是正困在区间的中间。但是，光有价格，还不足以确定我们是处于单边势还是震荡势。接下来由5个指标组成的列表右半部分，将有助于我们判断交易环境。在这个部分，“×”越多，趋势就越强。

图8.1 欧元/美元三年走势图（资料来源：www.eSignal.com）

表8.1　货币对一览表

2005年3月30日 美国东部时间上午7:30

| 货币对 | 现价 | 日最高价 | 日最低价 | 10日最高价 | 10日最低价 | 趋势 | | | | | 区间 | | | | |
|---|---|---|---|---|---|---|---|---|---|---|---|---|---|---|---|
| | | | | | | ADX(14)大于25 | 穿越布林带 | 穿越50日均线 | 穿越100日均线 | 穿越200日均线 | ADX(14)小于25 | RSI(14)大于 | RSI(14)小于 | Stochastics >70 | Stochastics <30 |
| 欧元/美元 | 1.3050 | 1.3275 | 1.2998 | 1.3250 | 1.2876 | | | | | | × | | | | |
| 英镑/美元 | 1.9150 | 1.9160 | 1.9100 | 1.9160 | 1.8935 | × | | | × | | | × | | × | |
| 美元/日元 | 106.45 | | | | | | | × | | | | | | | |
| 美元/瑞郎 | 1.1855 | | | | | | | | | | | | | | |
| 澳元/美元 | 0.7126 | | | | | | | | | | | | | | |
| 纽币/美元 | 0.7150 | | | | | | | | | | | | | | |
| 美元/加元 | 1.1975 | | | | | | | | | | | | | | |
| 欧元/日元 | | | | | | | | | | | | | | | |
| 欧元/英镑 | | | | | | | | | | | | | | | |
| 欧元/瑞郎 | | | | | | | | | | | | | | | |
| 澳元/日元 | | | | | | | | | | | | | | | |
| 瑞郎/日元 | | | | | | | | | | | | | | | |
| 英镑/日元 | | | | | | | | | | | | | | | |
| 英镑/瑞郎 | | | | | | | | | | | | | | | |
| 澳元/加元 | | | | | | | | | | | | | | | |
| 欧元/加元 | | | | | | | | | | | | | | | |
| 澳元/纽币 | | | | | | | | | | | | | | | |

趋势指标组的第一列是“ADX(14)大于25”。ADX（Average Directional Index）主要是用来判断趋势的强度。如果指数大于25，就表示趋势正在发展。总体来讲，数字越大，趋势越强。第二列是布林带。当强劲的趋势在发展时，货币对常常会紧靠着并穿越布林带的上轨或下轨。后面三个趋势指标是长期简单移动平均线（SMAs）。向上或向下穿越这些移动平均线，也是趋势形成的指示。移动平均线组自身的交叉，也可以用作进一步确认的信号。如果在这个部分有两个或两个以上的“×”，那么交易者应该寻找机会在上升趋势中买回调，在下跌趋势中卖反弹，而不是卖出最高价买入最低价。

交易日志的最右边部分是区间组。第一个指标还是ADX，但这一次，我们关注的是ADX小于25的情况，ADX小于25表示货币对的趋势比较弱。接着是传统震荡指标、相对强弱指数（RSI）和stochastics。如果ADX较弱，技术指标如移动平均线或菲波纳奇回撤指示上方有重大阻力位，而RSI和/或stochastics正处于超买或超卖时，那么我们可以确认市场很可能处于区间震荡时期。

当然，市场一览表不能完全保证安全。因为即便在趋势组或区间组拥有众多的“×”符号，也不一定就表示趋势不会减弱或者不会出现突破。但是，这张表确实可以防止交易员盲目进行交易或忽略市场的整体状况。它是交易者甄别日内交易机会的起点。

## 做我正在等待的交易

交易日志的第二环节是列出当天可能出现的交易机会。通过对之前一览表的观察，就可以在这一环节列出你正在等待的交易机会。可以像下面的例子这样操作：

2005年4月5日

澳元/美元突破0.7850（前一天的最高点）时，买入。

止损于0.7800（50日简单移动平均线）。

盈利目标1——0.7925（11月至3月上涨波段38.2%的菲波纳奇回撤）。

盈利目标2——0.8075（布林带上轨）。

盈利目标3——根据10日的最低点移动止损。

因此，价格一旦到达你的入场位，你就会准确地知道将要采取的行动，知道在哪里设置止损点和止赢点。当然，在这之前，也应该快速地浏览一下市场，以确定你正在等待的交易情况没有发生改变。比如，如果你在等待你的入场价位处发生没有回撤的强劲突破，那么等它真的突破时，你需要确定这个突破是否正是你所等待的。这样做的目的是为了帮助你制定一个行动计划以应付日常交易。在每一次战斗之前，战士们都要再次集合以检查进攻计划；在交易时，你也会有同样需要。制定好计划，为最坏的情况做好准备，并充分地了解这天的进攻计划！

## 出场或完成交易

制定这一环节的目的是为了加强纪律，并从错误中吸取教训。在每个交易日结束后，一定要回顾这一天的交易，并弄明白为什么有些交易会亏损，有的会盈利。通过这个环节，可以发现一些习惯倾向。我会使用一个跟交易完全无关的例子来说明这一环节的重要性。在日常生活中，大部分人在对话中都会无意识地加入一些“嗯”或“啊”之类的词。但是我打赌，他们中大部分人都没有意识自己这一说话习惯，直到有人记录下他们的对话，并回放给他们听。这是专业主持人和新闻评论人用以训练自己戒除这种口语习惯的方法之一。我和超过65000名交易员一起共事过，我常常看到很多交易员一而再再而三地犯相同的错误，不是过早地止赢出场，就是任由亏损奔腾不止，或者带着情绪交易，忽略经济数据的公布，以及贸然入场等。记录过去的交易就如同给对话录音。当你回顾之前完成的交易，就等于有了一张可以指示哪些策略会赚钱，哪些会亏钱的指示图。交易日志之所以重要，主要是因为它可以把人的情绪对交易的负面影响最小化。我时常看到新手们一旦盈利就早早出场，亏损却死守不出的情形。以下是两个交易日志的例子供你参考。

2005年2月12日

交易：在1.3045做空3手欧元/美元。

止损：1.3095（历史最高点）。

止盈：1.2900。

结果：2005年2月13日，3手单均止损于1.3150（–105点）。

评论：接到催缴保证金通知！欧元/美元突破了历史最高点，但我认为它会反转，没有坚决止损——导致亏损不断增加，直到最后因保证金不足，被强行平掉了所有仓位。

提醒：一定要坚决止损。

2005年4月3日

交易：在1.1945做多2手美元/加元。

止损：1.1860（强大的支撑位——叠加了50日移动平均线和2月至5月上涨波段68%的菲波纳奇回撤）。

止盈：第一手在1.2095（位于布林带上轨，离1.2100的心理阻力位相差5点）。第二手在1.2250（前期的头肩顶的支持位变阻力位，100日简单移动平均线）。

结果：2005年4月5日，2手单均止损于1.1860（–85点）。

评论：美元/加元没有继续上涨趋势，变成了超买，我没有注意ADX开始减弱并从高位回落，而stochastics也出现了背离。

提醒：下次一定要注意背离！

和很多交易者不同，我认为最好的交易是技术面和基本面在讲同一个故事的交易。按照这个前提，如果技术面与基本面的观点相矛盾时，我宁愿留在场外。举例而言，由于美元疲软，英镑/美元和澳元/美元都看涨，但又因为英格兰银行已经完成了加息进程，而澳大利亚储备银行则有充分的加息意图，以抑制强劲的经济，所以我更可能认为澳元/美元中的美元，将比英镑/美元中的美元更加疲软。如果澳元/美元的利率差要高于英镑/美元的利率差，那么我对澳元/美元的偏爱会更强烈。我时常看到技术面受到基本面阻碍的情形，所以现在我经常综合考虑两方面因素。我会结合技术面、基本面和头寸规模，大体来说也是一个趋势追随者。我还经常使用一种自上而下的方法，包括以下几点：

1.为了加入到一个中期的趋势中，首先我会大体考察一下市场的技术面情况，然后挑选出那些已经回撤到具有吸引力价位水平的货币对。

2.对于由美元组成的货币对（也就是非交叉货币对），我会先判断最初的技术面观点是否与美元基本面观点一致，以及是否与我对即将发布的美国经济数据对当天交易的影响的判断一致。我之所以特别关注美元，是因为90%的外汇交易都涉及到美元，这使得美国的基本面情况特别重要。

3.如果是交叉货币对，比如英镑/日元，我会通过菲波纳奇回撤、ADX、移动平均线、震荡指标和其他技术工具，来判断技术面是否与基本面观点一致。

4.之后我喜欢通过FXCM投机情绪指数来察看持仓情况，看它是否支持我的交易。

5.最后，如果我还剩下两个具有相同说服力的交易选择，我会选择利率差为正的那个货币对。

## 配备一个对目前市场有效的工具箱

一旦建立好交易日志后，就应当开始考虑在你的图表上使用哪些指标。很多交易者失败的原因在于没有意识到他们最喜欢的指标并不是万能的。当stochastics指标进入超卖时买入，超买时卖出，这是区间交易者经常使用的策略，而且也获得大量成功，但是一旦市场停止区间盘整，转而形成趋势，那么依靠这个指标就会导致巨大的亏损。为了能够持续盈利，成功的交易者需要学会如何适应。

每个交易者必须知道，最重要的习惯之一是对交易环境保有清醒的意识。每个交易员都需要有某种清单样的东西，可以帮助他们区别交易环境，以便判断市场是处于趋势还是区间中。确定交易条件是最重要的交易训练之一。太多交易者试图在趋势中抓顶部，结果只是不断的亏损。

确定交易条件对任何市场（外汇、期货、股票）的交易者都很重要，尤其是外汇市场的交易者，因为超过80%的交易实际上都是投机性质的。这就意味着货币将处在某个交易环境相当长的时间。此外，由于市场规模巨大，市场参与者众多，所以外汇市场尤其适用技术分析。

交易环境基本分两种，这就意味着市场在任何时候不是处于区间盘整就是处于单边趋势。每个交易者交易的第一步就是辨别目前的交易环境，这时应该使用的最短时间框架是日线图，即便你是用5分钟图进行交易。

## 第一步——识别交易环境

交易者有很多方法可以用来判断货币对是处于区间还是趋势。当然，很多人是通过图表来做判断，但如果设定了规则，将有助于防止交易者进入到可能已经减弱的趋势中，或进入可能出现突破的区间中。表8.2概括了我用来辨别交易环境的一些规则。

表8.2 趋势/区间的交易规则

| 交易 | 规则 | 指标 |
|---|---|---|
| 区间 | · ADX<20<br>· 下降的隐含波动率<br>· 风险逆转接近或在买入期权和卖出期权之间摇摆 | 布林带，ADX，期权 |
| 趋势 | · ADX>25<br>· 动量指标与趋势方向一致<br>· 风险逆转强烈地偏向买入期权或卖出期权 | 移动平均线，ADX，期权，动量指标 |

### 区间

寻找

ADX小于20

ADX是用来判断趋势强度的主要技术指标之一。当ADX小于20时，就表明趋势较弱，这是区间环境的一个普遍特点。当ADX小于20

并有下降趋势时，将进一步确认趋势不仅弱，且将较长时间处于区间盘整阶段。

### 下降的隐含波动率

有很多方法可以用来分析波动率。我喜欢的做法是比较短期和长期的波动率。当短期波动率在下降，特别是突然大幅超过长期波动率之后，通常意味着将要反转到区间交易。当货币对经历了急剧快速的波动之后，波动率一般会突然增加。而当区间收窄，交易变得很平淡的时候，波动率则会下降。有一个追踪波动率的懒人方法，就是布林带，这是判断波动率情况的一个非常好的方法。狭窄的布林带表示区间较小，市场波动率较低，而宽大的布林带则表示区间较大，市场波动率较高。在区间震荡市中，我们将寻找非常狭窄的布林带，最理想的情况是处于横向形态，类似于图8.2中的美元/日元走势图。

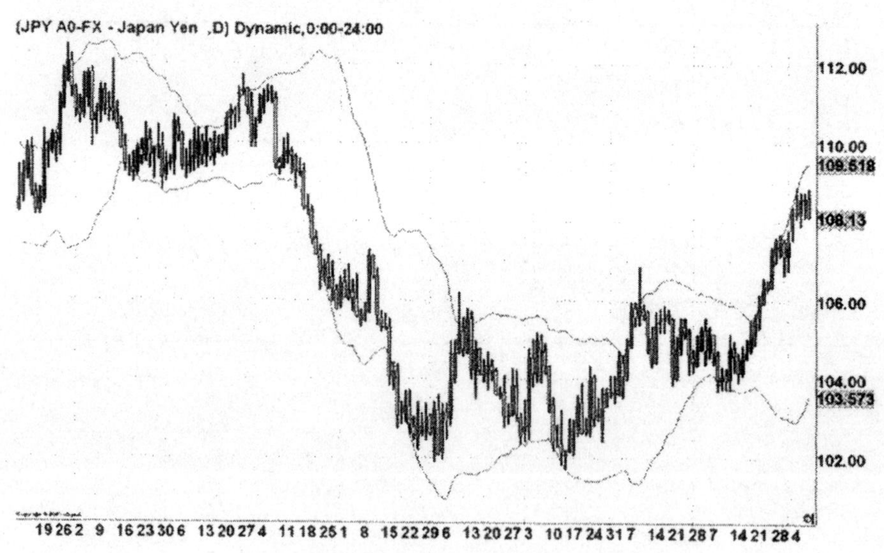


图8.2 美元/日元的布林带图（资料来源：eSignal.com）

### 买入期权和卖出期权间的风险逆转

风险逆转由一对期权组成，包括同一种货币的买入期权和卖出期权。风险逆转有相同的到期时间（一个月），并对基础即期汇率（underlying spot rate）有相同的敏感性。它们按照两个期权的波动率差异来报价。虽然理论上这两个期权应该有相同的隐含波动率，但实际上，它们在市场上的波动率常常不同。风险逆转可以看作具有市场投票的功能。如果大多数强烈偏向买入期权，就表示市场偏向买入超过卖出。如果数字是强烈地偏向卖出期权，那么出现逆转就是真的。因此，风险逆转可以作为衡量外汇市场头寸情况的一个替代工具。在理想的环境中，远期价外（out-of-the-money）买入期权和卖出期权应该有相同的波动率。但是，这种情况很少出现，因为市场上通常会有情绪偏向，这会在风险逆转中体现出来。在区间震荡势中，风险逆转往往会在买入期权偏向和卖出期权偏向间摇摆并接近于零（或者说相等），这表示市场在上涨和下跌间犹豫不决，没有明显的偏向。

### 风险逆转表

我们可以从表8.3所示的风险逆转中看到，长期中，市场强烈地偏向日元买入期权（JC）和美元卖出期权。欧元/美元短期风险逆转接近于零，这正是你所寻找的区间震荡势。据我所知，可以从www.fxcm.com外汇交易平台的IFR新闻插件中免费得到风险逆转的最新数据。

表8.3 风险逆转

4月19日格林威治时间14:40

1月至1年的风险逆转（R/R）

| 货币 | 一个月R/R | 3个月R/R | 半年R/R | 一年R/R |
|---|---|---|---|---|
| 美元/日元 | 0.3/0.6JC | 0.7/1.0JC | 1.1/1/3JC | 1.3/1.6JC |
| 欧元/美元 | 0.1/0.3EC | 0.0/0.3EC | 0.0/0.3EC | 0.1/0.4EC |
| 英镑/美元 | 0.0/0.3SP | 0.0/0.3SC | 0.0/0.3SC | 0.0/0.3SC |
| 美元/瑞郎 | 0.2/0.2CC | 0.0/0.3CC | 0.0/0.4CC | 0.1/0.5CC |

JC=日元买入期权
EC=欧元买入期权
SP=英镑卖出期权
SC=英镑买入期权
CC=瑞郎买入期权

## 趋势

寻找

ADX大于20

就如前面讨论区间交易时提到的，ADX是用来判断趋势强度的一个主要的技术指标之一。在趋势环境中，我们会发现ADX大于25并且持续上升。但是，如果ADX大于25却开始下滑，尤其是离开40的极值水平时，就要小心趋势头寸过于激进，因为下滑的指数可能表示趋势在减弱。

### 动量指标与趋势方向一致

除了ADX，我还建议可以通过动量指标来判断是否处于趋势环境中。交易者可以寻找动量指标与趋势方向相一致的情况。大部分外汇交易者会发现，震荡指标会明确指示趋势的方向。例如，在上升趋势中，趋势交易者会注意到移动平均线、RSI、stochastics和MACD都明确地指示向上。在下降趋势中，则会发现这些指标会同时指示向下。有些外汇交易者会使用动量指数，但仅限于较小的范围。其中一个最强的动量指标是移动平均线的完美序列。所谓完美序列，就是移动平均线完美地排列起来。也就是说，在上升趋势中，10日移动平均线高于20日移动平均线，20日移动平均线高于50日移动平均线，而100日和200日移动平均线分别处于较自己短期的移动平均线下方。而在下降趋势中，完美序列则是较短期的移动平均线处在较长期移动平均线的下方。

期权（风险逆转）。在单边势中，我们将会发现风险逆转强烈地偏向买入期权或卖出期权。当市场兴趣强烈偏向某一边，风险逆转处于极端水平时，通常就表示市场处于较强的趋势环境，或者一个反趋势正在酝酿中。

# 第二步——决定交易时间框架

一旦你已经判定某个货币对是处于区间还是趋势环境时，就开始决定计划持仓的时间。下面是我用于交易不同时间框架的一系列指引和指标。当然不是一定要满足所有的条件，但是满足的条件越多，交易机会就越可靠。

## 日内区间交易

### 规则

1.使用小时图来决定入场点，使用日线图来确认区间交易存在于更长的时间框架上。

2.使用震荡指标来决定区间内的入场点。

3.短期风险逆转接近零。

4.震荡指标逆转（RSI或stochastics出于极端位置）。

5.当价格受阻于关键阻力位或守住了关键支撑位，这就是一个更好的交易（使用菲波纳奇回撤水平和移动平均线）。

### 指标

stochastics、MACD、RSI、布林带、期权、菲波纳奇回撤。

## 中期区间交易

### 规则

1.使用日线图。

2.中期区间交易有两种方法：为即将到来的区间交易机会做准备，或者加入到现存的区间中。

即将到来的区间交易机会：寻找高波动的交易环境，也就是短期隐含波动率要显著高于长期波动率，等待逆转回中值的情况。

现存的区间：运用布林带来识别现存的区间。

3.RSI和stochastics等震荡指标出现逆转。

4.确定ADX低于25，如果正在下降，则更为理想。

5.中期风险逆转接近零。

6.通过价格行为来确认——既受阻于关键阻力位，又无法跌穿关键支撑位（运用传统技术指标）。

### 指标

期权、布林带、stochastics 、MACD、RSI、菲波纳奇回撤。

## 中期趋势交易

### 规则

1.在日线图上观察到趋势正在发展，然后使用周线图来确认。

2.参考之前介绍的趋势环境特征——寻找满足上述特征的情况。

3.在关键菲波纳奇回撤点位或移动平均线上突破或回调时，买入。

4.在交易的前方没有重要的阻力位。

5.蜡烛图形态可以作为确认。

6.移动平均线的走势与交易方向一致。

7.在显著的高点或低点突破时进场。

8.理想的情况是，等到波动率降低再进场。

9.基本面因素，如经济增长率和利率，同样也支持此次交易。你可能会希望看到一连串或好或坏的经济数据，好或坏取决于你的交易方向偏好。

### 指标

ADX、抛物线（SAR）、RSI、一目均衡云区（Ichimoku clouds，一种日本的形态）、艾略特波浪、菲波纳奇回撤。

## 中期突破交易

### 规则

1.使用日线图。

2.短期波动率收缩到一点，显著低于长期波动率。

3.运用关键点位来判断突破是真突破还是假突破。

4.移动平均线的走势也支持此次交易。

# 风险管理

虽然风险管理是很容易掌握的课题之一，但是对大多数的交易者来说，似乎是最难遵循的问题。我们经常会看到交易者原本盈利的头寸最后变成亏损，非常稳妥的交易策略不但不赚钱反而亏钱。无论交易者如何聪明，对市场如何了解，他们自己的心理状况会导致他们亏钱。是什么导致了这样？是市场真的如此难以捉摸才导致只有少数人赚钱？还是只是因为很多交易者都倾向于犯相同的错误？答案是后者。好消息是，虽然这对心理和情绪都是具有挑战的问题，但是它还是相当容易掌握并解决。

大部分交易者亏钱，只是因为他们不了解或者不重视风险管理。风险管理本质上就是，知道你愿意承担多大的风险以及希望获得多大的收益。没有风险管理的意识，大部分交易者往往会持有亏损头寸很长时间，而盈利的头寸却早早地了结。这看起来是个很荒诞的事情，可在现实中太常见了——交易者盈利的头寸数量会超过亏损的头寸，但最终结果却是亏损。那么，交易者怎样才能养成良好的风险管理习惯呢？这里有一些关键的准则是所有交易者都应该铭记于心的，无论交易者的交易策略及交易品种是什么。

## 风险报酬率

交易者应该为每一笔交易都设定一个风险报酬率。换句话说，就是要清楚地知道自己愿意承担的亏损和期望的收益的大小。大体来说，风险报酬率至少应该1:2。有一个固定的风险报酬率，可以防止交易者进行那些实际上不值得冒险的交易。

## 止损单

交易者应该使用止损单来限定他们愿意承受的最大亏损。通过使用止损单，交易者可以避免一个常会出现的险境——账户已经有很多盈利的交易，但是只要一笔巨大的亏损就会抹掉所有的利润。通过移动止损来锁定利润，就是非常有用的方法。那些非常成功的交易者都有一个好习惯，就是一旦头寸盈利额等于最初所冒的风险，就把止损点移到盈亏平衡处。当然，也有一些交易者会选择先平掉一部分仓位。

对于那些想在盈利的头寸上加仓或者追随趋势的交易者，最好的策略是把后面的交易当作完全独立、与此前盈利头寸无关的新交易。如果你将要在盈利头寸上加仓，应该像没有持有头寸时那样进行图表分析。如果行情继续向你交易的方向前进，你也可以先平掉部分仓位，同时对剩下的头寸进行移动止损。如果你的头寸是由不同的入场价位分批建立的，那么对于每一笔交易，都应该考虑其风险和报酬情况。如果买入的第二手入场点高于第一手50个点，那么不要设定与第一手相同的止损价位，应该对第二手头寸进行独立的风险管理。

### 使用止损单进行风险管理

考虑到资金管理对成功交易的重要性，使用止损单对于任何想要在外汇市场获得成功的交易者来说，都是非常必要的事情。止损单可以帮助交易者限定他们在每一笔交易上愿意承受的最大亏损。当市场的价格到达止损单设定的价格时，交易就会被立即平仓。所以，在入场时设定止损单，就可以让你知道自己正在承受多大的风险。

成功地使用止损单包括两个部分：（1）最初入场时，在合理的价格水平设定止损单。（2）移动止损——意思就是当行情朝着你交易的方向前进时，也朝着这个方向移动止损点。

### 设定止损单

我建议用两种方法来设定止损单。

（1）两天最低点方法（Two-Day Low Method）

这种基于波动性的止损方法就是，在货币对两天最低点下约10点的位置设置止损单。例如，如果欧元/美元昨天的最低点是1.1200，前天的最低点是1.1100，那么在做多欧元/美元时，止损点就应该设在1.1090附近——两天最低点以下约10点的位置。

（2）抛物线（SAR）止损

另一个基于波动性的止损方法就是抛物线，这个指标可以在很多外汇交易图表中找到。比如www.fxcm.com网站的The FX Power

Charts 就免费向注册会员提供这个指标。抛物线是一个基于波动性的技术指标，它在图表上显示为一个小点，交易者可以把这个点设定为止损点。

图8.3是一个显示了抛物线的例子。

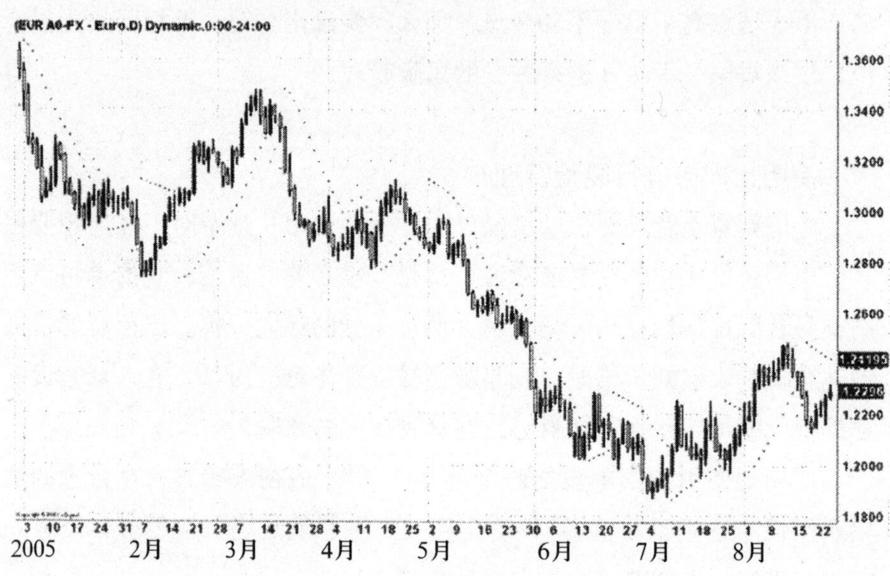


**图8.3 抛物线（SAR）（资料来源：www.eSignal.com）**

世上还没有一个在任何情况都有效的神奇公式，以下是一个运用止损点的例子。在建立多头头寸时，要先判断哪里是支撑位，然后在支撑位以下20点的位置设定止损单。例如，假设止损位在入场点以下60点的位置。

如果这笔交易赚到了60点的利润，那么就按市价平掉一半的仓位，并把止损位移动到入场的位置。之后，移动设定止损点，止损点与市价保持60点的距离。如果抛物线向上移动并超过了入场点，就可以转而以抛物线作为止损位。当然，一天内，有可能有其他信号促使你移动止损点。如果价格突破了一个新的阻力位，这时这个阻力位就会变成支撑位。你可以在支撑位下面20点的位置设置止损单，即使这个位置离市价只有30点至40点的距离。你必须遵循的一个基本原则是，找到一个点设置你的止损单，在这个点，一旦价格到达时，你不想再继续交易。止损点通常都设置在支撑位以下的某一位置。

## 交易心理

除了运用适当的风险管理策略外，成功交易的另一个最关键却往往被忽略的因素是，保持良好的交易心理状态。一天交易结束后，如果不能处理好市场跌宕起伏带来的压力，交易者将经不起时间的考验——不管他们的交易技能有多么熟练。

### 情绪的抽离（抽离是神经语言程式学的专用术语——译者注）

交易者做交易决定，必须建立在独立于恐惧和贪婪的策略上面。优秀的交易者具有的首要特质之一，是善于情绪的抽离——当他们完全专注于交易时，他们的情绪并没有陷入其中。他们也接受亏损，并理性地做出投资决策。那些让情绪完全陷入交易中的交易者，常常会犯大量错误，因为他们在遭遇一些亏损交易后，通常会反复更改交易策略，或者在盈利几单后，就变得盲目乐观。一个优秀的交易者必须保持情绪上的稳定，所做的所有交易决策都应该建立在交易策略，而不是恐惧和贪婪上面。

### 知道何时应该休息

如果正在遭遇连续的亏损，那么在恐惧和贪婪主导你的交易策略之前，你应当考虑适当休息一下。

不是每一笔交易都能盈利。所以，交易者在心理上必须能够承受亏

损的压力。大部分交易者，即使是非常成功的交易者，都经历过一段时间的亏损交易。但是，要成为成功的交易者，关键在于不惊慌也不沮丧地度过亏损那段时期。如果你正处于一段很糟糕的时期，那么是时候离开交易休息一下。离开市场休息几天会让你的思路变清晰，这常常是扭转亏损局面的最好方式。在艰难的市场情况下，仍然持续不断地交易，很可能导致更大的亏损，并摧毁你的交易心理状态。最终，承认亏损的结果往往会好过于继续与之顽抗或假装它们不存在。这一点你不能搞错——不管你学习、练习或交易了多长时间，在你整个交易生涯中总会有亏损的时候。关键是要尽量把亏损降到最小，使你可以存活到第二个交易日，同时继续持有你盈利的头寸。你可以通过适当的资金管理技巧来战胜很多坏运气。这就是为什么我们要强调2:1的风险报酬率，以及建议在单次交易时所承担的风险不超过资产2%的原因。

不管你是交易外汇、股票还是期货，下面有10条成功交易者必须遵循的交易规则：

1.设定止损单。

2.让你的利润奔腾。

3.保持合理的仓位水平。

4.知道你的风险报酬率。

5.有充足的资本。

6.顺势而为。

7.不要在亏损的头寸上加仓。

8.了解市场预期。

9.从错误中学习——保持写交易日志习惯。

10.设定最大的亏损额或利润回吐额。

# 第九章

# 技术面交易策略

## 多重时间框架分析

日内交易成功的关键在于有所选择。趋势交易是全球宏观对冲基金最常用的交易策略之一。虽然很多交易者更偏好区间交易，但是巨大的盈利潜力往往来自于能够抓住并参与到市场大波动的交易中。迈达斯信托基金（Midas Trust Fund）的对冲基金经理，曾被纳尔逊市场（Nelson MarketPlace）评为最佳资金经理的马克·鲍彻（Mark Boucher）曾说过，70%的市场波动发生在20%的时间内。这就使多重时间框架分析尤为重要，因为没有交易者愿意失去对整个市场大局的把握。有一个很好的比喻，就是从芝加哥开车到佛罗里达，一路上有很多向左向右的岔路，司机必须全程都知道自己是在向南前行。在交易中，要寻找机会做多上升趋势、做空下跌趋势，这将比试图抓住顶部或底部获得的利润高很多。

多重时间框架分析最常用的方式，是先通过日线图判断整体趋势，然后用小时图来判断具体入场点。

图9.1是澳元/美元的日线图。从图中可以看到，澳元从2002年1月开始，趋势一直向上。那些不断想抓住顶点的区间或逆向交易者，就将面临至少3年的艰难时期，尤其是当这个货币对在2003年末到2004年初创出历史高点的时候。这个历史高位，当然吸引了很多交易者来抓顶点，或者认为趋势将要减弱。虽然在2004年末确实出现了回调，但是澳元仍然保持了强劲的趋势进入2005年。这个走势将使中期区间交易员的日子非常难熬。

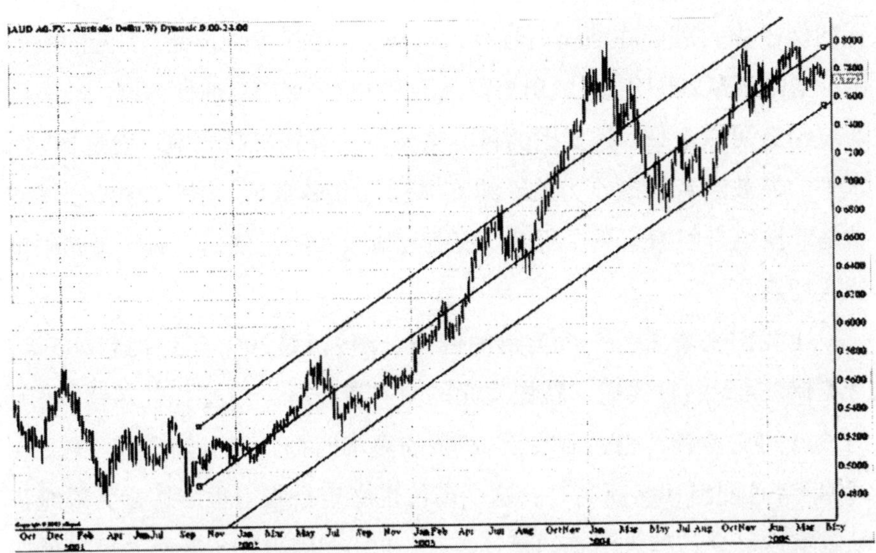

图9.1 澳元/美元多重时间框架的日线图（资料来源：www.eSignal.com）

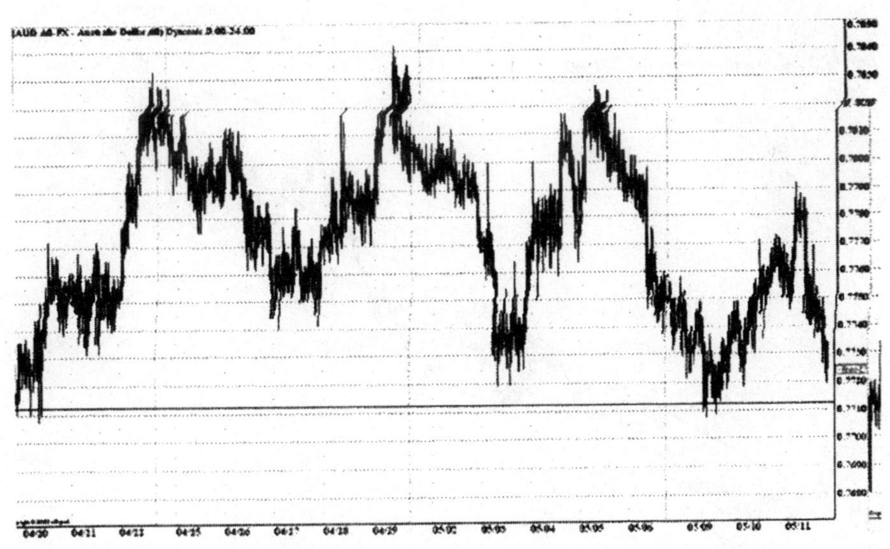

图9.2 澳元/美元多重时间框架的小时图（资料来源：www.eSignal.com）

相反，更为有效的交易策略是顺着趋势的方向建仓。在澳元/美元的例子中，就要在回调时寻找入场机会。图9.2是澳元/美元的小时图，显示了从2004年2月的历史高点到2004年6月17日的低点这一波段的菲波纳奇回撤水平。这张图的目的当然不是寻找机会做空，而是把76%水平的菲波纳奇回撤作为关键的支撑位，做多澳元。图9.2中的水平线就是菲波纳奇回撤水平。所以，我们应该做的就是使用小时图来精确定位入场点。

让我们来看看另一个英镑的例子。图9.3是2002年1月到2005年5月英镑/美元的日线图。就像澳元的交易者一样，试图抓住英镑/美元的顶点的交易者，也会面临至少3年的艰难时期，尤其当英镑/美元在2004年1月创出10年新高时。这个高位也必定会吸引很多怀疑者纷纷进场做空。可令这些人沮丧的是，英镑/美元在创出10年新高之后，就在这个月，又继续上涨了10%。这意味着那些试图抓顶点的人将遭受巨大损失。

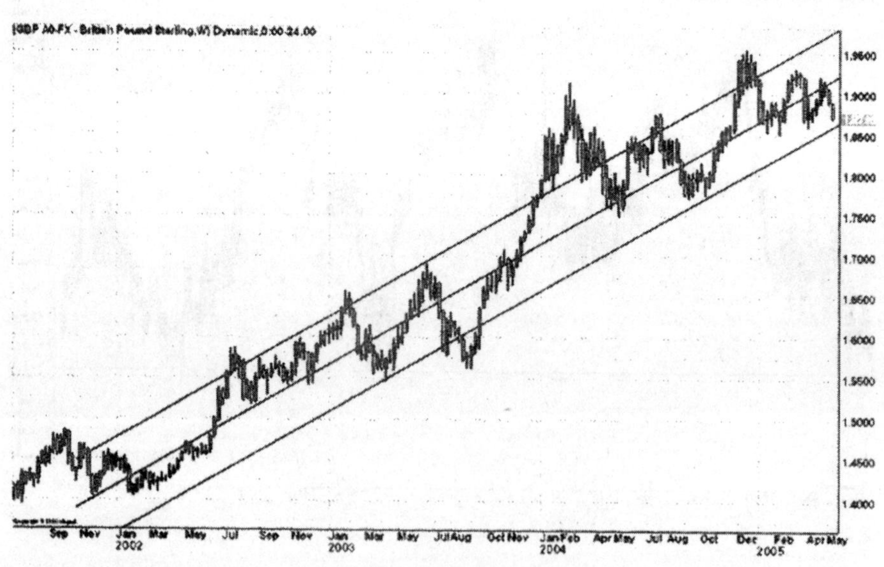


图9.3 英镑/美元多重时间框架的日线图（资料来源：www.eSignal.com）

再看看英镑/美元的小时图，我们要寻找机会在回调时买入，而不是找机会在上涨时卖出。图9.4显示了从2004年9月到2004年11月这一上涨波段的两个菲波纳奇回撤水平。在4/10到4/14之间，这些价位在回调中起到了很好的支撑作用，而23.6%的菲波纳奇回撤提供的是突破交易的机会，而不是通常认为的重大阻力位。在个别情况下，了解市场大局可以防止交易员在这些价位上进行逆向操作。

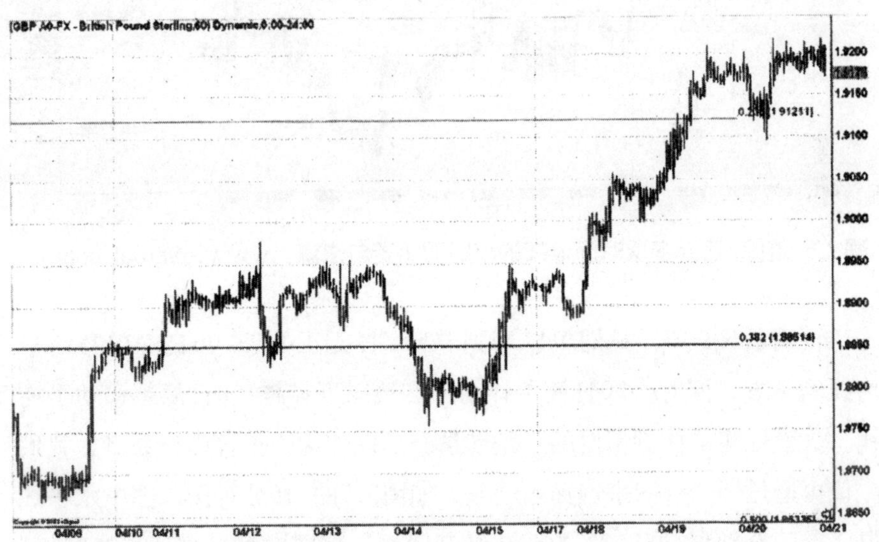


图9.4 英镑/美元多重时间框架的小时图（资料来源：www.eSignal.com）

多重时间框架分析也可以用于短线交易。让我们来看看瑞郎/日元的例子。首先，从图9.5的瑞郎/日元小时图开始。我们可以从图中看到，价格多次都无法突破从2004年11月30日到2005年2月9日这一下跌波段38.2%水平的菲波纳奇回撤。它表示这个货币对持续一周都在这些价位以下呈下降趋势。因此，我们需要使用15分钟图来寻找入场点，以加入整个下降趋势。但是，为了增加此次交易的成功率，我们需要确定瑞郎/日元在日线图上也是处于下降趋势当中。

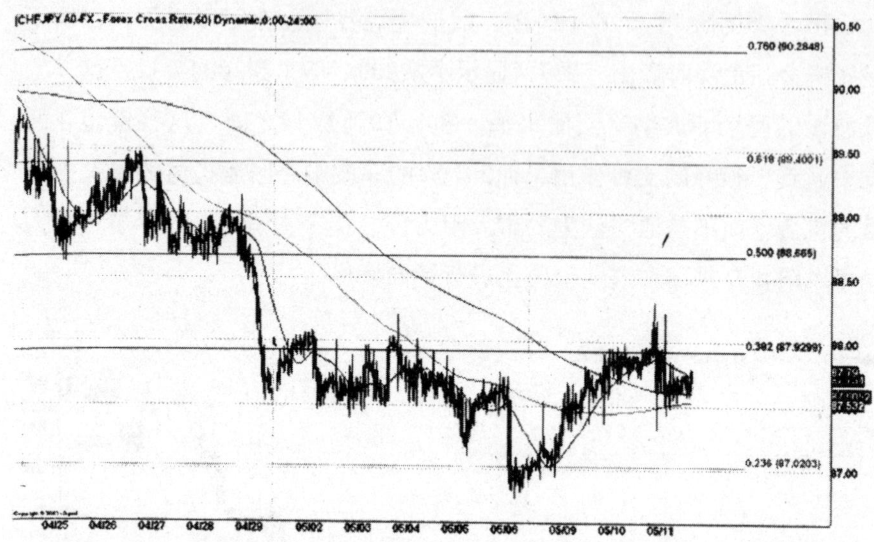


图9.5 瑞郎/日元多重时间框架的小时图（资料来源：www.eSignal.com）

再看看图9.6，我们可以看到瑞郎/日元正处于200日简单移动平均线的下方，同时，20日简单移动平均线向下穿越100日简单移动平均线。这就证实了该货币对的下跌动量。所以作为一个日内交易者，我们应该再通过15分钟图来选择入场点。如图9.7的 15分钟图，图中水平线是之前下跌波段的38.2%的菲波纳奇回撤。从图中可以看到在2005年5月11日，瑞郎/日元曾向上突破这条水平线。但是，小时图和日线图上均显示出整体趋势是下降，这就提示我们应该在这个价位进行逆向操作，而不是买入一个并不确定的突破。事实上，图9.7显示有两次突破菲波纳奇回撤水平的情况，不过仅仅在突破之后，就急转直下，跌到更低的位置。经验丰富的日内交易者遇到类似情况，往往会在突破时做空，而不是做多。

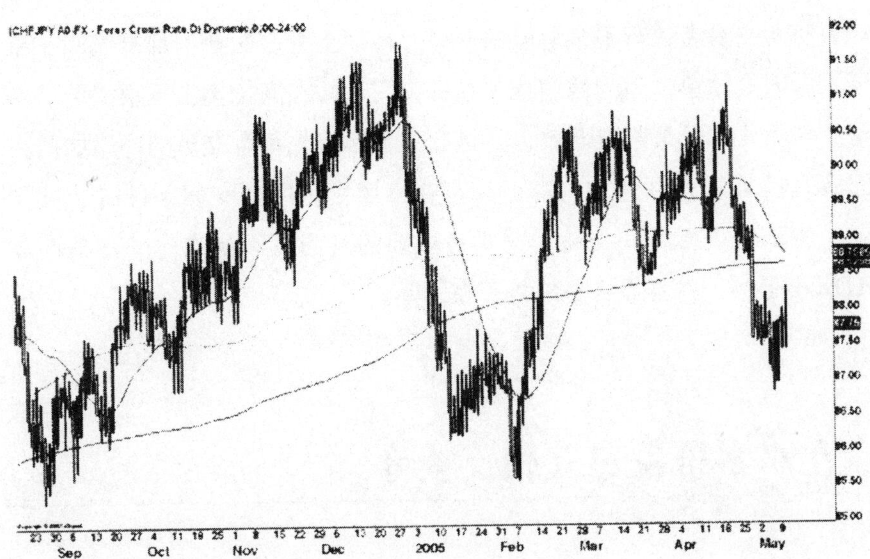

图9.6 瑞郎/日元多重时间框架的日线图（资料来源：www.eSignal.com）

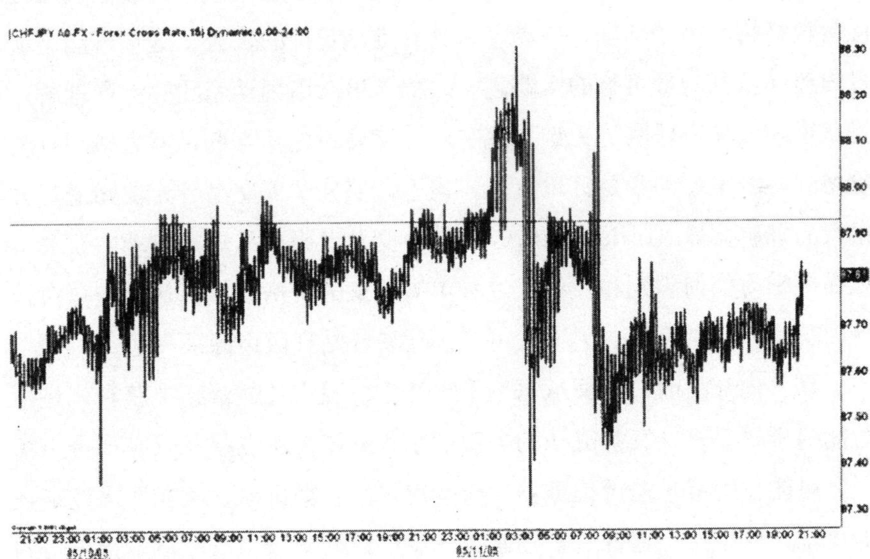

图9.7 瑞郎/日元多重时间框架的15分钟图（资料来源：www.eSignal.com）

多重时间框架分析的重要性如何强调都不过分。首先分析市场大局会防止交易者进行很多危险的交易。市场上大多数新手都是区间交易者。原因很简单，因为他们认为在低位买入，在高位卖出是很简单的事情。当然，这个策略很奏效，只是交易者必须先留意交易的环境如何。回顾之前第八章讲到的内容，只有在市场满足区间交易条件时，交易者才能试着进行区间交易。其中最重要的（当然不是唯一的）条件是ADX小于25，并且最好是趋势正在下降。

## 在双零价位建立相反头寸

一个被普遍忽略但又有利可图的领域就是市场结构。能够敏锐地把握微观结构和市场动态，交易者将具有难以置信的优势，这也可能是从日内波动获利的最可靠的策略之一。培养出对市场动态的感觉和理解，是从短期波动中获利的关键。这在外汇交易中尤其重要，因为影响日内价格波动的主要因素是订单流量。鉴于大部分个人交易者无法知道卖方银行的订单流量（order flow），那么交易者想要从短期波动中获利，就需要学习如何识别和预估大量订单被触发的价格区域。这种技巧对于日内交易者非常有用，因为它可以让交易者站到做市商那一边。

在日内交易时，企图从每一个支撑位或阻力位的修正中获利，是不可能的事情。日内交易成功的关键在于我们要有所选择，只在那些市场很有可能发生修正的价位进场。权衡重要的心理价位，比如双零或整数的价位，就是一个很好的识别此类入场机会的方法。双零就是指价格的最后两位是零。比如，美元/日元的107.00或者欧元/美元的1.2800。我们常常发现，货币对的日内价格在到达双零支撑位或阻力位时，会发生修正，而不管根本的趋势是什么。不仅如此，我们还发现这类修正常常比其他的修正幅度更大。这种市场反应对日内交易者是很棒的机会，因为它们带来的是50点的盈利机会，以及只有15到20点的风险。

采用这个方法并不困难，只是要求个人交易者培养出对行情发展空间和市场参与者心理的可靠感觉。这个方法之所以有效，原因很简单，大型银行能够看到订单情况，这比起其他市场参与者，具备了非常显著的优势。通过这些订单，银行可以直接知道不同价位市场的潜在反应。交易商经常利用这些信息，来为自己的账户建立短期头寸。

市场参与者作为一个整体，倾向于在相同的价位附近下单。止损单通常设在整数价位附近，而止盈单也常设在整数价位上。出现这样的现象，是因为交易者是人，人喜欢用整数思考。因此，交易者有很高的倾向把止盈单设在双零价位。由于外汇市场是个持续运作的市场，所以投机者使用止损单或止盈单的频率要远高于其他市场。大型银行可以看到限价订单情况，他们会积极地利用这些头寸密集的价位，去触发限价订单。在双零价位建立相反头寸的策略，是为了让交易者站到做市商那一边，以从双零价位的快速修正行情中获利。

如果在双零价位有其他技术指标也支持其重要性的话，那么这个交易的获利会更多。

## 策略规则

### 买入

1. 首先，在10或15分钟图上找到价格正处于其日内20期简单移动平均线下方的货币对。

2. 然后，在双零价位下方几点的位置买入（不超过10点）。

3. 在入场价下方不超过20点的位置设定一个最初的保护性止损订单。

4. 当头寸的利润幅度达到止损幅度的2倍时，平掉一半的仓位，并把止损点移到盈亏平衡处。当行情继续上涨时，采用移动止损。

### 卖出

1.首先，在10或15分钟图上找到价格正处于其日内20期简单移动平均线上方的货币对。

2.然后，在双零价位上方几点的位置卖出（不超过10点）。

3.在入场价上方不超过20点的位置设定一个最初的保护性止损订单。

4.当头寸的利润幅度达到止损幅度的2倍时，平掉一半的仓位，并把止损点移到盈亏平衡处。当行情继续下跌时，采用移动止损。

## 市场情况

当市场没有任何重要经济数据作为催化剂时，换句话说，就是在比较平静的市场情况下，这个策略最为有效。对于那些窄幅区间交易的货币对、交叉货币对和商品货币，运用这个策略最是成功。这个策略对于主要货币对也很有效，不过要在比较平静的市场情况下，因为这时的止损单相对密集。

## 进一步优化

当心理上重要的整数价位与关键的技术位一致时，这个价位就会更加重要。因此，当其他重要的支撑位或阻力位汇聚在这个价位，比如移动平均线、关键的菲波纳奇回撤水平和布林带等，这个策略的成功率将更高。

## 举例

让我们来看这个策略的一些实际操作例子。第一个例子见图9.8，欧元/美元的15分钟图。我们看到欧元/美元下跌，并在20期移动平均线下方运行，这很符合这个策略的规则。价格继续之前的下跌趋势，向1.2800，也就是我们的双零价位靠近。根据规则，我们在双零价位以下几个点的1.2795设置买入订单。订单触发后，在入场点下20点的1.2775的位置设定止损单。欧元/美元在上涨之前先跌到了1.2786的位置。当再上涨到1.2835，即盈利幅度达到止损幅度的2倍时，我们平掉一半的仓位，并把剩余仓位的止损点移动到盈亏平衡处，即1.2795。之后进行移动止损。移动止损有很多方法，主要以资金或百分比为基础。对于短线交易，我们一般选择两根蜡烛线低点（two-bar low）的方法进行移动止损。最后，剩下的一半头寸在1.2831处平仓。在这次交易中，我们从第一部分头寸中获利40点，从第二部分头寸中获利36点。

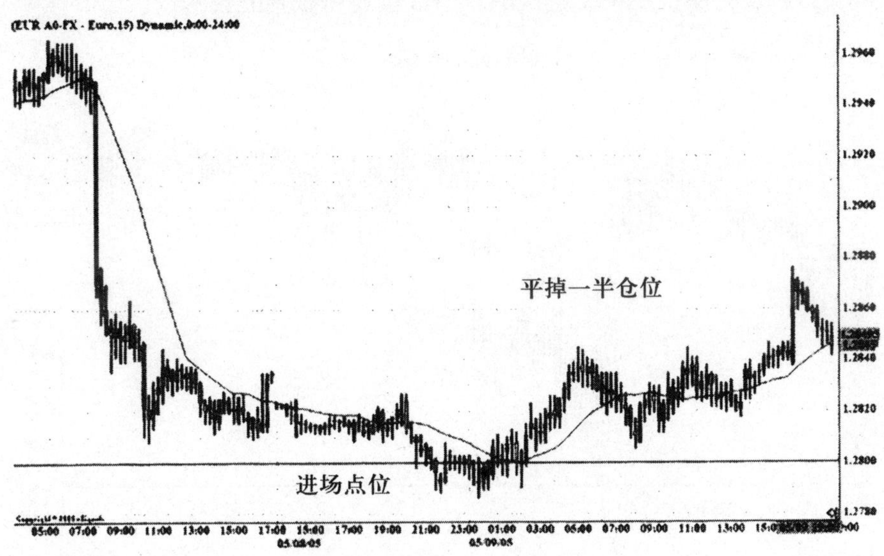


图9.8 欧元/美元双零价位的例子（资料来源：www.eSignal.com）

第二个例子是美元/日元。见图9.9，我们可以看到美元/日元在10分钟图上正处于其20期移动平均线的下方，并继续朝着105.00的双零点位运行。此次交易中的105.00这个点位特别重要，不仅因为它是重要的心理价位，而且还是整个2004年到2005年初的一个重要的支撑位和阻力位，同时，它还是从2004年5月14日的高点到2005年1月17日低点这一波段23.6%的菲波纳奇回撤。所有这些都发出一个强烈的信号，就是大量的投机者会在这个点位止盈平仓，趋势极有可能出现反转。因此，我们在105.00以下几点的104.95处设置现价订单。订单触及后，在104.75的价位设定止损单。美元/日元在上涨之前先跌到了104.88的低位。之后当再上涨到105.35，即盈利幅度达到止损幅度的2倍时，平掉一半的仓位，然后把剩余头寸的止损点移到104.95的盈亏平衡点。接着，根据5根蜡烛线最低点进行移动止损，过滤较短时间框架出现的噪音。最后，剩余头寸在105.71处平仓。在这次交易中，我们从第一部分头寸中获利40点，从第二部分头寸中获利76点。这一次交易比之前欧元/美元的例子获利较多的原因在于，这次的双零价位还是重要的技术位。

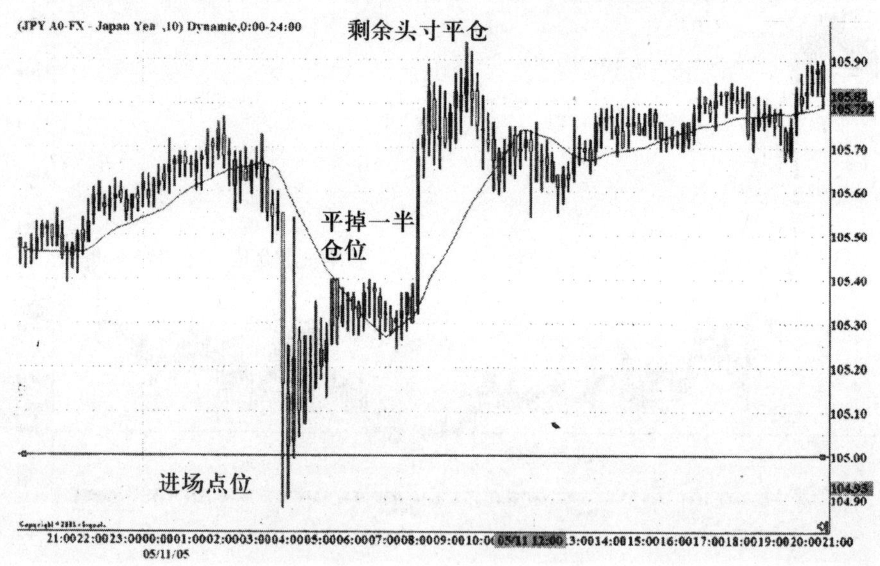


图9.9 美元/日元双零价位的例子（资料来源：www.eSignal.com）

确定双零价位是重要的价位，是挑选良好交易机会的关键因素。接下来的这个例子见图9.10，美元/加元的15分钟图。这次交易有个值得注意的地方，就是这次是3个零，而不仅是双零。3个零价位比双零价位更加重要，因为出现3个零的机会少得多。如图9.10所示，美元/加元也是处于它的20期移动平均线下方，并朝着1.2000运行。我们在双零价位以下几点的1.1995处设定买入订单。订单触及后，在入场点下20点处，即1.1975的点位设定止损单。美元/加元先下跌到1.1980之后，又继续上涨。当涨到1.2035，即盈利幅度达止损幅度的2倍时，平掉一半的仓位，并把剩余仓位的止损点移到1.1995的盈亏平衡处。然后，开始使用两根蜡烛线低点的方法进行移动止损。最后，剩余头寸于1.2081处平仓。在此次交易中，我们从第一部分头寸中获利40点，从第二部分头寸中获利86点。这次交易再次取得较大成功，因为1.2000有3个零，实在是很特殊的价位。

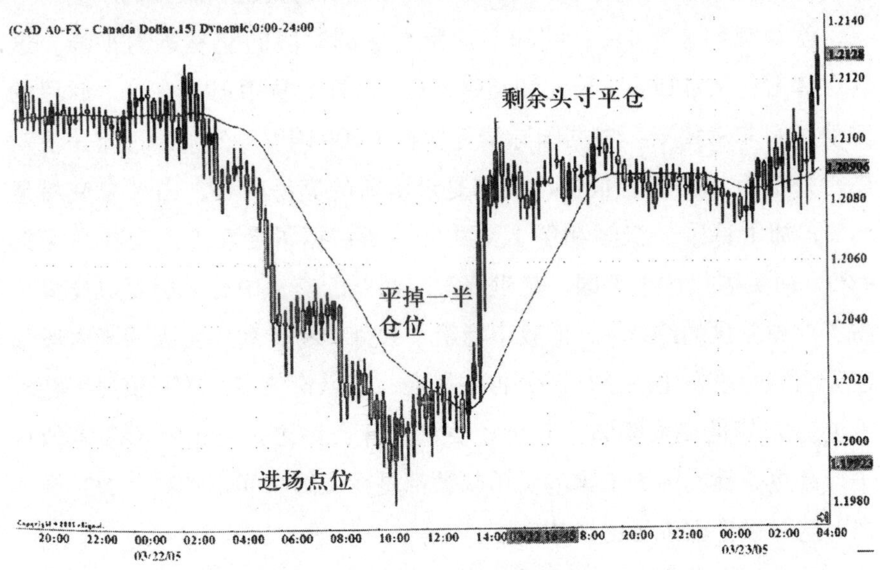


图9.10 美元/加元双零价位的例子（资料来源：www.eSignal.com）

虽然这一章节介绍的例子都是在买入，但是这个策略也非常适用于卖出的情况。

## 等待真正的交易

外汇市场没有成交量的数据，所以日内交易者只能利用那些比较依赖市场微观结构，而对需求状况依赖较少的策略。日内交易者通常会试着利用市场最普遍的特点之一，就是24小时全天候运作。虽然外汇全天都向交易者开放，但是每个交易时段的市场交易情况有很大的不同。

就像我们在第4章介绍的，通常是亚洲时段的交易最为平静。这就意味着，诸如欧元/美元和英镑/美元这样的货币对，在这个时段的波动区间非常狭窄。根据国际清算银行于2004年9月公布的三年一次对央行外汇市场的调查报告，英国是最活跃的交易中心，占了总交易量31%。加上德国、法国和瑞士，欧洲市场占据了全球外汇交易总量的42%。而美国仅次于英国，是世界第二活跃的交易中心，但是成交量只占了世界总量的约19%。伦敦市场给了大量交易者利用美国后半时段和前夜亚洲时段发生的事件或公告的机会，所以伦敦市场的开市显得特别重要。尤其是在美联储公开市场委员会开会讨论并宣布货币政策的日子，会更关键。因为美国的货币政策都是在纽约时间下午2:15的时候宣布，这时候伦敦市场已经休市了。

在欧洲大陆和伦敦的交易时段，英镑/美元的交易最为活跃。在美国和欧洲的重叠时段，它们也非常活跃。但是除了这些时段，这个货币对的交易就非常平淡。因为英镑/美元的大部分交易都是通过英国和欧洲大陆的做市商进行。这就为日内交易者提供了抓住日内真正波动的最初方向的机会，这个机会通常出现在伦敦时段的最初几小时内。这个策略利用了一个普遍的看法，就是众所周知的，英国的交易者会故意触发止损。这就意味着伦敦开市后的最初波动往往不是真正的波动。由于英国和欧洲大陆的交易商是英镑/美元的主要做市商，所以他们非常了解这个货币对真正的供给和需求情况。在伦敦市场开市后，银行同业交易员会察看市场订单情况，利用客户数据去触发两边的止损订单，以赚取点差。一旦这些止损单被清除，英镑/美元的真正单边波动就开始了。等待真正交易的策略就是在这时候开始建仓。不过，在入场之前，我们还要寻找符合该策略规则的机会。这个策略在美国开市之后，或者重大经济数据公布之后，将最为有效。它就是要你等待市场噪音平息下来之后，再进入真正的市场价格趋势中。

## 策略的规则

### 买入

1.欧洲交易早段的英镑/美元交易从纽约时间早上1:00开始。货币对跌破此前开盘价至少25点，创出区间新低（这里的区间是指法兰克福开市到伦敦市场开市间这一活跃时段的价格波动，时间为纽约时间早上1:00到2:00）。

2.接着货币对出现反转并突破区间高点。

3.在区间高点以上10点的位置设置买入订单。

4.在入场点下不超过20点的位置设定保护性止损单。

5.如果盈利幅度达到止损幅度的2倍时，平掉一半仓位，并对剩余仓位进行移动止损。

### 卖出

1.欧洲市场开市后，英镑/美元处于法兰克福开市到伦敦开市间这一活跃时段的最高点以上超过25点的价位。

2.接着货币对出现反转并突破区间低点。

3.在区间低点以下10点的位置设置卖出订单。

4.在入场点以上不超过20点的位置设置保护性止损单。

5.如果盈利幅度达到止损幅度的2倍时，平掉一半仓位，并对剩余仓位进行移动止损。

## 举例

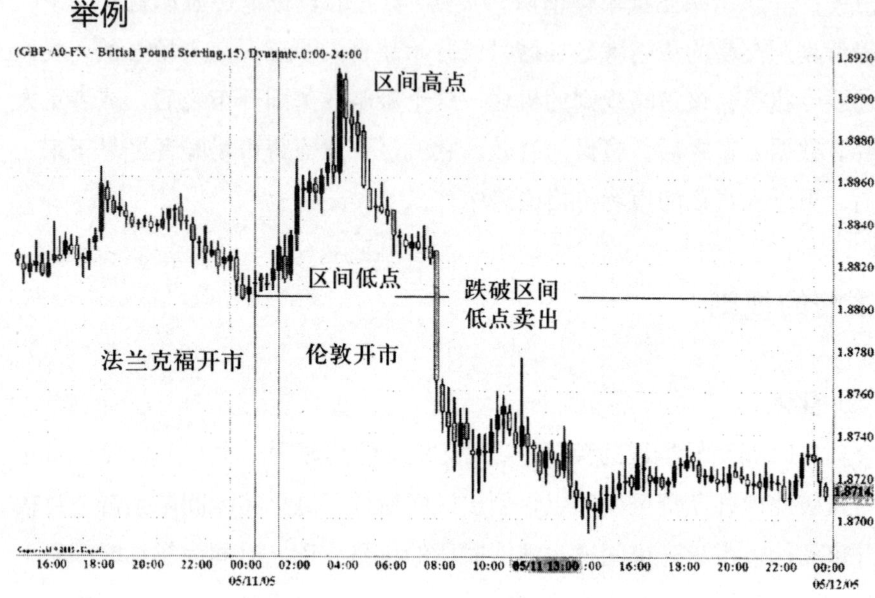


图9.11 英镑/美元2005年5月等待真正交易的例子（资料来源：www.eSignal.com）

让我们来看这个策略的一些实际操作例子。图9.11是一个教科书式的例子。从图中可以看到，伦敦开市后，英镑/美元向上突破，大概两小时内到达1.8912的高位。接着，在美国市场开市前，这个货币对的趋势开始向下。我们在法兰克福开市到伦敦开市的区间低点1.8804以下10点，即1.8794的价位进场卖出。止损单设于入场价以上20点，即1.8814，而止盈单设于1.8754，即盈利幅度为止损幅度2倍的价位。当第一张止盈单被执行时，就把剩余头寸的止损点移到1.8794的盈亏平衡处，并根据两根蜡烛线高点的方法进行移动止损。剩余头寸最后于

1.8740平仓。在此次交易中，我们从前后两部分头寸中分别获利40点和54点。

第二个例子见图9.12。从图中我们同样可以看到，伦敦开市后，英镑/美元向上突破，到美国开市时，到达1.8977的高位。之后在美国市场早段期间，该货币对的趋势开始下降，并跌穿法兰克福开市到伦敦开市之间的区间低点1.8851。我们的入场点设在1.8851以下10点的位置，即1.8841。当我们的空单被触及后，在入场点上20点的位置，即1.8861处设定止损单，第一部分头寸的止盈单设于1.8801。一旦止盈单被触及，就把止损点移到1.8841的盈亏平衡处，并根据两根蜡烛线高点的方法进行移到止损。最后，第二部分头寸于1.8789处平仓。我们的两部分头寸分别获利40点和52点。

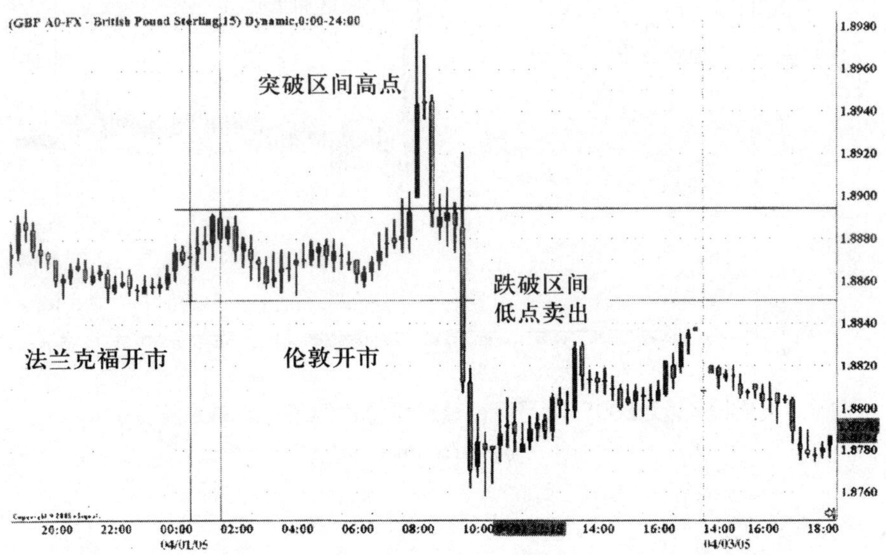


图9.12 英镑/美元2005年4月等待真正交易的例子（资料来源：www.eSignal.com）

第三个例子见图9.13。我们同样可以从图中看到，伦敦开市后，英镑/美元开始向上突破，并于美国联邦公开市场委员会开会前，到达

1.9023的高点。接着在会议之后，又跌破法兰克福开市到伦敦开市之间的区间低点1.8953。因此，我们在这个低点以下10点的位置，即1.8943设置卖出订单。当订单被执行后，在入场点以上20点的位置，即1.8963设置止损单，并于1.8903设置第一张止盈单。当第一张止盈单被触及后，把止损点移到1.8943的盈亏平衡处，并根据两根蜡烛线高点的方法进行移到止损。最后，剩余头寸在1.8853的点位平仓。我们的第一单获利40点，第二单获利90点。

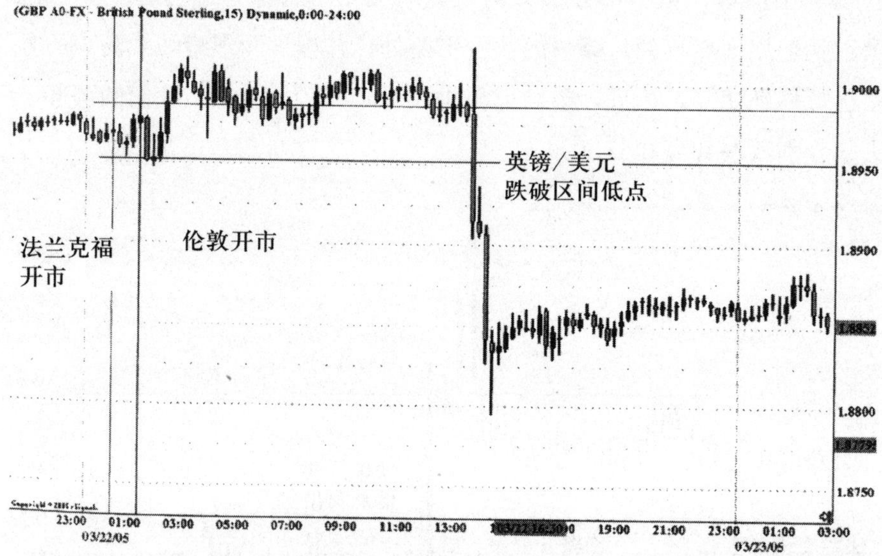


图9.13 英镑/美元2005年3月等待真正交易的例子（资料来源：www.eSignal.com）

## 内部日突破交易

整本书都在强调波幅交易是专业交易者最常用的交易策略之一。

虽然有很多方法可以用来诠释波幅的变化，但是实际上最简单的策略之一，就是保持一双敏锐的眼睛。尽管这是专业交易领域非常普遍的一个策略，但是新手常常会惊讶于它的简单、准确和可靠。突破交易者仅靠一张基本的蜡烛图，就可以识别出内部日。

内部日是指，当天交易的波幅包含在前一日的波幅内，换句话说，就是当天的最高点和最低点都不超过前一日的最高点和最低点。在进行波幅交易前，至少需要有两个内部日。内部日越多，波幅出现急增或发生突破的可能性就越高。这种策略最好使用日线图，不过使用的时间框架越长，出现突破的几率就越高。有些交易者在小时图上使用内部日策略，有时也会成功，但是使用日线图获得成功的几率更高。对于使用小时图来寻找内部日的日内交易者，如果在伦敦或美国市场开市前，区间出现收缩，那么发生真正突破的机会将更高。关键是要预测一个有效的突破，而不是陷入假突破中。使用日线图的日内交易者，可以在重大数据公布前，寻找某些货币对的突破机会。这个策略适用于所有的货币对，不过像欧元/英镑、美元/加元、欧元/瑞郎、欧元/加元和澳元/加元这样区间收缩更窄的货币对，出现假突破的情形较少。

## 策略的规则

### 买入

1.找到至少有两天的波幅是处于其前一日波幅内的货币对（我们在寻找多个内部日）。

2.在第一个内部日的高点以上10点的位置买入。

3.在最近内部日的低点以下至少10点的位置，设定止损单及两倍头寸的反向订单。

4.当盈利幅度达到止损幅度的2倍时，止盈出场，或者进行移动止损。

对付假突破：如果止损单和反向订单被触及，在最近内部日的高点以上至少10点的位置设定止损单，并采用移动止损以保护超过止损幅度的利润。

**卖出**

1.找到至少有两天的波幅是处于其前一日波幅内的货币对（我们在寻找多个内部日）。

2.在第一个内部日的低点以下10点的位置卖出。

3.在最近内部日的高点以上至少10点的位置，设定止损单及两倍头寸的反向订单。

4.当盈利幅度达到止损幅度的2倍时，止盈出场，或者进行移动止损。

对付假突破：如果止损单和反向订单被触及，在最近内部日的低点以下至少10点的位置设定止损单，并采用移动止损以保护超过止损幅度的利润。

**进一步优化**

为了进一步优化这个策略，可以结合技术形态来进一步判别突破的具体方向。举例说明，如果内部日正在向着最近区间的顶部收缩，如一个上升三角形态，那么出现向上突破的可能性很高。反之亦然，如果内部日正在朝着最近区间的底部收缩，可以看到一个下降三角形态在形成，那么发生向下突破的可能性更高。除了三角形态，其他技术因素也可以考虑，比如重大支撑位和阻力位。举例说明，如果在内部日下方有重要的菲波纳奇点位和移动平均线构成的支撑区域，就表示向上突破的可能性更高，或者至少出现向下的突破是假突破几率更高。

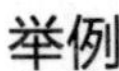

## 举例

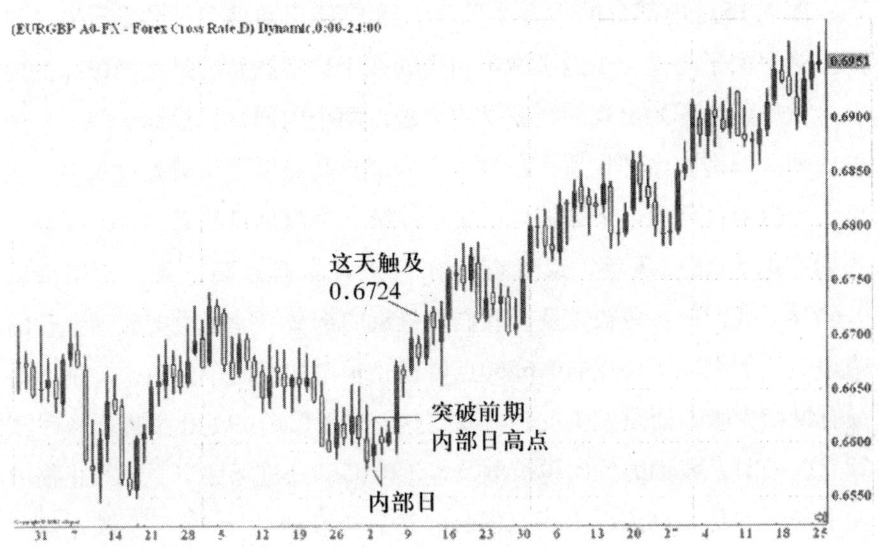


图9.14 欧元/英镑内部日图（资料来源：www.eSignal.com）

让我们来看一些例子。图9.14是欧元/英镑的日线图。图中可以很清楚地看到两个内部日，它们的波幅，包括最高点和最低点，都包含在它的前一日波幅内。根据我们的规则，我们在第一个内部日高点以上10点的位置，即0.6634设置买入订单，并在第一个内部日低点以下10点的位置，即0.6579设置卖出订单。在最近内部日后第三天，我们的买单被触及。接着，我们在最近内部日低点以下10点的0.6579（此处应为0.6589——译者注）设置止损单及反向单。基本上，我们在0.6634买入，止损设于0.6579（此处应为0.6589——译者注），止损幅度为45点。当我们的盈利幅度达止损幅度的2倍（90点），即价格达到0.6724时，我们有两个选择——获利离场或者开始进行移动止损。保守的交易者这时会可能会选择了结头寸，而激进的交易者会追求更大的获利潜力。我们则选择在获利90点时平仓，而那些留在场内经受波动的交易

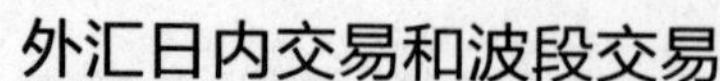



者，在三个星期后，将会获得100点的利润。

图9.15是内部日的另一个例子。这次是用新西兰元/美元的日线图。这个例子与前一个例子的不同之处在于这次触及的是止损单和反向单，意思就是开始出现的突破是假突破。两个内部日已经标于图上。根据规则，识别出内部日后，在第一个内部日高点以上突破处设买单，在第一个内部日低点以下跌破处设卖单。第一个内部日的高点是0.6628，我们在0.6638设买单，或者在0.6618点设卖单。第一天，价格突破0.6638，我们的买单被触及。我们在最近内部日（或者说突破前一日的蜡烛线）低点以下10点的0.6560点位设止损单和反向单。后来，货币对没有继续突破，而是发生反转。我们这一单于0.6560处止损出场，亏损78点。同时，我们的反向单被触及，于0.6560处进场做空。新的止损单设于最近内部日高点以上10点的0.6619。当新西兰元/美元下跌，盈利幅度达止损幅度的2倍时，保守的交易者会获利出场，激进的交易者会运用各种方法进行移动止损，这要取决于交易区间有多大。在这个例子中，因为日交易区间非常宽，我们选择在价格到达0.6404的盈利目标，即获利156点时了结头寸。整个交易共获利78点。

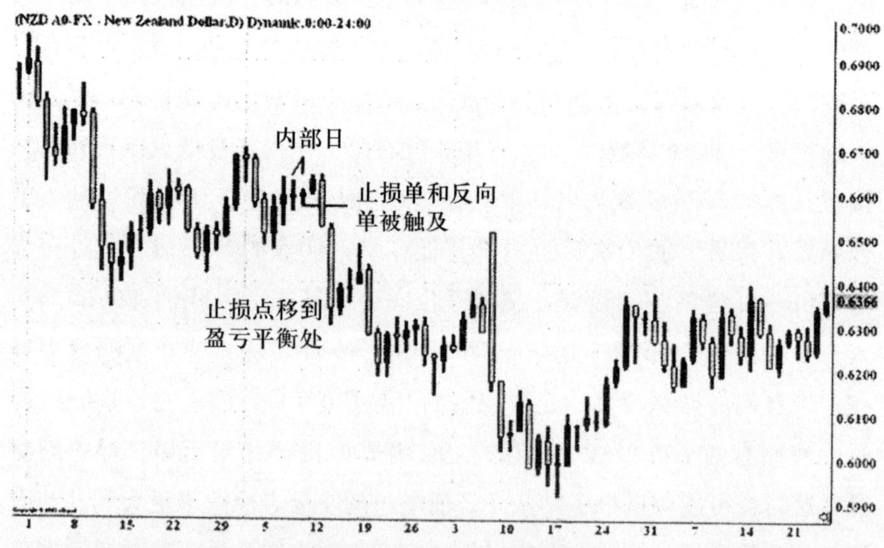


图9.15 新西兰元/美元内部日图（资料来源：www.eSignal.com）

这最后一个例子运用了技术指标来帮助判断内部日的突破方向。图9.16是欧元/加元的日线图。图中直接标注出了内部日。从图上可以看到，低点越来越高，意味着很可能出现向上突破。在图的底部加上MACD柱状图之后，可以看到在内部日形成时，MACD也为正值。所以，根据这个技术指标，我们认为将会出现向上突破。根据规则，我们在第一个内部日高点以上10点的1.6008处下买单。但是却是我们的卖单先被触及，随后止损离场，同时反向单被执行。之后，我们的多单也被触及，我们在最近内部日低点以下10点的1.5905设止损单。当价格移到1.6208，即盈利幅度达止损幅度2倍处，我们平仓出场，获利共200点。

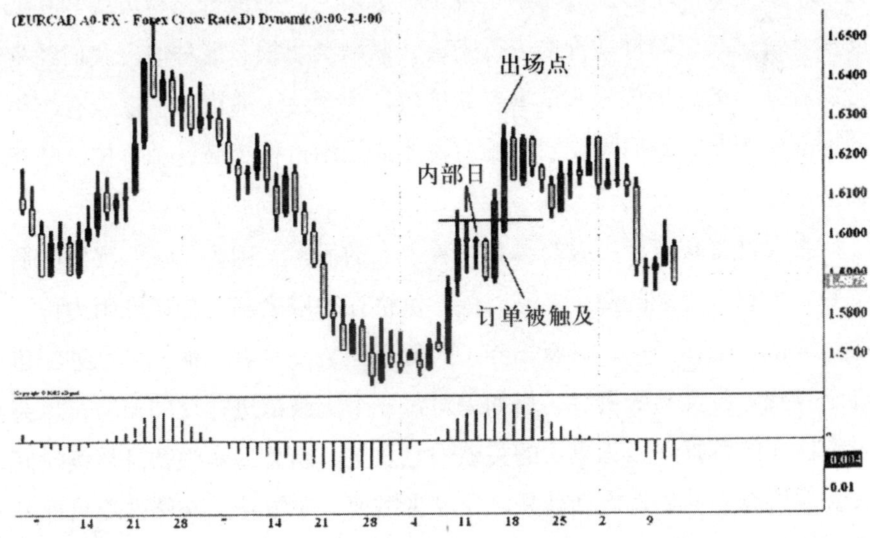


图9.16 欧元/加元内部日图（资料来源：www.eSignal.com）

如果在日线图上运用内部日突破策略，风险会很高，但是突破后的盈利潜力也会非常大。激进的交易者也可以交易超过一个头寸，这样当头寸的盈利幅度达止损幅度的2倍时，他们可以先锁定一半头寸的利润，然后进行移动止损。这些突破通常是大趋势的前兆，运用移动止损可以让交易者留在趋势中，同时锁住部分利润。

## 败位交易（假突破交易）

交易者经常会发现自己进入一个潜在的突破后，价格反转回区间运行，交易最终以惨败收场。事实上，即使价格真的突破了重要价位，趋势也不一定继续下去。如果某个价位很重要，同业银行交易员或者其他交易者会试着暂时推动价格进行突破，以触及止损。这种情况我们经常可以看到。突破价位是非常重要的价位，由于这个原因，所以没有严格的标准来判断，到底需要多大的力量才能推动价格突破这个价位，并持续这一趋势。

在关键价位进行突破交易，会冒很大的风险。因为出现假突破的概率要大于真正突破的概率。有时候，价格在突破之前，会试探阻力位一次、两次，甚至三次。这就培养了大量反趋势交易者，他们只在外汇市场上寻找败位交易的机会。但如果对每一个突破都进行反向交易，也会导致巨大的亏损，因为真正的突破一旦发生，趋势通常强劲且持续时间较长。所以，简单地概括就是，交易者需要一个方法，来筛选更可能导致假突破的可靠的形态。以下的规则，为筛选这类交易提供了一个很好的基础。败位策略是等待真正交易的一个变种，它通过日线图来识别区间环境，用小时图来确定入场价位。

### 策略的规则

#### 买入

1. 找到一个14期ADX小于35的货币对。最理想的情况是ADX正在下跌，显示趋势进一步转弱。

2.等待市场跌破前一天低点至少15点。

3.在前一天高点以上15点的位置设买入订单。

4.买单被执行后，在入场点以下不超过30点的位置设定最初的止损单。

5.当价格上涨，盈利60点，达止损幅度的2倍时，了结头寸。

### 卖出

1.找到一个14期ADX小于35的货币对。最理想的情况是ADX正在下跌，显示趋势进一步转弱。

2.等待市场突破前一天高点至少15点。

3.在前一天低点以下15点的位置设卖出订单。

4.卖单被执行后，在入场点以上不超过30点的位置设定最初的止损单。

5.当价格下跌，盈利达60点时，了结头寸。

### 进一步优化

在没有可以引发急剧意外波动的重大经济数据要公布时，假突破策略将最为有效。比如，在美国非农就业人口数据发布之前，价格通常处于盘整状态。一般来讲，价格盘整是因为市场正在犹豫不决，有的交易者已经建好头寸在等待，还有的在等待数据发布之后的市场反应。不管是哪种，数据公布之后的突破有很高的可能性是真正的突破，而不是你想交易的假突破。这个策略对那些波动较小，交易区间狭窄的货币对最为有效。

### 举例

图9.17是欧元/美元的小时图。运用策略的规则，我们看到图中14期ADX跌到35以下，这时我们开始等待价格跌破前一天1.2166的低点

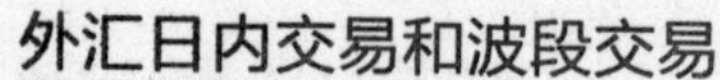

15点。这种情况一旦出现，再等待价格突破前一天1.2254的高点15点，即1.2269。我们在这个价位设置入场订单。入场订单被执行后，止损单设在入场点以下30点的1.2239，止盈单设在入场点以上60点的1.2329。几小时后，止盈单被触及，获利共60点，所冒风险为30点。

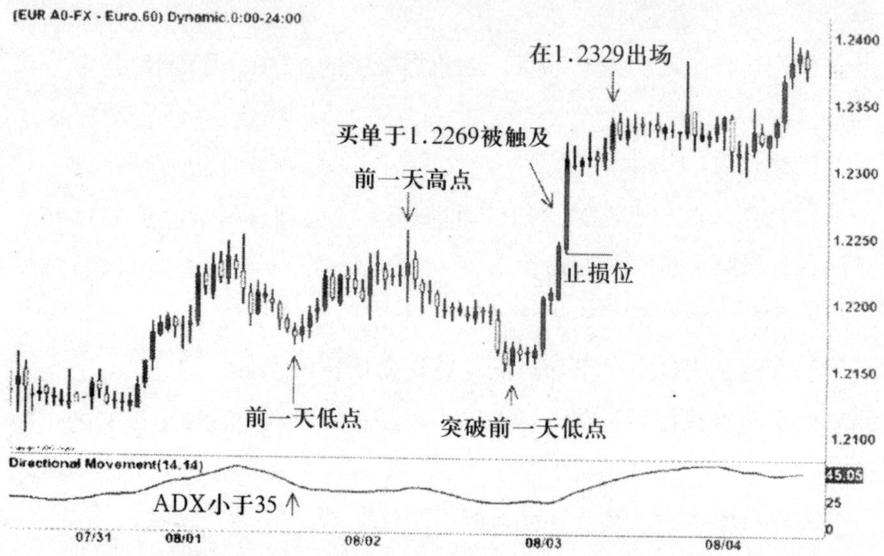


图9.17 欧元/美元败位策略图（资料来源：www.eSignal.com）

图9.18是败位交易的一个做空的例子。图为英镑/美元的小时图。从图中可以看到14期ADX跌到35以下，这时我们开始等待价格突破前一天高点1.8865以上15点，或者跌破前一天低点1.8760以下15点。首先出现向上突破，于是我们等待价格反转并跌破前一天低点。几小时后，价格真的跌破前一天低点，我们于前一天低点以下15点的1.8745进场卖出。止损单设于入场点上30点的1.8775，止盈单设于入场点下60点的1.8685。最后如图所示，我们止盈出场。

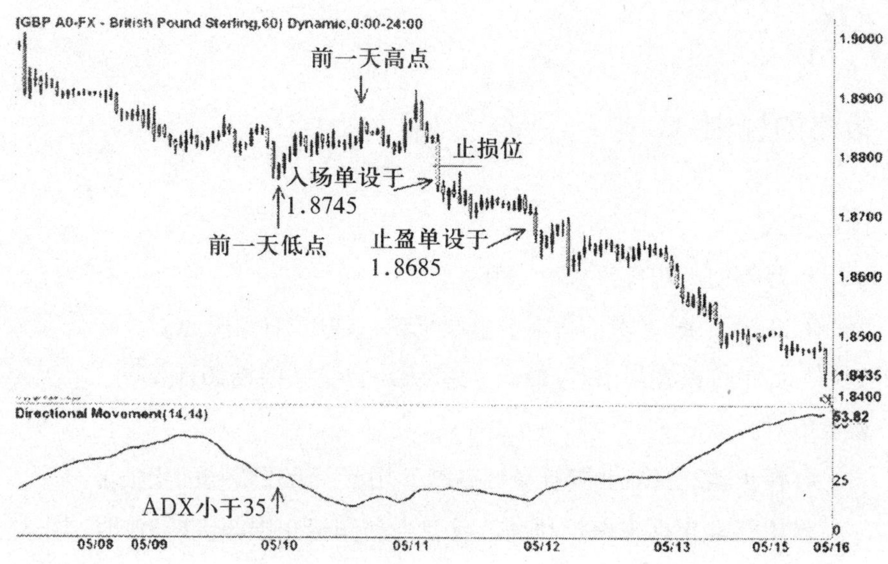


图9.18 英镑/美元败位交易图（资料来源：www.eSignal.com）

## 过滤假突破

突破交易会获得巨大收益，但是令人沮丧的是，很多突破通常都会失败。这种情况经常出现在外汇市场，主要原因是，比起其他市场，外汇市场更多是受技术因素驱动。因此，有很多市场参与者会故意推动市场发生突破，以欺骗其他不知情的交易者。为了过滤潜在的假突破，要用价格行为来筛选那些成功几率更高的突破。我特别为这个策略制定了一些规则，以便交易者充分利用强劲的趋势市场。这个规则就是货币对价格创了新高，接着回落到近期低点，之后又反转创出另一个新高。这种情况通常会有很高的成功几率，因为在不坚定的交易者被清除出场后，只剩下拥有大资金的玩家重新入场，他们会推动货币对创出更高的价格。

## 策略的规则

### 买入

1.寻找创出20日新高的货币对。

2.在接下来3天内，货币对出现反转，创出2日最低点。

3.如果价格在创出2日最低点后3天内，突破前期20日高点，就买入该货币对。

4.在步骤2中确定的2日最低点以下几点，设置最初的止损单。

5.用移动止损来保护利润，或者当利润达止损幅度的2倍时，止盈出场。

### 卖出

1.寻找创出20日新低的货币对。

2.在接下来3天内，货币对出现反转，创出2日最高点。

3.如果价格在创出2日最高点后3天内，跌破前期20日低点，就卖出该货币对。

4.在步骤2中确定的2日最高点以上几点，设置最初的止损单。

5.用移动止损来保护利润，或者当利润达止损幅度的2倍时，止盈出场。

### 举例

让我们看看图9.19的第一个例子。图为英镑/美元的日线图。图中货币对在11月17日创出了20日新高1.8631。于是这个货币对成为了我们的选择目标。接着我们等待价格创出2日新低，并在随后的3日内再反弹，超过前期20日高点1.8631。这种情况在11月23日出现了，根据规则，我们在新高点以上几点的1.8640进场买入。然后在2日低点1.8472

以下几点的1.8465设定止损单。当价格朝着我们交易的方向前进时，我们有两个选择：要么在获利达止损幅度2倍时，止盈出场，获利336点；要么使用像两根蜡烛线低点的方法进行移动止损。我们决定选择后者，最后于12月8日，在1.9362处平仓，两星期内共获利722点。

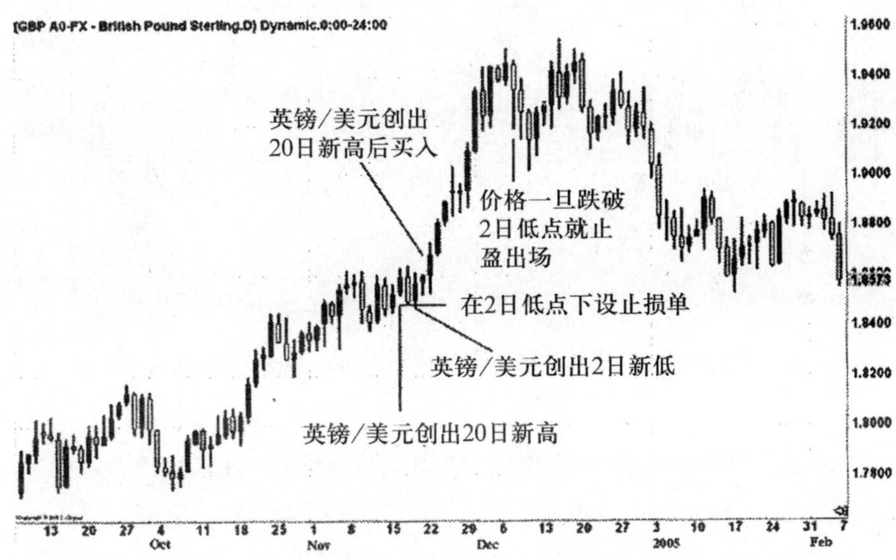


图9.19 英镑/美元过滤假突破的图（资料来源：www.eSignal.com）

这个策略的另一个例子见图9.20的美元/加元的日线图。图中所示，该货币对在4月21日创出了20日新高点1.3636。因此这个货币对也成为了我们的关注对象。我们等待它创出2日新低，并于3日内反弹超过前期20日高点1.3636。在4月23日，我们等到了这种情况，于是在前期20日高点以上几点的1.3645处入场买入。随后，在最初2日低点1.3514以下几点的1.3505处设定止损单。当价格上涨后，我们有两个选择：可以在盈利达止损幅度2倍时止盈出场，获利280点；也可以用像两根蜡烛线低点的方法进行移动止损。我们选择进行移动止损，最后在1.3686处止盈离场，获利41点。如果是选择前者的话，我们将在5月10日止盈出场，获利280点。

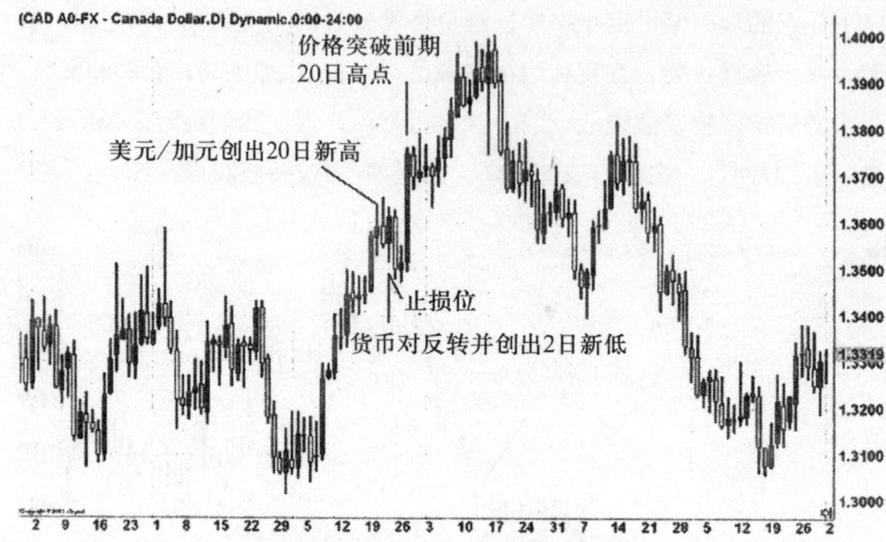


图9.20 美元/加元过滤假突破的图（资料来源：www.eSignal.com）

最后一个例子是做空的例子。见图9.21的美元/日元日线图。图中显示，美元/日元在10月11日创出了20日新低点109.30。接着，该货币对在10月13日又创出2日新高点110.21。随后2日内，价格出现反转并跌破前期20日低点。我们设于109.20（20日低点以下几点）的卖单被触及。我们在前期2日高点以上几点的110.30设止损单。当价格按照我们的期待下跌后，我们有了两个选择：或者在盈利达止损幅度2倍时，止盈出场，获利220点；或者使用像两根蜡烛线高点的方法进行移动止损。采用后者，将于11月2日在106.76处平仓，而前者将于10月25日在107.00处平仓，获利220点。

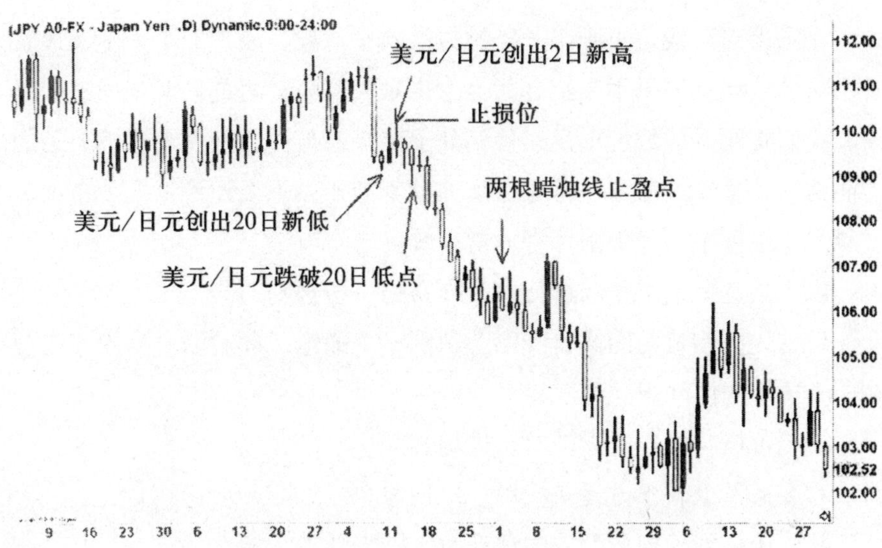


图9.21 美元/日元过滤假突破的图（资料来源：www.eSignal.com）

## 通道交易策略

通道交易不是什么奇特的策略，但运用在外汇市场效果却非常好。主要是因为货币对很少会处于窄幅波动很长时间，它通常会发展成强劲的趋势。只要观察几幅图，交易者就可以发现，通道很容易辨认，并且出现频率较高。普遍的情况是，在亚洲时段出现通道，在伦敦或者美国时段出现突破。有很多例子表明，经济数据发布会导致通道突破。因此，交易者必须密切关注经济数据发布。如果一个通道已经形成，同时某个重大的美国数据将要公布，而货币对正处于通道顶部时，那么发生突破的可能性很高。所以交易者应该等待买入机会，而不是进行反向操作。

先画出趋势线，再画出一条趋势线的平行线，就形成了一个通道。货币对的波动，如果不是全部，至少也是大部分，将处于两条通道线以内。我们将要寻找的情形是，价格处于狭窄通道内，并朝着通道突破的方向移动。这个策略用在基本面事件发生前，如重要经济新闻公布前，或者主要金融市场开市前，将非常有效。

以下是运用这个技巧进行多头交易的一些规则。

1.首先，在日内图或日线图上识别一个通道。此时的价格应该包含在一个狭窄的区间内。

2.当价格突破通道上轨时，进场买入。

3.在通道上轨下方设止损单。

4.当价格朝你期望的方向移动时，进行移动止损。

### 举例

现在让我来看几个例子。第一个见图9.22的美元/加元15分钟图。通道的区间大约为30点。按照我们的策略，我们在通道上下各10点的1.2395和1.2349分别设定买单和卖单。买单首先被触及后，立即在通道上轨以下10点的1.2375设止损。之后，美元/加元继续上涨，并达到我们2倍于区间的盈利目标，即1.2455。这时也可以采用移动止损，类似于第8章的风险管理里提到的方法。

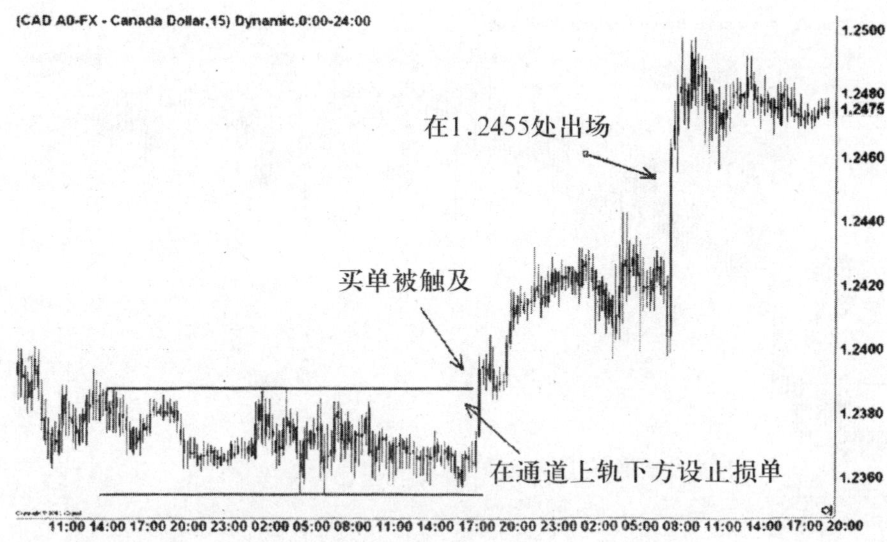


图9.22 美元/加元通道交易的例子（资料来源：www.eSignal.com）

第二个例子见图9.23，欧元/英镑的30分钟图。两条通道线的区间为15点。根据我们的策略，我们在通道上下各10点的0.6796和0.6763分别设定买单和卖单。之后，买单被触及，同时，我们在通道上轨下方10点的0.6776设止损。接着，欧元/英镑继续上涨，并达到我们2倍于区间的盈利目标，即0.6826。

图9.24是欧元/美元的5分钟图。在过去4小时内，两条通道线的总区间为13点。事实上，这个通道是在欧洲市场和美国市场开市之间出现的，随后将有美国零售数据公布。根据我们的策略，我们在通道上下各10点的1.2785和1.2752分别设定买单和卖单。之后，卖单先被触及，我们立即在通道下轨以上10点的1.2772设止损。随后，欧元/美元急剧下跌，达到我们2倍于区间的26点盈利目标。激进一些的交易者会采用移动止损，以从后来的暴跌行情中获利更多。

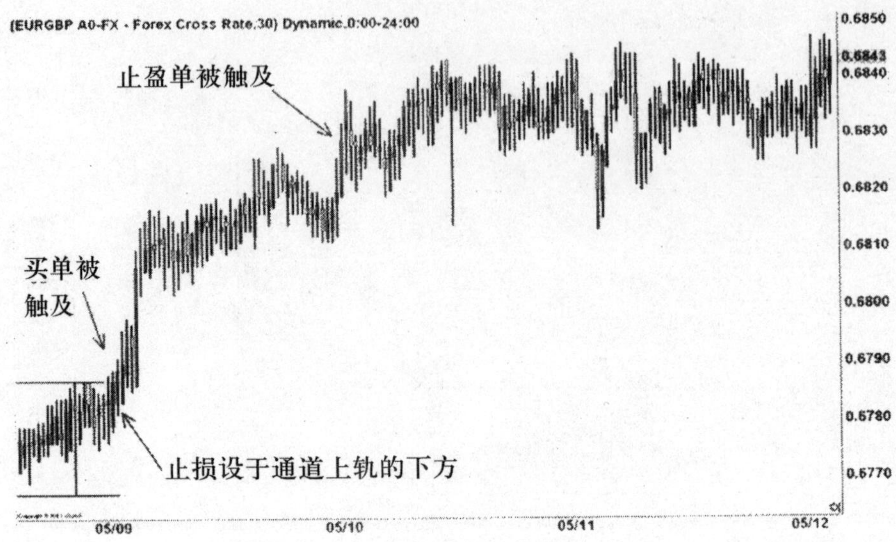


图9.23 欧元/英镑通道交易的例子（资料来源：www.eSignal.com）

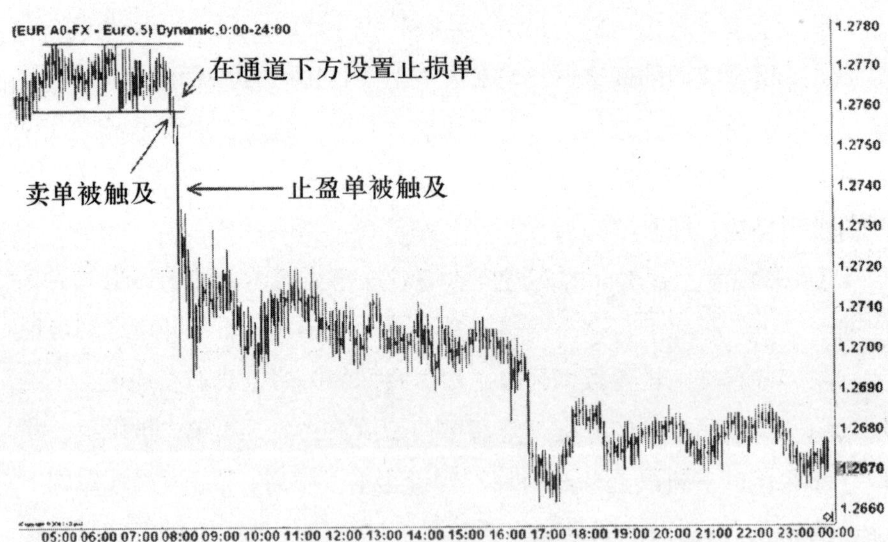


图9.24 欧元/美元通道交易的例子（资料来源：www.eSignal.com）

## 移动平均线组的完美排列

移动平均线组的完美排列是指一系列的移动平均线按次序排列。在上升趋势中，一个完美的排列应该是，10日的简单移动平均线（SMA）高于20日的SMA，20日的SMA高于50日的SMA，50日的SMA高于100日的SMA，100日的SMA高于200日的SMA。在下降趋势中，情况刚好相反，200日的SMA位置最高，而10日的SMA位置最低。这些移动平均线按照次序排列起来，通常是趋势强劲的信号。它不仅指示了单边趋势的动量，同时也可以作为多重支撑位。为了优化这个完美排列策略，交易者还应该等待ADX大于20，并且趋势向上的情况出现。用这个策略会很难判断入场点和出场点，但是通常来讲，只要移动平均线保持了完美排列，我们就应该继续留在场内，一旦完美排列遭到破坏，就平仓出场。完美排列不会经常出现，而且这个策略包含了一个前提，就是完美排列刚一出现，就能抓住。

完美排列力求从趋势刚开始时的趋势环境中获利。以下是使用这个技巧的一些规则。

1.寻找移动平均线处于完美排列的货币对。

2.ADX趋势向上，最好大于20。

3.在完美排列最初形成后的第5根蜡烛线买入（当然前提是完美排列仍然保持到第5根蜡烛线）。

4.对于多头，最初的止损点设于移动平均线出现穿越的那天的最低点。空头则设在那天的最高点。

5.当移动平均线的完美排列遭到破坏时，离场。

举例

图9.25是欧元/美元的日线图。2004年10月27日，欧元/美元的移动平均线形成了一个完美的排列。我们在这个排列形成后的第5根蜡烛线进场，入场点为1.2820。最初的止损单设于2004年10月27日的低点1.2695。该货币对继续其向上趋势，当完美排列遭到破坏，10日简单移动平均线穿越20日简单移动平均线时，我们平仓出场。这发生在2005年12月22日，当时开盘价为1.3370。这次交易的总利润为550点，止损幅度是125点。

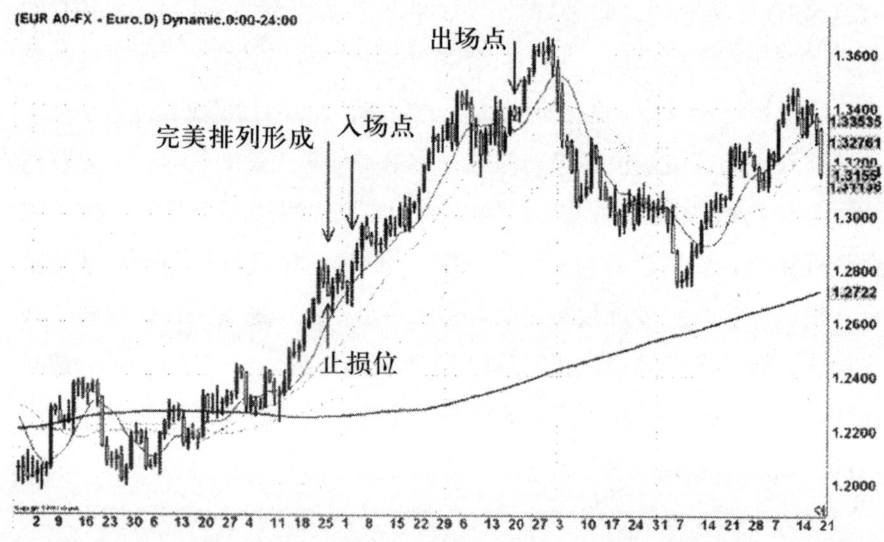


图9.25 欧元/美元完美排列的例子（资料来源：www.eSignal.com）

第二个例子是美元/瑞郎。如图9.26所示，完美排列于2004年11月3日形成。根据规则，我们在完美排列形成后的第5根蜡烛线入场卖出，入场点为1.1830。止损单设在2004年11月3日的高点1.1927处。该货币对继续其下降趋势，当完美排列不再保持，20日的简单移动平均线开始穿越10日简单移动平均线时，我们平仓出场。这天是2005年12月16日，开盘价为1.1420。此次交易，我们共获利410点，止损幅度是97点。

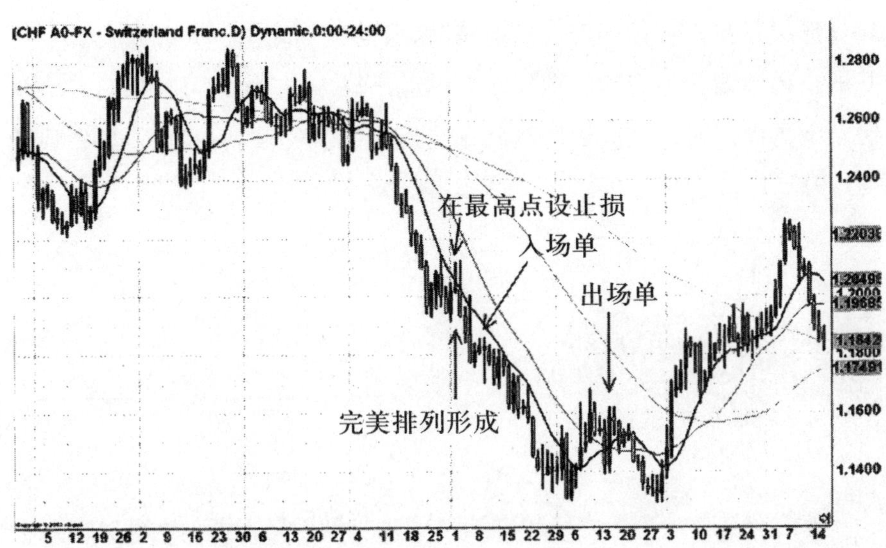


图9.26 美元/瑞郎完美排列的例子（资料来源：www.eSignal.com）

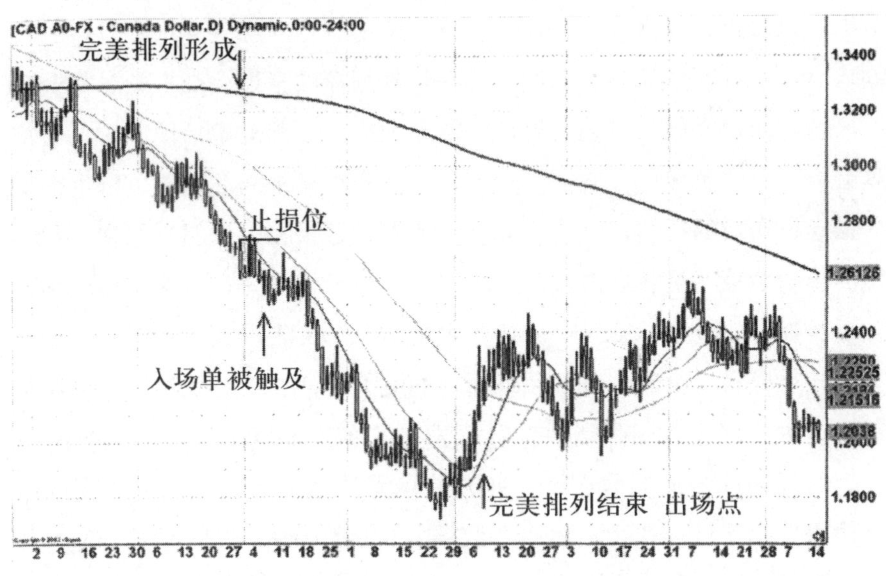


图9.27美元/加元完美排列的例子（资料来源：www.eSignal.com）

图9.27是美元/加元的完美排列例子。这个完美排列在2004年9月

30日形成。我们在排列形成后的第5根蜡烛进场卖出，入场点1.2588，并把止损单设于1.2737。该货币对继续下跌，在2005年12月9日，完美次序不再保持时，我们于1.2145平仓出场。我们获利443点，所冒风险为149点。

## 交易消息行情

外汇交易有一个最常用的方法，就是交易消息行情。这种策略对很多人都极具吸引力，因为它能快速见分晓。你只需在消息发布的前几分钟进场即可。当离数据发布的时间不到60秒时，你的心脏剧烈地跳动。数据一旦发布，你会即刻陷入狂喜或狂悲中。这对那些喜欢在极短的时间内交易大行情的交易者来说，实在是件很棒的事情。交易消息行情基于一个观点，那就是当某个经济数据大大出乎之前的市场预期时，通常就会有“膝跳反应”，并持续一段时间。有很多不同的方法可以用来交易信息发布后的行情，但是如果操作错误，亏损将大大超过盈利。我运用的第一个策略是在数据发布之前下单，第二个是只在数据发布后达到入场目标时才进场，第三个是结合运用前两个策略。

先行交易（proactive trading）的最大好处在于，风险报酬率通常很高，因为这个策略只需要在数据发布之前15到20分钟才开始持有头寸。时间如此短的原因在于，此时的点差通常加大，一些交易商的报价使得订单很难被执行，因而在数据发布前5分钟，我们不需要苦苦守候。数据一旦发布，价格被数据推动达到某个高点或低点，这时交易者就可以了结部分头寸，或全部头寸。如果你之前对数据的预测被证明是错误的，那么你的止损单很快就会被执行。换句话说就是，你要么正确，获利丰厚，要么错误，止损离场。

这里有一些先行交易的普遍准则（使用5分钟图）。

## 先行交易策略的规则

### 买入

1.在重大数据发布前20分钟内进场。

规则1是让你在波幅相对狭窄时进场。在数据发布前20分钟内进场，是为了让你只关注事件风险（肥尾），不管其他信息。

2.在区间以下10点和入场点以下30点的两个价位中，选择更近的一个设止损。区间是指过去两小时的价格波动区间，但如果区间太过狭窄，就寻找更明显的波段高点或低点。

规则2是为了减小风险。

3.当价格朝你的期望方向运行到盈利与风险相等的价位时，平掉一半的仓位。

规则3是为了让你先兑现已有利润，只用剩余头寸的钱来操作。

4.使用20日简单移动平均线对剩余头寸进行移动止损，或者在盈利达初始风险3倍处设固定止损。

规则4中使用20日简单移动平均线，是为了让你尽可能多地抓住行情。

### 卖出

1.在重大数据发布前20分钟内进场。

2.在区间以上10点和入场点以上30点的两个价位中，选择更近的一个设止损。区间是指过去两小时的价格波动区间，但如果区间太过狭窄，就寻找更明显的波段高点或低点。

3.当价格朝你的期望方向，运行到盈利与风险相等的价位时，平掉一半的仓位。

4.使用20日简单移动平均线对剩余头寸进行移动止损，或者在盈利达初始风险3倍处设固定止损。

让我们来看一个推荐给BKForex Advisor的注册用户使用的交易消息行情实例。在2008年2月8日，加拿大1月的就业报告将于纽约时间这天早上7点发布。由于油价暴涨，加拿大经济表现不错，因此我们认为这个数据会很好。同时，我们追踪的就业报告先行指标也表明这个数据将会很强劲。不过市场在该就业人数于上月减少1.8万后，预期这个月该数据将只增长1.1万。因此，我们的操作建议是，在早上7点数据发布之前20分钟，买入加元，卖出美元（或者做空USD/CAD），如图9.28所示。我们的入场点位是1.0081，过去几小时的区间高点是1.0085，所以我们的止损单设于1.0095（区间高点以上10点），止损幅度为14点。请注意，这个止损是很小的，因为止损通常设在入场点外25点至30点。头寸一旦建立，就把一半头寸的止盈单设于1.0067（1.0081以下14点）。这个止盈目标对有些人来说，可能显得很保守，确实是，不过我们在BKForex Advisor遵循的主要规则之一是，永远别把盈利头寸变为亏损头寸。这就是为什么我们常常快速了结一半盈利头寸，并对剩余头寸采用移动止损的原因。

早上7点时，加拿大就业报告公布，就业人数增加4.64万，达预期数据的4倍。美元/加元开始急剧下跌，几分钟内，从1.0075跌到0.9983（90点），我们的第一张止盈单很快被触及。一旦第一部分头寸止盈出场，就把剩余头寸的止损点移到盈亏平衡处，并在5分钟图上用20日简单移动平均线进行移动止损。最后，剩余头寸在0.9970处平仓。前后两个头寸共获利125点，整个交易获利62.5点。

但是，先行交易的最大问题，是很难预测经济数据。BKForex Advisor的注册用户可以从《每周风险事件日历》中获得相关信息。但是除非你有非常扎实的经济学基础，或者拥有多年的基本面交易经验，否则很难预测某个数据比起前一月是增加还是减少，更别提判断市场预期正确与否。

这就是为什么大部分人偏好反应性交易(trade reactively)的原因。这个方法不需要猜测数据将走强还是转弱，因为反应性交易是在经济数据出来之后，并且只在其远远好于或坏于市场预期时，才进场交易。绝大多数关注消息信号提供者只进行反应性交易。一个很好的经验法则是，只在数据意外程度达市场预期的100%时，才进行反应性交易。

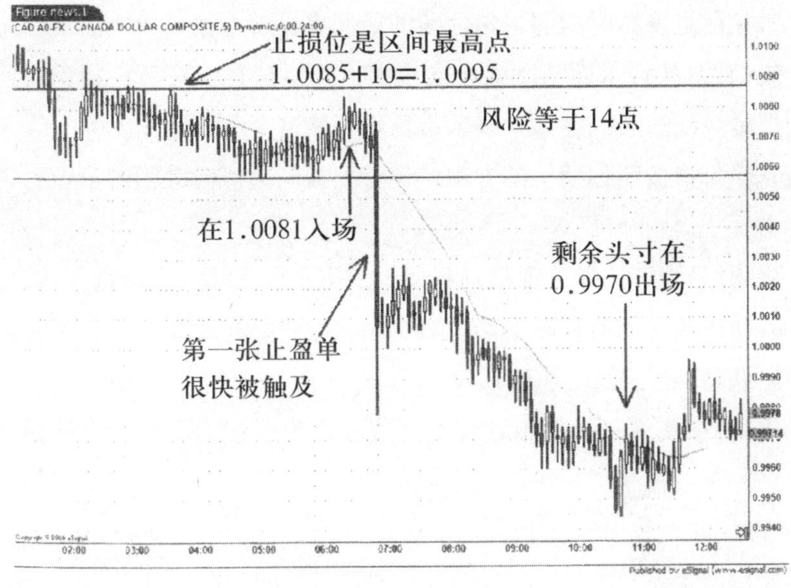


图9.28 美元/加元先行交易的例子（资料来源：www.eSignal.com）

以加拿大就业报告为例，反应性交易者应该只在就业数据大于2.2万时，做空美元/加元，在就业数据为负值（市场预期是增加1.1万）时，做多美元/加元。数据与市场预期差别越大，交易机会就越好。

这里有一些反应性交易的普遍准则。

## 易反应的交易的战略规则

买入

1.在重大信息发布5分钟后进场。

规则1是为了让你确定行情没有快速回调。如果数据够大，那么行情将会持续超过5分钟。

2.在信息发布时的那根蜡烛线的最低点设置止损。

规则2是从技术面角度来设立止损。如果信息发布后，货币对回调到这根蜡烛线的最低点，就表示市场不相信这个利好数据。

3.当价格按照你期望的方向，运行到盈利与风险等额的价位时，了结一半头寸。

规则3是为了让你兑现已有利润，只用剩余头寸的资金来操作。

4.使用20日简单移动平均线对剩余头寸进行移动止损，或者在盈利达初始风险3倍处设固定止损。

规则4中使用20日简单移动平均线，是为了让你尽可能多地抓住行情。

卖出

1.在重大信息发布5分钟后进场。

2.在信息发布时的那根蜡烛线的最高点设置止损。

3.当价格按照你期望的方向，运行到盈利与风险等额的价位时，了结一半头寸。

4.使用20日简单移动平均线对剩余头寸进行移动止损，或者在盈利达初始风险3倍处设固定止损。

还是使用之前加拿大就业报告的例子。一个反应性交易者会在1.0015处进场，止损设于1.0075，即5分钟图上信息蜡烛线的最高点。如图9.29所示，美元/加元在最终向下突破之前，盘整了近2个小时。

突破后，在纽约时间早上10:55到达第一个盈利目标0.9955。之后，把剩余头寸的止损位移到盈亏平衡处。然后根据交易规则，在5分钟图上运用20日简单移动平均线来进行移动止损。最后，剩余头寸在0.9975处平仓，前后两部分头寸获利100点。整个头寸共获利50点。

虽然比起先行交易，反应性交易不需要什么预测工作，但是止损幅度往往大很多，这让很多交易者难以承受。此外，第一个盈利目标可能几小时都无法达到。相反，如果采用先行交易，只要数据的意外程度够大，第一个盈利目标通常在数据发布后5分钟内就会达到。虽然第二部分头寸需要持有几个小时，但是由于止损已经移到盈亏平衡点，所以此次交易不需要再承担任何风险。

由于先行交易和反应性交易各自都有缺陷，所以最好的办法是两种策略结合运用。虽然要预测每一个经济数据可能很难，但有些数据我们会比较容易预测。比如，如果一个国家的货币疲软，根据经验，我们知道疲软的货币将有助于出口的增加，所以不难猜测该国家的贸易赤字将减少，或者贸易盈余将增加。反之亦然。举个例子，如果欧元在一个月内上涨500点，那么在当月或下个月，美国的贸易赤字就将减少。然而，如果我们对即将发布的数据结果不太确定，那么可能就不值得我们一次性建立整个头寸，因为双倍头寸就是双倍的风险。我们可以通过一些经济数据来预测其他经济数据，这可以增加经济预测的准确性。如果这些数据并不完全符合预期，那么我们的胜算率水平就会降低。因此，可以在数据发布前先建一半的头寸，在数据发布之后，如果判断正确，则建立另一半头寸。虽然我们这样做可能放弃一些潜在的利润，但如果我们判断错误的话，亏损将小很多。

这里有一些结合运用先行交易和反应性交易的规则。

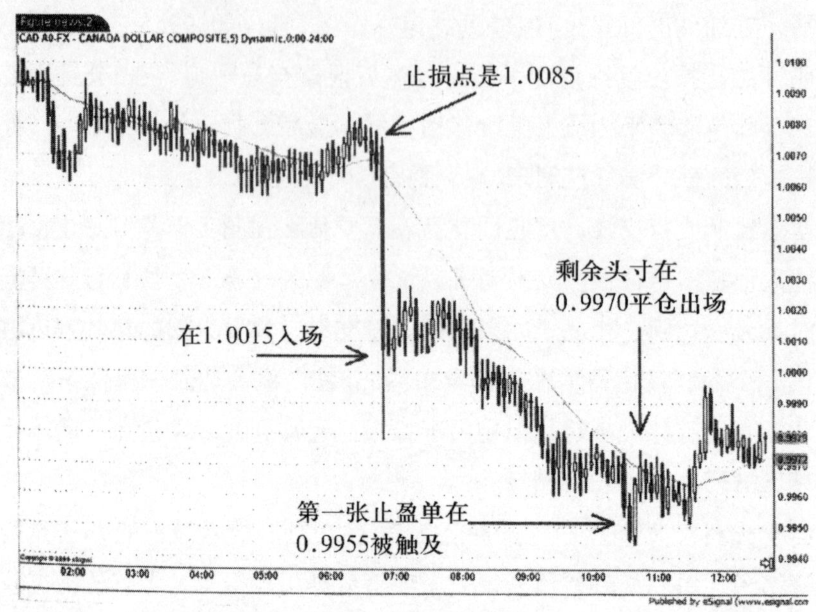


图9.29美元/加元反应性交易的例子（资料来源：www.eSignal.com）

## 结合先行交易和反应性交易策略的规则

### 买入

1.在重大数据发布前20分钟内进场，只建一半的头寸。

2.在区间以下10点和入场点以下30点两个价位中，选择止损幅度较小那个设止损单。

如果数据符合最初先行交易的判断：

3.在信息报告发布之后5分钟建另一半头寸。

4.在第二个入场点下45点的价位设置整个头寸的止损单，之后使用20日简单移动平均线进行移动止损。

5.当价格朝你期望的方向移动了45点，了结一半头寸。

6.使用20日简单移动平均线对剩余头寸进行移动止损。

卖出

1.在重大数据发布前20分钟内进场，只建一半的头寸。

2.在区间以上10点和入场点以上30点两个价位中，选择止损幅度较小那个设止损单。

如果数据符合最初先行交易的判断：

3.在信息报告发布之后5分钟时建另一半头寸。

4.在第二个入场点上45点的价位设置整个头寸的止损单，之后使用20日简单移动平均线进行移动止损。

5.当价格朝你期望的方向移动了45点，了结一半头寸。

6.使用20日简单移动平均线对剩余头寸进行移动止损。

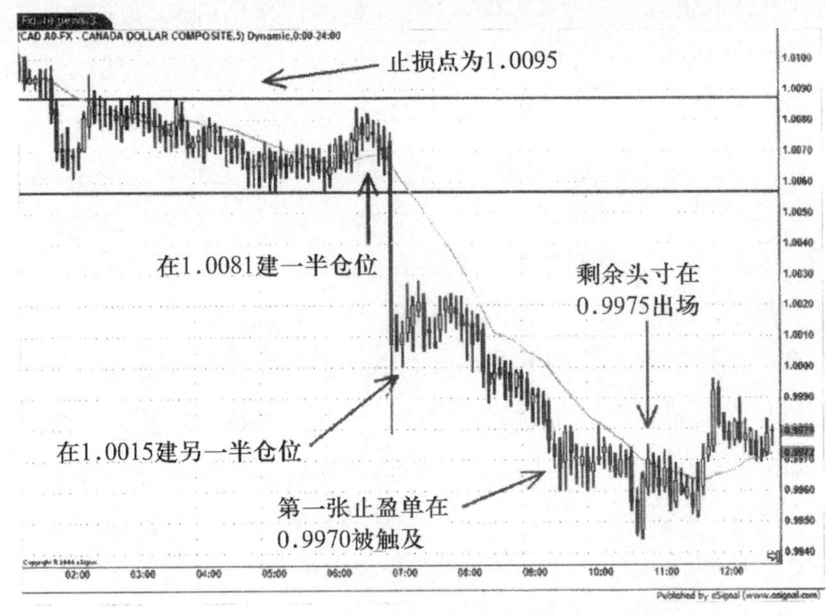


图9.30 美元/加元先行交易和反应性交易结合运用的例子

如果数据不符合最初的判断，就不要建立另一半头寸，而是要了结第一部分头寸。

在美元/加元的例子中，第一半头寸应该建立在1.0081，止损设于1.0095（见图9.30）。在数据发布之后，另一半头寸应该建立在

1.0015，综合入场价为1.0048。整个头寸的止损点设到比最初止损低些的1.0060，也就是第二部分头寸入场点以上45点的价位（你可以按你的风格来选择止损幅度）。当头寸盈利45点，即达到0.9970的价位时，了结第一半头寸。当价格回调到20日简单移动平均线以上，即0.9975时，平掉剩下半仓。前后两部分头寸获利151点，整个头寸获利75点。

下面还有两个结合运用先行交易和反应性交易策略的例子。

第一个例子是交易2008年2月21日的英国零售数据行情（见图9.31）。市场认为英国零售数据表现会很强劲，我们也同意这个看法，只是鉴于我们通常追踪的英国零售数据先行指标的强劲程度，我们认为英国零售数据高于市场预期的几率很大。因此，在数据发布前20分钟，我们在1.9470的价位做多英镑/美元。止损设于1.9450，即区间低点以下10点的位置。数据的结果为0.8%，超过了市场预期的2倍。英镑/美元在数据发布后的头5分钟暴涨了70点。我们在1.9530建立另一半头寸，并把整个头寸的止损设在1.9485（1.9530以下40点）。第一张止盈单设于1.9575，并在大约90分钟后被触及。剩余头寸我们一直持有，直到价格在5分钟图上穿越20日简单移到平均线时，在1.9553平仓出场。此次交易前后两部分头寸共获利151点，整个头寸获利75点。

第二个例子是交易2008年4月8日德国贸易差额行情的例子。市场认为该数据会恶化，因为欧元在走强。但我们却认为该数据表现会强劲，因为新订单和制造生产数据增加了。因此，我们在数据发布前20分钟做多欧元/美元，入场点为1.5733（见图9.32）。最初的止损设于区间最低点1.5727以下10点的1.5717。数据结果好于预期，欧元/美元上涨，我们在1.5740建第二部分头寸，并在1.5700设定整个头寸的止损单（1.5740以下40点）。第一张止盈单设于1.5785。不幸的是，欧元/美元并没有达到1.5785。最后，在价格穿越20日简单移动平均线时，整个头寸平仓出场，出场点为1.5754。此次交易仍有获利，共赚35点，整个头寸获利17.5点。

无论哪个先行交易判断错误，我们的亏损都不会超过30点。

图9.31英镑/美元先行交易和反应性交易结合运用的例子

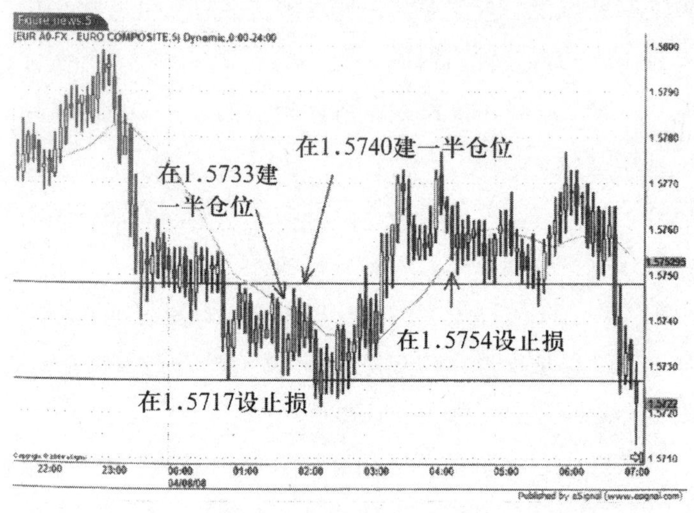


图9.32 欧元/美元先行交易和反应性交易结合运用的例子

## 双移动平均线短期动量策略

虽然有很多人喜欢在5分钟图上进行交易，但是交易消息行情和使用其他短期交易策略进行交易，有很大的不同。交易消息行情不适合心脏不好的人，因为很多人都无法准确判断数据的走势，而其他还有很多人，在某个货币对朝着他们期望的方向，运行50到60点之后，再让他们进场是件极度困难的事情。

对于这种类型的交易者，或许可以考虑运用其他一些策略。短线交易常常比长线交易更受欢迎，主要原因是很多人都没有耐心花几天时间来等待行情发展。他们喜欢事情快速发展。只要头寸亏损个10点，就马上希望在接下来的几分钟内扭亏为盈，或者直接就想了结头寸。他们宁愿一天赚10个10点，也不愿意冒着可能先亏损50到60点的风险，在一个头寸上获利100点。

对这类交易者，最好的策略是短期动量策略。虽然我倾向于交易消息行情，但我最喜欢的策略之一是双移动平均线短期动量策略。这个策略可以单独使用，也可以用来为较长期策略选择更好的入场点。它的前提背景是只有当动量支持你的交易时，才能进场买入或卖出。这点很重要，因为目标是要让第一张止盈订单尽快触及。

在这个策略中，我们需要运用3个不同的指标：20日指数移动平均线（EMA）、100日简单移动平均线和MACD。20日EMA是这个交易策略的出场信号。之所以选用指数移动平均线而不选简单移动平均线的主要原因是，指数移动平均线赋予了最近波动更大的权重，这是快速动量交易所必须的。100日简单移动平均线是用来确保，我们只进行趋势明显的交易。而MACD是用来估计动量并过滤可靠性差的信号。我们采用MACD柱状图的默认设置——第一条EMA=12,第二条EMA=26，EMA信号线=9，价格全部采用收盘价。只有当MACD在5根蜡烛线内转向时，才进场交易。因为我们要在动量刚开始形成时进场，而不是在趋势已发展成熟时。

以下是双移动平均线短期动量策略的一些准则或规则：

## 买入（使用5分钟图）

1.找到价格正处于其20日EMA和100日SMA之下的货币对。

2.当MACD转为正值时，等待汇价在5根MACD柱线内突破这两条移动平均线15点。

3.进场买入。

4.在突破移动平均线的那根蜡烛线的最低点设定止损单。

5.当价格朝你期望的方向运行到盈利与风险相等的价位时，平掉一半头寸，并把剩余头寸的止损点移到盈亏平衡处。

6.使用20日EMA以下15点的方法进行移动止损。

## 卖出

1.找到价格正处于其20日EMA和100日SMA之上的货币对。

2. 当MACD转为负值时，等待汇价在5根MACD柱线内跌破这两条移动平均线15点。

3.进场卖出。

4.在跌破移动平均线的那根蜡烛线的最高点设定止损单。

5.当价格朝你期望的方向运行到盈利与风险相等的价位时，平掉一半头寸，并把剩余头寸的止损点移到盈亏平衡处。

6.使用20日EMA以上15点的方法进行移动止损。

这里有一些双移动平均线短期动量策略的例子：

### 我们将看的第一个是做多的例子

2008年4月10日，欧元/美元在经过较长的亚洲时段盘整后，向上突破了20日EMA和100日SMA。在进场前，我们确认这时的MACD刚转为正值，之后等待价格突破移动平均线达15点再进场。如图9.33所示，由于价格在1.5742处突破移动平均线，所以我们在1.5757的价位做多欧元/美元。止损设在1.5738，即突破移动平均线的那根蜡烛线的最低点。第一个盈利目标是盈利与风险相等处。价格在几小时后触及这一目标，这时，我们把剩余头寸的止损点移到盈亏平衡处。这是我们在BKForex Advisor时最常运用的资金管理规则，因为把剩余头寸的止损点移到盈亏平衡处，就表示接下来我们只用利润进行交易，不再承担任何损失。头寸持续盈利。即使有很多次，价格跌穿了20日EMA，但是都没有超过15点。这种情况一直持续到第二天早上5:30。此时，我们的移动止损被触及，剩余头寸在1.5804，即20日EMA以下15点处平仓出场。前后两部分头寸共获利67点，整个头寸获利33.5点。

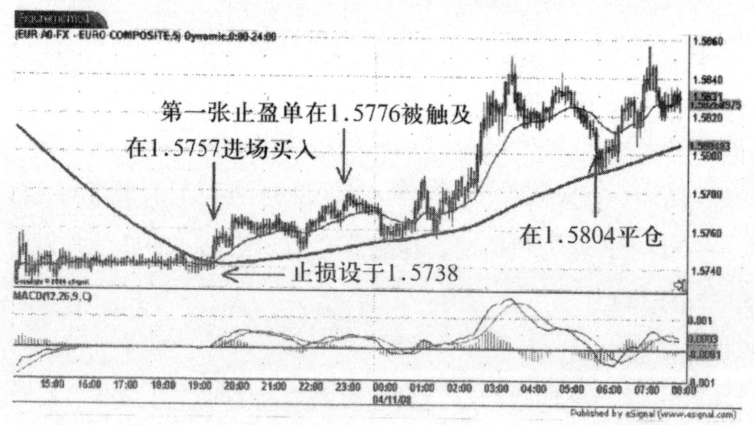


图9.33 欧元/美元的5分钟图（资料来源：www.eSignal.com）

### 第二个例子是做空美元/日元

在纽约时间2008年4月11日的早上约6:30，美元/日元跌破了20日EMA和100日SMA。进场之前，我们确认此时的MACD刚转为负值，然后等待价格跌破移动平均线15点再进场做空。由于价格在101.88处与移动平均线发生了穿越，所以我们在101.88以下15点的101.73处做空美元/日元（见图9.34）。止损设在跌破移动平均线的那根蜡烛线的最高点102.01。第一个盈利目标在盈利等于风险处。由于我们的入场点是101.73，止损点是102.01，所以风险为28点。因此，我们的第一张止盈单设在101.45，即101.73以下28点处。10分钟后，这张止盈单被触及——这真是一次完美的短线交易。第一部分头寸一出场，就把剩余头寸的止损点移到盈亏平衡处。然后采用移动止损，直到价格回升突破20日EMA15点。最后，突破出现在数小时后的早上10:45，剩余这部分头寸在101.06平仓出场。前后共获利95点（假设是2个头寸），整个头寸获利47.5点。

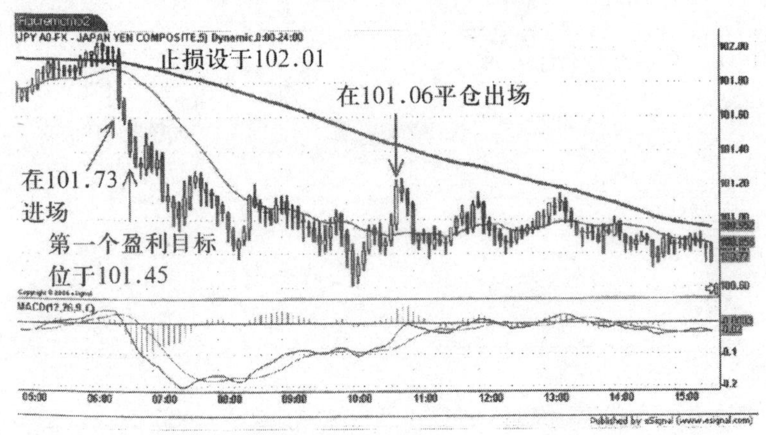


图9.34 美元/日元的5分钟图（资料来源：www.eSignal.com）

### 第三个例子是做空英镑/美元

在纽约时间2008年4月21日的早上约2:00，英镑/美元跌破了20日EMA和100日SMA。进场之前，我们确认此时的MACD刚转为负值，然后等待价格跌破移动平均线15点再进场做空。见图9.35，由于价格在1.9992处与移动平均线发生了穿越，所以我们在1.9992以下15点的1.9977处做空美元/日元。止损设于跌破移动平均线的那根蜡烛线的最高点1.9999。第一个盈利目标设在盈利等于风险处。由于我们在1.9977进场，止损设于1.9999，所以风险为22点。因此，我们的第一个盈利目标应该是1.9955，即1.9977以下22点。两小时后，第一个盈利目标达到。第一部分头寸一出场，就把剩余头寸的止损点移到盈亏平衡处。然后采用移动止损，直到价格回升突破20日EMA以上15点。最终，突破出现在数小时后的当天早上7:20，剩余这部分头寸于1.9855平仓出场。前后共获利144点（假设是2个头寸），整个头寸获利72点。

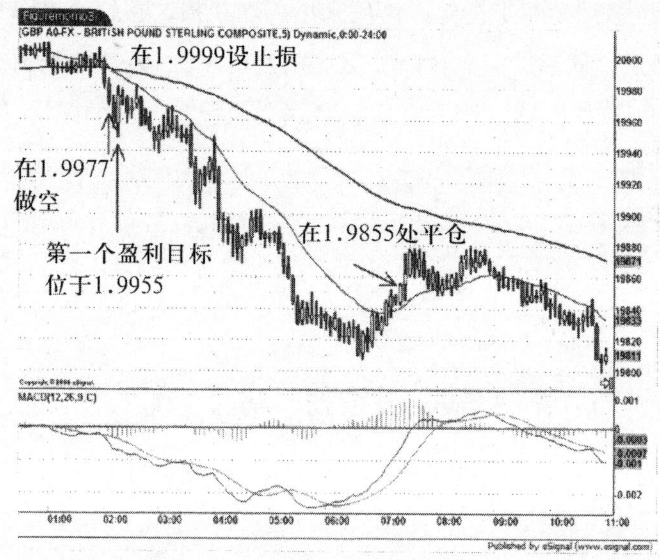


图9.35 英镑/美元的5分钟图（资料来源：www.eSignal.com）

### 最后一个是止损离场的例子

在2008年4月18日，澳元/美元在经过较长时间的亚洲时段盘整后，向上突破了20日EMA和100日SMA。在进场前，我们确认这时的MACD已处于于转为正值后的第5根线内，之后等待价格突破移动平均线达15点后进场做多。由于价格在0.9368处突破移动平均线，所以我们在0.9383进场做多澳元/美元（如图9.36所示）。止损设在0.9366，即突破移动平均线的那根蜡烛线的最低点。第一个盈利目标是盈利与风险相等处。由于我们在0.9383进场，止损设于0.9366，所以风险为17点。因此，我们的第一个盈利目标应该是0.9400，即0.9383以上17点。这个货币对花了几个小时才朝着我们期望的方向移动，但是上涨的动量不够，无法达到我们的第一个目标价位。在离我们目标价位还差2点时，价格停止上涨并急转直下，最后触及我们的止损。我们前后两单共亏损34点（假设为2个头寸），整个头寸亏损17点。唯一可以提示我们此次交易动量不足的事实是，MACD进入负值区域非常短暂，而处于正值区域时间较长。总之，多亏了这个策略的止损幅度通常很小，亏损都能承受。

## 高胜算转向交易

在外汇市场上，波动可以持续很长一段时间。这个特点对有些人来说，是为他们提供了介入趋势的大量机会，而对另外一些本质上是逆向交易者的人来说，波动持续越长，他们就越沮丧。根据我与个人投资者多年交流的心得和来自福汇公司的投机者情绪指数（FXCM Speculative Sentiment Index）的数据，我知道即使大部分交易者都否认，但他们本质上仍是逃顶交易者或抄底交易者。

福汇的投机者情绪指数是根据公司大部分投机者的头寸情况得出的。如图9.37所示，价格运行到1.28时，交易者开始做空欧元/美元，这些交易者一路从1.28水平做空到1.56水平。显然那些处于调查之外的交易者是因为他们被止损了，但是图中明确显示在1.35到1.40附近，空头头寸在增加。DailyFX.com网上每周公布一次福汇投机者情绪指数。

捕捉顶点或底点是件极其困难的事情。福汇投机者情绪指数证明，很多交易者都无法成功做到这一点。因此，找到一个可以确定波动转向时间的方法，就显得特别重要。我最喜欢的策略之一是寻找延伸性波动。我对延伸性波动的定义是，价格持续表现强劲或疲弱。很多时候，一个货币对会连续6、7或8天上涨，而没有实质性的回调。这种上涨持续时间越长，它在统计学上就越显著，持续强劲或疲弱的波动临近结束的可能性就越高。

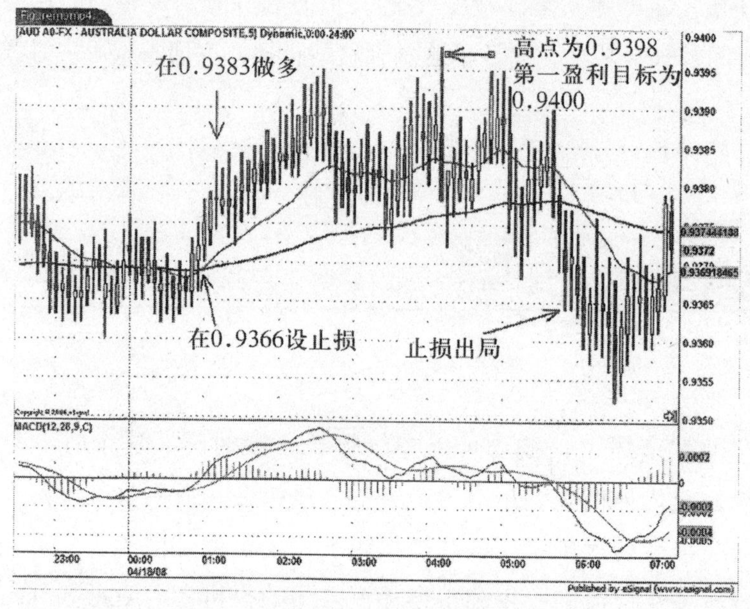


图9.36 澳元/美元的5分钟图（资料来源：www.eSignal.com）

在观察了10年相关数据后，我发现像欧元/美元、英镑/美元和美元/日元这样的主要货币对，它们的延伸性波动会持续超过7天。

让我们从欧元/美元这个货币对开始介绍。可以从表9.1中看到，在过去10年，该货币对最长的延伸性波动持续了10天。这个表是这样来看：欧元/美元在同一个方向上波动持续7天，这种情况有10次。10次里有5次波动延伸到了第8天。5次里有2次波动延伸到第9天，而2次里仅有1次波动延伸到第10天。因此，一旦欧元/美元的上涨或下跌持续了7天，那么在接下来24小时内发生转向的几率将成倍增长。如果这个波动持续到第8天，那么转向的几率将更高。这就为交易者提供了一个高胜算短期交易的机会。有一点请牢牢记住，这个策略通常不是用来预测重大的趋势反转，不过这个转向点偶尔也会成为极具意义的趋势反转点。

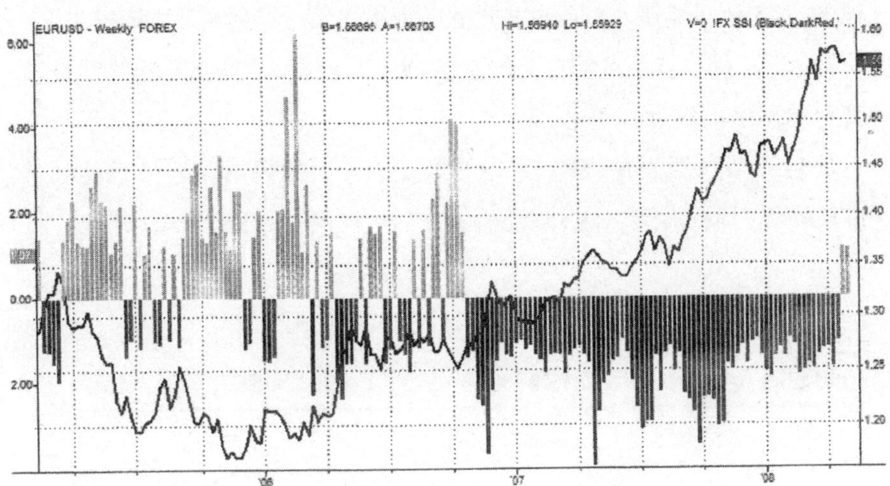


图9.37 欧元/美元的福汇投机者情绪指数（资料来源：FXCM）

表9.1 欧元/美元的延伸线波动持续时间（10年）

| Number of days（持续天数） | EUR/USD（欧元/美元） |
|---|---|
| 1 | 1292 |
| 2 | 595 |
| 3 | 273 |
| 4 | 125 |
| 5 | 64 |
| 6 | 35 |
| 7 | 10 |
| 8 | 5 |
| 9 | 2 |
| 10 | 1 |
| 11 | 0 |
| 12 | 0 |
| 13 | 0 |
| 14 | 0 |
| 15 | 0 |

第二个数据表是英镑/美元（见表9.2）。在过去10年，该货币对最长的延伸性波动持续了12天。如数据所示，英镑的波动持续时间长于欧元。欧元/美元最长的延伸性波动持续时间是10天。不过，还需要重视的一点是，英镑/美元的波动很少持续8天。持续8天的情况只有7次，这表示英镑/美元8天的延伸性波动，与欧元/美元7天的延伸性波动具有差不多的统计显著性。

最后一个数据表见表9.3，这是美元/日元的数据。它最长的延伸性波动持续时间为9天，这种情况在过去10年里只发生过2次。

表9.2 英镑/美元的延伸性波动持续时间（10年）

| Number of days（持续天数） | GBP/USD（英镑/美元） |
|---|---|
| 1 | 1352 |
| 2 | 659 |
| 3 | 299 |
| 4 | 145 |
| 5 | 69 |
| 6 | 31 |
| 7 | 12 |
| 8 | 7 |
| 9 | 3 |
| 10 | 2 |
| 11 | 2 |
| 12 | 1 |
| 13 | 0 |
| 14 | 0 |
| 15 | 0 |

表9.3 美元/日元的延伸性波动持续时间（10年）

| Number of days（持续天数） | USD/JPY（英镑/美元） |
|---|---|
| 1 | 1334 |
| 2 | 652 |
| 3 | 323 |
| 4 | 159 |
| 5 | 66 |
| 6 | 33 |
| 7 | 12 |
| 8 | 7 |
| 9 | 2 |
| 10 | 0 |
| 11 | 0 |
| 12 | 0 |
| 13 | 0 |
| 14 | 0 |
| 15 | 0 |

## 如何运用这些信息?

我制定了一些规则，可以帮助交易者利用这些有用信息：

### 买入的规则（使用日线图）

1.寻找价格连续7天表现疲软，每天的收盘价低于开盘价的货币对。

2.在纽约时间下午5:00买入。这是下一根蜡烛线开始的时间。

3.在入场点以下30点处设止损。

4.当价格移动到盈利达风险2倍处时，平掉一半仓位，并把剩余头寸的止损点移到最初入场点处。

5.当价格移动到盈利达初始风险4倍处，即120点时，了结剩余头寸。

### 卖出的规则

1.寻找价格连续7天表现强劲，每天的收盘价高于开盘价的货币对。

2.在纽约时间下午5:00卖出。这是下一根蜡烛线开始的时间。

3.在入场点以上30点处设止损。

4.当价格移动到盈利达风险2倍处时，平掉一半仓位，并把剩余头寸的止损点移到最初入场点处。

5.当价格移动到盈利达初始风险4倍处，即120点时，了结剩余头寸。

这里有一些运用该策略的例子。

第一个例子是做多美元/日元。如图9.38所示，美元/日元连续7天下跌。根据美元/日元延伸性波动的持续时间表，我们知道美元/日元在一个方向连续运行7天以后，再延续到第8天的概率只有7/12。根据这个数据，美元/日元在第8天上涨的概率很高。因此，在第二天纽约时间下午5:00，次日蜡烛线开始时，进场做多美元/日元并设30点的止损。入场单在108.56被执行，止损设于108.26（108.56以下30点）。第一个盈利目标是60点，即风险的2倍。所以，在108.56以上60点的109.16处设一半头寸的止盈订单。这个订单在第二天被执行，之后，把我们的止损移到盈亏平衡处，也就是最初108.56的入场点。剩余头寸的盈利目标是初始所冒风险的4倍，即120点。因此我们的入场点位108.56加上120点，即109.76。24小时后，剩余头寸在这个价位倍平仓出场。如果假设是2个头寸，那么前后2个头寸共获利180点，平均获利90点。

第二个例子是做空英镑/美元。如图9.39所示，英镑/美元连续上涨了7个交易日。根据英镑/美元的延伸性波动时间表，我们知道它在一个方向连续运行7天以后，再延续到第8天的概率只有7/12。鉴于这个数据，我们认为英镑/美元在第8天下跌的概率很高。因此，在第二天纽约时间下午5:00，次日蜡烛线开始时，进场做空英镑/美元并设30点的止损。入场订单在2.0083被执行，止损设于2.0113（2.0083以上30

点）。第一个盈利目标是风险的2倍，即60点。因此在2.0083以下60点的2.0023设一半头寸的止盈订单。这张订单在第二天被触及，之后，把止损移到盈亏平衡处，即初始入场点2.0083。剩余头寸的盈利目标是初始所冒风险的4倍，即120点。我们的入场点2.0083减去120点，是1.9963。几日后，这张止盈单被执行。如果前后算做2个头寸的话，那么此次交易为我们带来了180点的利润，平均每个头寸获利90点。

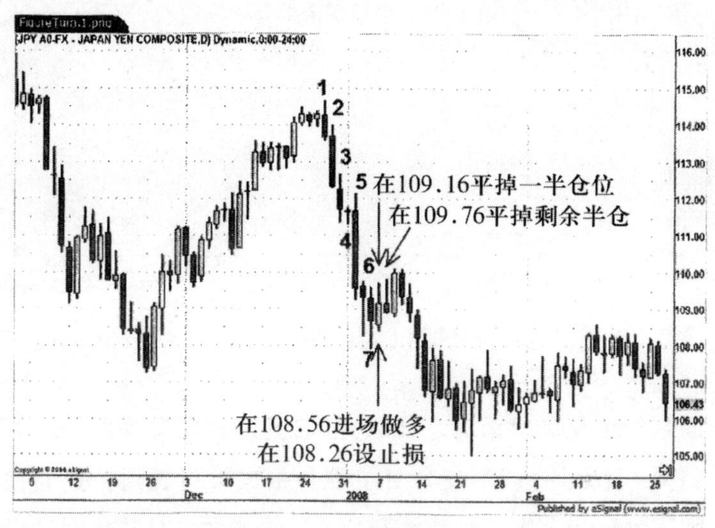

图9.38美元/日元日线图（资料来源：www.eSignal.com）

## 这个策略也适用于其他货币对吗？

这个策略也适用于其他货币对，但是要意识到每个货币都是不同的，这点很重要。虽然7天对欧元/美元、英镑/美元和美元/日元来说非常具有统计显著性，但8天对英镑/日元、瑞郎/日元和英镑/瑞郎这样的货币对来说则更显著。不同货币对有不同的特性，因为有些货币对比其他货币对的趋势更强。

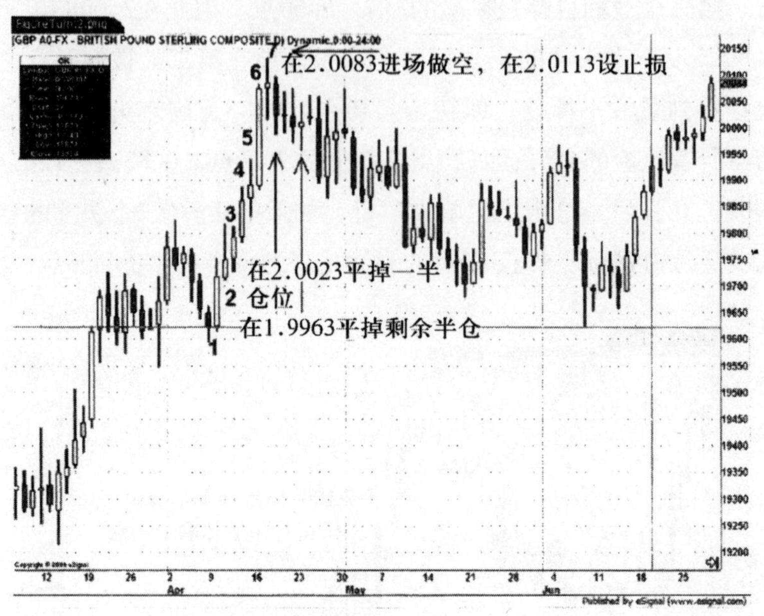


图9.39 英镑/美元日线图（资料来源：www.eSignal.com）

下面是一个交叉货币对，如欧元/日元的转向交易例子。如图9.40所示，欧元/日元连续7个交易日上涨。根据策略规则，我们在第二天纽约时间下午5:00，次日蜡烛线开始时，进场做空该货币对并设30点的止损。入场点是164.54，止损位于164.84（164.54以上30点）。第一个盈利目标是风险的2倍，即60点。于是，我们164.54以下60点的163.94处，设置第一张止盈单。第二天，止盈被触及。我们把止损点移到盈亏平衡处，也就是最初的入场价位164.54。第二部分头寸的盈利目标是初始所冒风险的4倍，即120点。入场点164.54减去120点，即163.34。24小时后，第二张止盈单被执行。假设前后为2个头寸，此次交易利润为180点，平均每个头寸获利90点。

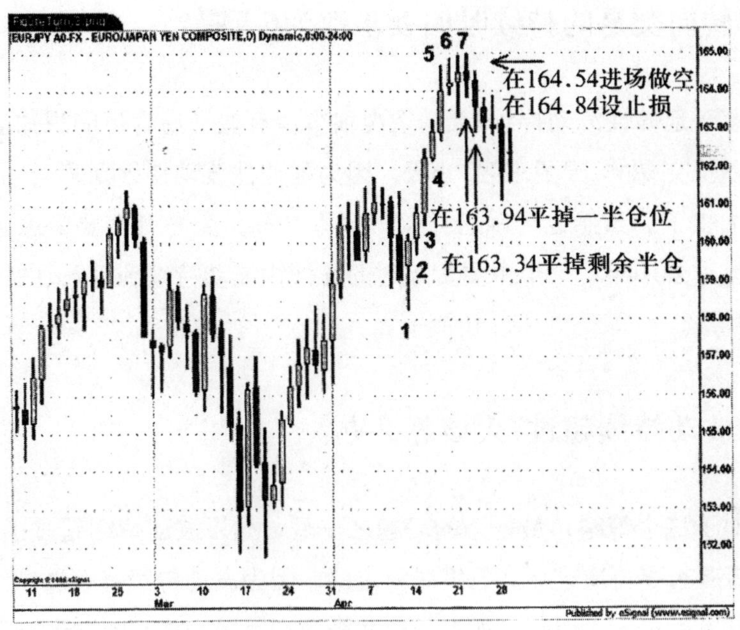


图9.40 欧元/日元日线图（资料来源：www.eSignal.com）

## 可以改变第一个盈利目标吗?

当审视这个策略时，很多人会认为第一个盈利目标相对较小，很容易达到。交易者当然可以改变第一个盈利目标，以获取更多利润。不过请记住，我们之所以把第一张盈利单设在那里，是因为我们更偏好高胜算的交易策略。把第一个盈利目标设在很容易达到的地方，即使我们等待的那个转向时间很短暂，我们仍能从此次交易中获益。在制定交易策略时，我坚信从良好的基础开始是非常重要的一点。所谓良好基础，就是在最简单的要求下就能奏效的策略。因为我们希望在策略实施后，做出任何改进或改变都会增加该策略的盈利能力。试图改进一开始就无效的策略，是件非常困难的事情。

## 能把转向交易的持续时间要求改为6天吗？

鉴于延伸性波动持续7天的情况很少，有些交易者可能想知道，是否可以把交易的7天要求改为6天，因为延伸性波动持续到第7天的情况实在太少了。虽然也可以这样做，但不推荐。交易者需要留意这个风险，在过去10年，三个主要货币对的延伸性波动持续到第7天的情况至少有10次。

## 如果波动持续超过7天该怎么办？

对于这个策略，最普遍的问题之一是，如果波动持续超过了7天，交易者是否要再次进场。答案是肯定的，因为波动持续每超过一天，转向的几率就更高。而且，如果前后两个盈利目标最终都能达到，那么这个策略的风险小得足以承受连续10天的延伸性波动。只要这个延伸性波动不持续到第12天，那么这个策略就非常成功。表9.4会显示原因。

根据表9.4，如果我们建两个头寸，第7天的转向交易失败，该货币对继续朝着原来的方向运行到第8天，那么亏损是60点。但是，如果我们在第9个交易日开始时再次进场，前后两个盈利目标都达到的话，那么我们将获利180点。两次交易的净回报是120点。

如果波动持续到第9天，我们试图在第10个交易日开始时进行转向交易，那么将带着之前的两次交易的120点亏损进场。如果这次我们正确了，延伸性波动在第10天停止并转向，那么这第3次交易将获利180点，三次交易净获利60点。

如果我们非常不幸，波动持续到第10天，我们在第11个交易日开始时再次进场，那么将带着之前三次交易的180点亏损。但是，如果我们这第四次交易正确了，至少我们没有亏损。

延伸性波动持续11天，以致我们要在第12个交易日进场并带着240点的亏损，出现这种情况的几率实在太小了。如果我们第五次交易正确，我们的净损失则是60点。连续12个交易日保持一个强度的情况简直微乎其微。这个三个主要货币对，在过去10年，只出现过一次这种情况，就是英镑/美元。

当然，如果第一个盈利目标已达到，第二个头寸由于回撤，在盈亏平衡处平仓出场，那么回报就不太好。因为如果延伸性波动持续到第10天，那么亏损已经形成。如果波动持续到第8天，而你试图在第9天进场交易，最好是把止损移到盈亏平衡处。如果波动在第10天结束并转向，交易的净亏损就是60点。如果波动又持续一天，那么亏损将增长为120点。值得感谢的是，只触及第一个盈利目标的情况很少出现，因为第二个120点的盈利目标也相对较近，仍然很容易达到，尤其当波动持续时间更长时。一旦转向出现，行情往往超过100至150点。

这个策略的进场和出场规则很适合欧元/美元、英镑/美元和美元/日元，当用于其他一些货币对，尤其是日元叉盘时，进场和出场规则必须改变，因为这些货币对中，有些货币对的波幅很大，30点的止损显得太窄。

# 第十章
# 基本面交易策略

## 选择最强的货币对

在外汇交易时，很多交易者会犯一个错误，就是只考虑他们交易的货币对中某一个货币，而不考虑货币对中两个货币的相对强弱情况。在外汇市场上，忽视外国经济状况，有可能极大地阻碍交易的盈利能力，同时也增加了损失的机会。交易时，如果与强大的经济体对抗，失败的可能性更大。如果让你与一个很可能升值的货币对抗，那么你的交易将惨败。同样，如果货币对中另一个货币变坚挺的几率提高，那么交易的获利将微不足道。

举个例子，2005年3月22日，美联储在联邦公开市场委员会的声明中，提高了通货膨胀的风险，导致各主要货币对美元都下跌。除此之外，还有大量正面的经济数据进一步强化了美元。当时，你可能从美元的多头中获利不少。相对其他一些货币对，某些货币对中美元上涨的力量更持久。例如，在美联储会议后几个星期，英镑经历最初的暴跌后开始反弹，而日元则下跌了更长一段时间。出现这种差异的原因是，当时的英国经济持续上涨，在美元飙升之后，持续上涨的经济成为英镑反弹的坚实基础。英镑兑美元的反弹可以在图10.1中看到。3月28日，英镑/美元触及1.8595的低点后，在三个星期内回到了联邦市场公开委员会会议之前的1.9200价位。

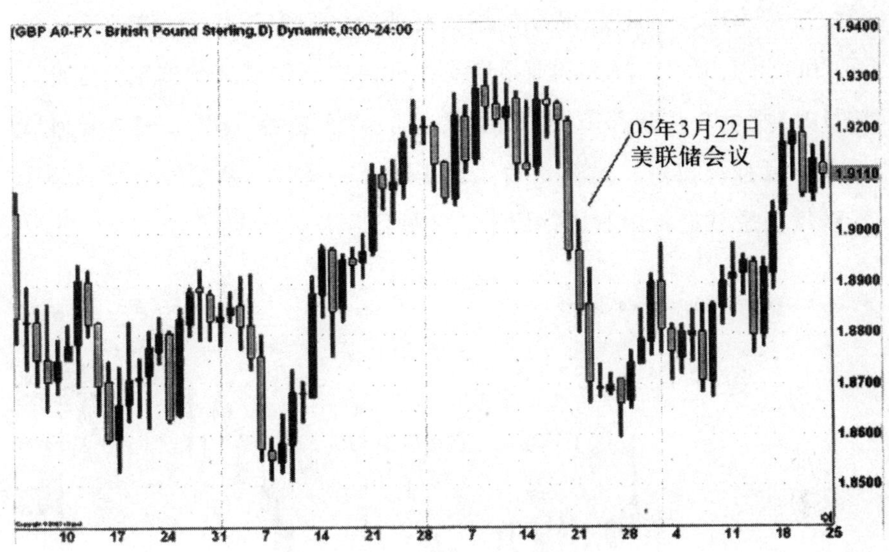


图10.1 英镑/美元在美联储会议后的走势（资料来源：www.eSignal.com）

而另一边的日元则下跌了更长一段时间，美元/日元持续其上涨趋势直到4月中旬。这个价格走势可以在图10.2中看到。在联邦市场公开委员会会议后，两星期内，美元又上涨300点。出现这种差异，有部分原因是，市场观察家对日本的经济没有太大信心。当时的日本正处于经济衰退的边缘，没有任何经济扩张的信号。因此，比起持续坚挺的英镑，美元的强势对挣扎中的日元的影响更大，持续时间也更长。

当然，利率和其他地缘政治重大事件也是非常重要的。但是当衡量两个具有相同说服力的交易时，选择经济增长最强劲的国家和经济增长最疲软的国家的货币配对，将有更高的成功几率。这时察看主要交叉货币对的表现，也是一个了解不同货币对强弱程度的方法，它可以用来增加获利能力。举例说明，先观察图10.3和图10.4。3月22日，联邦市场公开委员会的会议之后，澳元/日元和欧元/日元都出现暴跌，但是澳元/日元的反弹快于欧元/日元。出现这个现象的一个原因正是经济增长强劲/经济增长疲软的对比。从2003年到2005年，欧元区经历了非常疲软的经济增长。而这段时期的澳大利亚经济则表现良好。在整个2004年和2005年上半年，澳大利亚是所有工业国中利率最高的国家。因此，如图10.3所示，在联邦市场公开委员会的会议之后，澳元/日元比欧元/日元的反弹快得多。这就是为什么在选择交易时，要把经济增长强劲/经济增长疲软的货币对比铭记于心的原因。

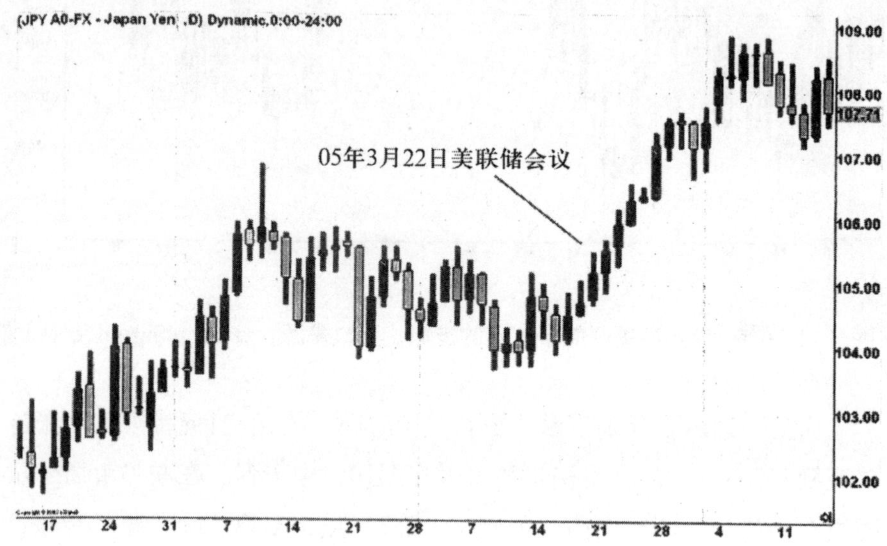


图10.2 美元/日元在美联储会议后的走势（资料来源：www.eSignal.com）

## 融资套息交易

融资套息交易是全球宏观对冲基金和投资银行最喜欢的交易策略之一。它是全球宏观交易的精髓所在。套息交易策略简单地说，就是做多或买入一种高息货币，同时做空或卖出一种低息货币。激进的投机者不会对汇率的风险暴露程度进行对冲，这意味着，除了获得两个货币间的利息差额外，投机者还打赌高息货币将升值。对于那些已经对冲了汇率风险暴露程度的人，虽然利率差额通常较小，只在1%到5%之间，但如果交易者使用了5到10倍的杠杆，那么光是来自利率的收益就非常可观。只要想想看，2.5%的利率差额乘上10倍的杠杆，就是25%。但是，如果管理不当，杠杆也将导致很大风险，因为杠杆在增加利润的同时，也加剧了风险。当大量交易者看中了同样的机会，并扎堆进入交易时，该货币对通常会上涨，资本会增加。

在外汇交易中，套息交易是利用经济基本原理的一个简单的方法。这个基本原理是，投资回报最大的市场通常会吸引最多的资本，资金在供给和需求的经济法则下，不断地在这些市场流进流出。国家也是如此，在国际资本流动中，能提供最高利率的国家通常会吸引最多的投资，并创造出对其货币最大的需求。作为一个非常常用的交易策略，套息交易很容易掌握。如果操作正确，交易者将获得高额回报，而不必承担很大的风险。但是，套息交易也有一定风险，如果你不懂得操作的方法、原理以及最佳时间，那么亏损的几率会很大。

## 套息交易的方法

套息交易的方法就是买入利息较高的货币，同时卖出利息较低的货币。套息交易也是能赚钱的，因为投资者可以赚取两种货币利率之间的差额，或称为息差。

比如，假设澳元的利率是4.75%，瑞郎的利率是0.25%。要进行套息交易，投资者就应该买入澳元，卖出瑞郎。只要澳元与瑞郎的利率不变，投资者就能获得4.5%的利润（用获得的4.75%利息减去支付的0.25%利息）。这个4.5%的收益还没有采用杠杆，如果采用5倍的杠杆，那么仅从息差上就获益22.5%。为了详细说明这个方法，请看下面图10.5的例子，让我们看看投资者是如何进行套息交易的。

进行套息交易

买入澳元并卖出瑞郎（做多澳元/瑞郎）

澳元多头头寸：投资者赚取4.75%

瑞郎空头头寸：投资者支付0.25%

在现行汇率不变的情况下，利润为4.5%，或者450个基点。

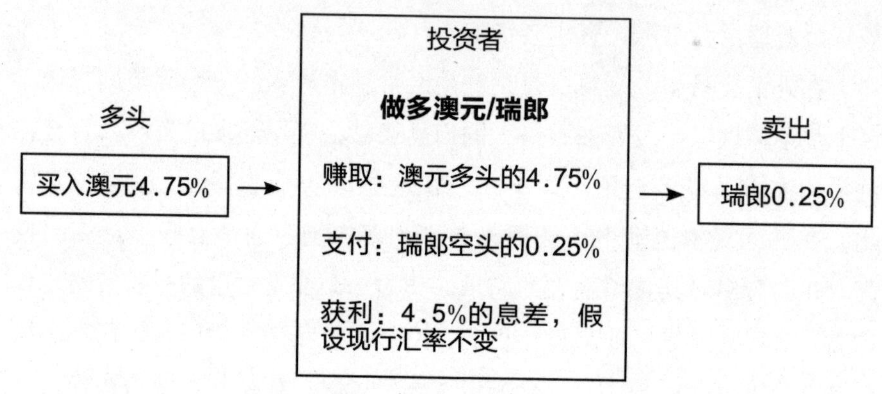


图10.5 套息交易的例子

如果其他交易者也发现了这个机会，导致该货币对汇率上升，那么套息交易者将不仅赚息差，还将获得资本增值。

总结：套息交易就是买入高息货币和卖出低息货币。

## 套息交易的原理

套息交易之所以有效，是因为资本在国家之间不停地流动。有些国家能比其他国家吸引更多投资，一大原因在于利率。如果一个国家的经济发展良好（高增长、低失业率、收入增长等），那它将为其投资者提供更高的回报。换句话说，就是经济增长前景更好的国家，可以为投资支付更高的利息。

投资者喜欢赚取更高利率，所以那些希望利润最大化的投资者，自然会寻找回报最高的投资机会。当进行货币投资决策时，投资者很可能选择回报或利息最高的那个货币。如果众多投资者作出相同的决策，那么这个国家将出现为追求高回报而引发的资本流动。

那些经济状况不好的国家又会怎样呢？增长缓慢，生产力低下的国家不能为投资者提供高额回报。有些国家的经济太过疲软，以至于不能为投资者提供任何回报，这就表示该国利率为零或者接近于零。

利率较高的国家和利率较低的国家之间的利率差异，使得套息交易得以进行。

让我们再仔细看看之前那个套息交易的例子：

现在假设一个瑞士的投资者，她每年可从她的瑞士存款中获得0.25%的利息，同时，一家澳大利亚的银行可为澳元存款提供每年4.75%的利息。看到澳大利亚银行的利息高很多，这个投资者就会想为其存款找到一个获得更高利息收益的方法。

现在想象一下，投资者会怎样把她只有0.25%利息收益的瑞士存款换成拥有4.75%利息收益的澳元存款呢。她的实际做法就是，卖掉她的瑞郎，买入澳元。完成这个交易后，她拥有了每年可以收获4.75%利息的澳元存款，这比她之前的瑞郎存款多了4.5%的收益。

这个投资者通过卖出瑞郎买入澳元，实际就是进行了一次套息交易。

如果数百万人都这样操作，直接效应就是资本流出瑞士，然后流入澳大利亚。澳大利亚由于其高利率，吸引了更多资本。这个资本流动就增加了货币的价值（见图10.6）。

总结：由于不同国家的利率不同，套息交易才得以进行。因为投资者喜欢获得更高的利息收益，他们会寻找机会买入并持有高息货币。

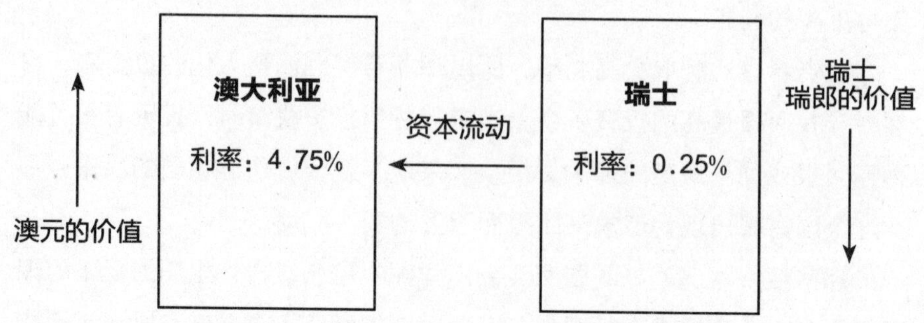


图10.6 套息交易的效应：澳元/瑞郎套息交易的例子1

## 套息交易的最佳时间

套息交易也是需要选择时间的。实际上，当所有投资者对风险持有相同的态度时，套息交易的获利能力最强。

你愿意承担多大风险？人的情绪往往会随着时间而发生改变——他们有时会更胆大，更愿意冒险，而有时候却很胆小，很保守。作为一个群体的投资者也不例外。有时候他们喜欢进行风险很高的投资，而有时候却很惧怕亏损，只寻找更安全的投资。

用金融术语来讲，当作为一个整体的投资者愿意冒险时，我们就称他们为低风险厌恶者，或者是风险偏好者。相反，当投资者对较保守的投资感兴趣，不愿意承担太多风险时，就称其为高风险厌恶者。

套息交易在交易者处于低风险厌恶时，盈利能力最强。仔细想想套息交易包含哪些风险，你就会发现这句话是有道理的。让我们再概括一下套息交易的要点，套息交易就是买入高息货币，卖出低息货币。在买入高息货币时，投资者就是在冒险——国家的经济是否可以继续表现良好，并提供高额利息，还存在大量的不确定性。确实是这样，很有可能发生什么事情，使国家不能继续提供高额利息。所以，投资者必须能承受这个风险。

如果投资者作为一个整体，不愿意冒这个风险，那么资本将不会从一个国家流动到另一个国家，而套息交易的机会就不会存在。因此，为了使套息交易有效，投资者作为一个整体，需要有低风险厌恶程度，或者说，愿意冒险投资高息货币。

总结：当投资者愿意冒险投资高息货币时，套息交易的盈利潜力最大。

## 套息交易失效的时候

到目前为止，我们已经知道，套息交易在投资者都有低风险厌恶程度时，最为有效。如果投资者都是高风险厌恶者时，又会怎么样呢？

套息交易投资者都具有高风险厌恶程度时，获利最小。当投资者作为一个整体，拥有高风险厌恶程度时，他们不太愿意进行冒险投资。因此，他们不会投资那些风险较高的高息货币。取而代之的是，把资金投到安全的低息货币上。这就刚好与套息交易相反——换句话说，投资者买入低息货币和卖出高息货币。

回到我们之前的例子。假设投资者突然对持有澳元感到不安，这时，这位投资者就不会追求高利息，而是对保证投资安全更有兴趣。于是，她就会把她的澳元兑换回她更熟悉的瑞郎。

如果数百万人都这样操作，那么净效应就是资本从澳大利亚流出，然后流入瑞士。因为这些投资者都是高风险厌恶者，瑞士尽管利息低，但由于其安全性，仍然吸引了更多资本。资本的流入将导致瑞郎升值（见图10.7）。

总结：当投资者不愿意冒险投资高息货币时，套息交易的盈利最少。

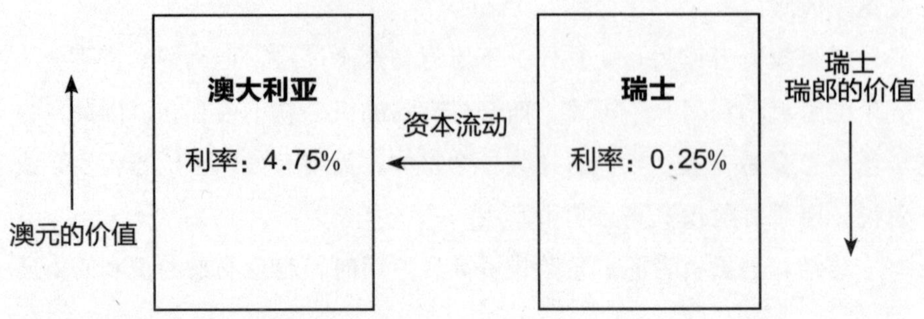


图10.7 当投资者为高风险厌恶者时，套息交易的效应：澳元/瑞郎的例子2

## 风险厌恶程度的重要性

通常情况下，套息交易在投资者风险厌恶程度较低时，会获利丰厚，而在投资者风险厌恶程度较高时，则无利可图。因此，在进行套息交易之前，首先要了解风险环境——投资者作为一个整体，其风险厌恶程度是高还是低——以及何时发生改变。

风险厌恶程度增加，通常是对低息货币有利。投资者的情绪有时变化会很快——投资者的冒险投资意愿会瞬间变化。这种巨大转变通常是由重大的全球性事件引起的。当投资者的风险厌恶程度快速上升，其结果通常是大量的资本流入低息但安全的货币中。（见图10.7）

例如，在1998年夏天，日元在两个月内，对美元升值了20%以上，主要原因是俄罗斯的债务危机和美联储对长期资本管理对冲基金的紧急援助。类似情况还有2001年9月11日，美国恐怖袭击发生后，瑞郎在10天内对美元上涨了7%以上。

这种急剧的波动，通常发生在风险厌恶程度从低到高快速上升时。所以，当风险厌恶程度如此快速转变时，套息交易会迅速从盈利状态变为零利润。相反的，如果风险厌恶程度从高到低快速转变，套息交易就甚能获利。详情请见表10.1。

表10.1 风险厌恶程度和套息交易的收益性

| 套息交易的收益性<br>(−) ←————→ (+) | | |
|---|---|---|
| 高风险厌恶程度 | 风险中立 | 低风险厌恶程度 |
| 1.投资者不太愿意冒险，从风险较高的货币撤离资金。<br>2.资本从高风险的高息货币流出，流入相对安全的低息货币。<br>3.投资者了结高风险交易导致套息交易收益下降。 | | 1.投资者更愿意冒险。<br>2.资本从低息货币流出，流入高息货币。<br>3.为了给风险交易融资，低息货币往往会疲软。 |

## 低息货币升值

那么怎样才能知道投资者作为一个整体，其风险厌恶程度是高还是低呢？不幸的是，很难只用一个数字来衡量投资者的风险厌恶程度。不过有一个大致了解风险厌恶程度的方法，就是察看债券收益率差异。不同信用等级的债券，收益率差异越大，或者说价差越大，投资者风险厌恶程度就越高。债券收益率的信息可以在大部分财经报纸上找到。此外，一些大型银行也发展出了他们自己衡量风险厌恶程度的方法，这些方法可以对投资者何时愿意冒险、何时不愿冒险提供一些指示。

## 套息交易时需铭记的其他因素

在进行套息交易前，风险厌恶程度是需要考虑的最重要因素，但并不是唯一的因素。下面是交易者需要了解的其他一些因素。

### 低息货币升值

通过套息交易，投资者可以从高息货币和低息货币的利率差异中获利。但是，如果由于一些原因（比如之前的风险厌恶例子）导致低息货币大幅升值，套息交易也会变得无利可图。

除了风险厌恶程度上升外，低息国家的经济状况好转，也会导致货币升值。理想的套息交易是低息货币的国家经济疲软，经济增长预期较低。但是，如果该国经济好转，该国将可以通过提高利率，为其投资者提高更高的回报。如果这种情况出现——再次使用前面的例子，假设瑞士提高利率——投资者将通过投资瑞郎来从瑞士加息中获利。如图10.7所示，瑞郎升值将对澳元/瑞郎套息交易的收益不利（至少瑞郎利率升高，将导致套息交易中的息差收益减少）。

再举一个例子，近来，同样的情形也出现在了日元身上。由于日元是零利率，所以很长一段时间以来，日元都是套息交易的理想低息货币选择（被称为“日元套息交易”）。但是这种情况正在发生改变。近年来，对日元经济的乐观情绪增加，导致日本股票市场上涨。投资者对日本股票和货币需求的增加，又导致日元升值。而日元升值就会对如澳元（高息）/日元套息交易的收益不利。

如果投资者继续买入日元，那么“日元套息交易”的收益将越来越小。这进一步说明了一个事实，就是当套息交易中的低息货币（被卖出的那个货币）升值，会对套息交易的收益不利。

### 贸易差额

一个国家的贸易差额（进口和出口之间的差额）同样也会影响套息交易的收益情况。我们已经知道，当投资者风险厌恶程度低时，资本会从低息货币流入高息货币（见图10.6）。但是，并不总是这样。

要明白其中缘由，就想想美国的情形。目前，美国的利率正处于其历史低点。但它仍然从其他国家吸引了很多投资，即使此时的投资者风险厌恶程度较低（也就是说，按理他们应该投资到高息货币当中）。那么，为什么会出现这种情况呢？原因是美国有着巨额的贸易赤字（它的进口大于出口）——拥有赤字，就必须从其他国家融资。无论其利率如何，美国吸引了资本流入，以弥补贸易赤字。

这个例子的目的在于说明，即使是在投资者的风险厌恶程度较低时，巨额的贸易不平衡会导致低息货币升值（见图10.7）。而套息交易中的低息货币升值，将影响套息交易的盈利能力。

### 投资期

总的说来，套息交易是个长期策略。在进行套息交易之前，投资者必须愿意持有头寸至少6个月。因为这可以保证交易不受货币短期波动的“噪音”影响。同时，不要在套息交易中过度使用杠杆，这样交易者才能持有头寸更长时间，不至于被平仓出场。

总结：套息交易投资者在进行交易之前，应该了解诸如货币升值、贸易差额和投资期这些因素。它们中的任何一个都可以导致似乎已经盈利的套息交易变得毫无利润可言。

## 基本面交易策略：密切关注宏观经济事件

短线交易者似乎只关注每周公布的经济数据，以及该数据对其交易将产生的影响。这种做法对很多交易者都非常有用，不过同样重要的是，千万别忽略经济中或世界上正在酝酿中的宏观大事件。因为重大的宏观经济事件会影响市场很长一段时间。它们的影响力将不只是一两日的价格变化，至于具体影响如何，要取决于事件的规模和范围。这些事件有可能重塑市场对某个货币的基本面看法，时间会长达数月甚至数年。像战争、政治不确定性、自然灾害和重要的国际会议这样的事件，由于其没有规律，将在生理和心理上对外汇市场产生广泛的影响。伴随这些事件而来的是，货币的大幅上涨或急剧下跌。因此，密切关注全球发展动向，了解事件前后市场情绪的根本方向，并把这些信息运用到交易中，你将获利丰厚，至少可以帮助你避免巨额亏损。

## 洞悉重大事件的发生

- 重大的七大工业国（G-7）或八大工业国（G-8）财政部长会议
- 总统选举
- 重要的政府首脑会议
- 主要央行会议
- 货币体制的潜在变化
- 大国潜在的债务违约
- 地缘政治动荡有可能引发战争
- 美联储主席半年一次在国会陈述经济状况

突出这些事件的重要性的最好方法是通过举例来说明。

## 2003年9月在迪拜召开的G-7会议

七大工业国是由美国、英国、日本、加拿大、意大利、德国和法国组成。这些国家加起来，占了世界经济总产量的2/3。不过不是所有的G-7会议都很重要，只有在市场预期将要发生重大变化时，G-7财政部长会议才会受到关注。2003年9月22日召开的G-7财政部长会议，对市场来说就是个重要的转折点。美元在这次会议之后出现暴跌，因为在会议上，G-7财政部长表示希望看到“汇率有更大的灵活性”。尽管这个措辞很温和，但是被市场解读为政策将有重大转变。上一次出现如此程度的变化还要追溯到2000年。

在2000年，市场特别关注即将召开的G-7会议，因为在会议前一天，欧元/美元遭到了强大的干预。2003年9月的那次会议也同样重要，因为美国贸易赤字激增，已成为一个大问题。欧元/美元承受着美元贬值的压力，而日本和中国正在积极地干预他们的货币。于是，市场普遍预期G-7财政部长会发表一个声明，严厉批评日本和中国的干预政策。在会议召开之前，美元已经开始下跌，如图10.9所示。在发表声明时，欧元/美元上涨150点。虽然开始的波动不是非常剧烈，但是从2003年9月到2004年2月（下一次G-7会议），以贸易加权为基础的美元下跌8%，对英镑下跌9%，对欧元下跌11%，对日元下跌9%，对加拿大下跌1.5%。让我们来看看这些数据，11%的跌幅相当于跌了差不多1000点。因此，由于事件本身可以改变市场的总体情绪，所以长期影响将远远大于即时的影响。图10.8是欧元/美元的周线图，显示了该货币对在2003年9月22日G-7会议之后的表现。

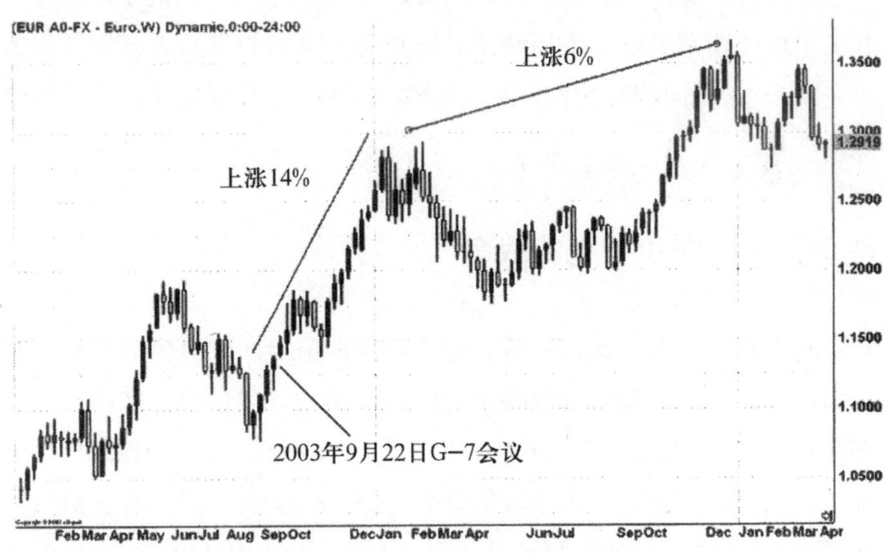


图10.8 欧元/美元在G-7会议后的走势图（资料来源：www.eSignal.com）

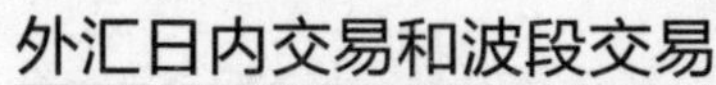


## 大国政治上的不确定性：2004年美国总统选举

另一个影响外汇市场的重大事件，是2004年的美国总体选举。一般情况下，政治不稳定会引起货币疲软的预期。2004年11月，总统选举辩论激烈，候选人对增长的预算赤字态度不一，导致美元整体疲软。加上由于美国政府决心推翻萨达姆·侯赛因，导致时任总统乔治·W·布什缺乏国际支持，市场情绪进一步恶化。因此，在选举之前三周，欧元对美元上涨600点。可以从图10.9看到这一走势。当布什获胜变得越来越明朗，并在后来得到确认后，由于市场预测美国政府会维持立场不变，因此美元对其他主要货币均出现下跌。选举后的第二天，欧元/美元上涨了200点，之后6周内又继续上涨了700点，创出了新高。整个上涨过程持续了2个月，这对很多人来说似乎是一段漫长得没有止境的时间，但是这个宏观事件确实重塑了市场。那些顺势而为的人，一定从中获得了巨额利润。这类事件对短线交易者来说，也是非常重要的事件，因为在美国总统选举之前，市场整体看跌美元。审慎的交易应该是寻找机会在欧元/美元回调时买入，而不是试图在所谓的反弹时卖出或捕捉顶点。

## 战争：美国在伊拉克的战争

地缘政治风险，比如战争，也会对外汇市场产生显著的影响。图10.10显示，在2002年12月到2003年2月，美国入侵伊拉克之前几月，美元对瑞郎（美元/瑞郎）下跌了9%。美元被抛售，是因为国际社会极度不喜欢战争。瑞郎由于国家的政治中立和安全避难所的地位，成为了最受益的货币之一。在2月到3月之间，市场开始认为这场不可避免的战争，将以美国快速取得决定性胜利而结束，所以市场对于战争的态度开始变得轻松。最终，由于投资者了结美元空头头寸，美元/瑞郎反弹了3%。

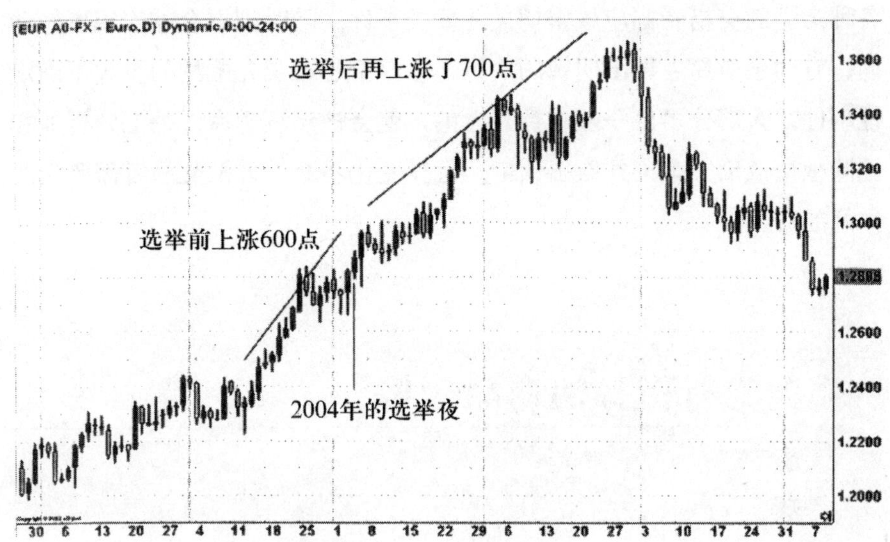


图10.9 美国选举对欧元/美元的影响（资料来源：www.eSignal.com）

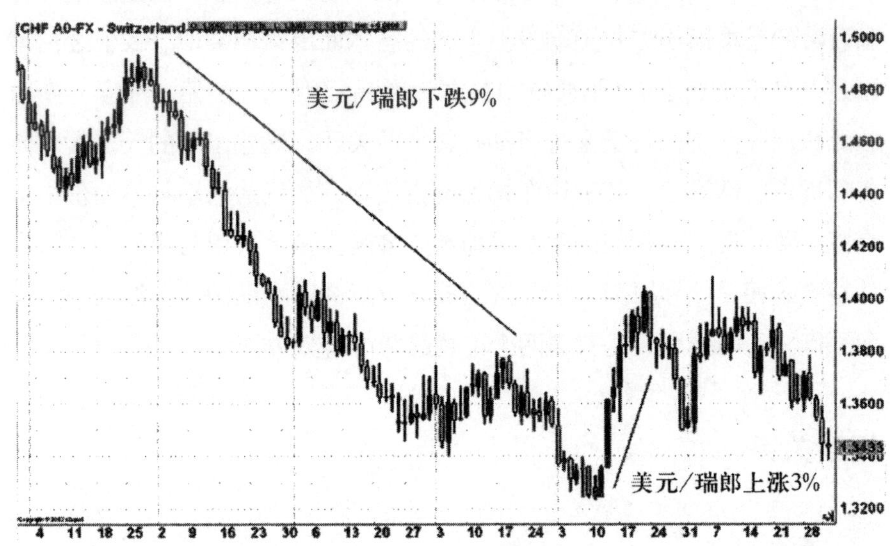


图10.10 战争对美元/瑞郎的影响（资料来源：www.eSignal.com）

这些事件里头的每一件都会导致外汇市场出现大规模波动，所以各种类型的交易者都应该密切关注此类事件。随时把握全球宏观事件动向，有助于交易者做出明智的决策，不至于忽略正在酝酿的重大不确定性事件。大部分事件一般在数月之前，就会被经济学家、外汇分析师和国际社会谈论、争论并做出预期。世界变化不断，外汇交易者需要为此做好准备。

## 作为先行指标的商品价格

商品，也就是黄金和石油，它们与外汇市场具有重大的联系。理解两者之间的关系本质，将有助于交易者评估风险，预测价格变化，并了解风险暴露程度。虽然商品看起来与外汇市场没有关系，但是影响黄金和石油的基本面因素与影响外汇市场的基本面因素相类似。我们之前讨论过，外汇市场有4个主要货币被视为商品货币——澳元、加元、新西兰元和瑞郎。它们与黄金价格都有紧密的关联。这些国家的天然黄金储备和货币制度导致了几乎镜像式的价格波动。加元的波动与石油价格也有些一致。但是，它们的联系更加复杂多变。每个货币与商品价格都有其特定的相关性和原因。了解这些波动背后的基本面因素、波动的方向和平行波动的强度，是找到两个市场趋势的有效方法。

### 相互关系

#### 黄金

在分析黄金和商品货币的关系之前，首先应该知道黄金和美元的关系。虽然美国是世界第二大黄金生产国（仅次于南非），但是黄金价格上涨不会导致美元升值。相反的是，如果美元贬值，黄金价格往往会上涨，反之亦然。这种不合理的现象是投资者对黄金看法的副产品。在地缘政治动荡时，投资者通常会避开美元，转投向作为投资安全避所的黄金。事实上，很多交易者都称黄金为“反美元”。因此，如果美元贬值，谨慎的投资者会纷纷避开下跌的美元而转向稳定的商品，黄金将因此上涨。澳元/美元、新西兰元/美元和美元/瑞郎这几个货币对与黄金的波动几乎是镜像式的关系，因为这些货币对与该金属有着自然资源和政治上的重要联系。

现在让我们从南太平洋开始介绍。澳元/美元这个货币对与黄金有着非常强的正相关性（0.80），如图10.11所示。因此，每当黄金价格上涨，澳元/美元通常也会上涨。出现这种关系的原因是澳大利亚是世界第三大黄金生产国，每年出口贵金属价值约50亿。因此，该货币对加倍放大了黄金价格的影响。如果不稳定局势导致黄金价格上涨，那么这很可能是美元已经开始下跌的信号。如果黄金进口国需要更多的澳元来支付更高的成本，那么该货币对将会被推得更高。新西兰元/美元通常与澳元/美元的波动一致，因为新西兰的经济与澳大利亚的经济联系紧密，它与黄金的相关系数大约是0.80（见图10.12）。而加元/美元与黄金的相关性更强，达到了0.84，其中很大部分原因与澳元与黄金的关系相似。加拿大是世界第五大黄金出口国。

在欧洲，瑞士的货币也与黄金有着非常强的相关性。但是，瑞郎/美元与黄金高达0.88相关性的原因，却与新西兰元、澳元和加元不同。瑞士不像这三个国家有丰富的黄金矿藏，因而也不是著名的黄金出口国。但是，瑞郎是少数仍然坚持黄金本位的主要货币之一。瑞士银行发行的纸币中25%以黄金储备为后盾。由于有了这个稳固的货币基础，我们就不难理解瑞郎为何被视为动荡时期的安全避难所。在地缘政治不确定性增加的时期，瑞郎通常会上涨。美国在伊拉克的战争就是一个例子。很多投资者取出他们的美元，重仓投到黄金和瑞郎中。

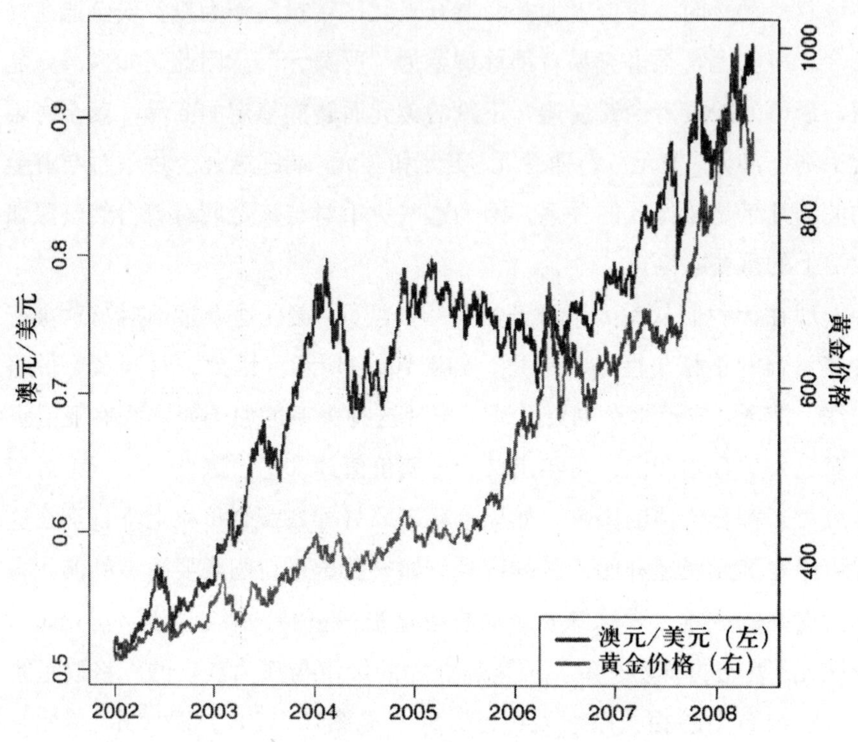


图10.11 2002年–2008年澳元/美元与黄金价格

因此，如果注意到黄金（或其他金属，如铜和镍）价格趋势是上升，那么交易者一个明智的做法是做多四个商品货币中的任何一个。选择做多澳元/美元，而不是黄金的一个有趣原因是，做多澳元/美元不仅可以达到与买入黄金相同的目的，还可以赚取息差。黄金通常也是一个反映金属市场整体状况的可靠指标。

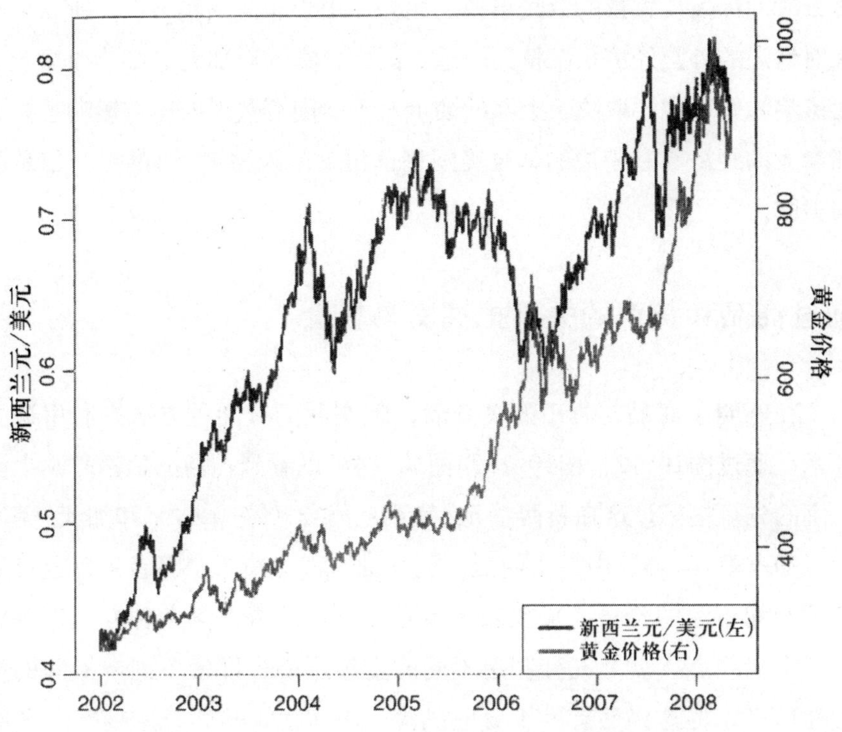


图10.12 2002年–2008年新西兰元/美元与黄金价格

## 石油

石油价格对世界的经济有着重大的影响，它同时影响着消费者和生产者。因此，石油和汇价之间的相关性，比黄金与汇价的相关性更复杂更不稳定。事实上，四个商品货币中只有一个（加元）与油价有一定联系。

美元/加元与油价有–0.4的相关性。这个非常弱的相关性意味着，油价上涨只会在某些时候导致加元上涨。不过在整个2004年下半年和2005年上半年，这个相关性开始变强。虽然加拿大的石油产量只排世界第十四位，但是石油对其经济的影响要广泛得多。金价对其他领域没有影响，但油价却影响到了方方面面。加拿大由于其气候寒冷，一年里大

部分时间都需要大量的取暖用油。此外，由于非常依赖出口，所以加拿大对低迷的外国经济状况特别敏感。因此，石油对加元的影响很复杂。而影响如何，主要取决于上涨的油价对于美国消费者的需求影响怎样。加拿大的经济与它南边的邻居美国息息相关，因为它85%的出口都是面向美国。

## 通过商品和货币的关系把握交易机会

在阐明了商品与货币的关系后，现在我们有两种方法来利用这个关系。通过图10.12、图10.13和图10.14可以看到，商品价格基本上是汇率的先行指标。这在新西兰元/美元与黄金（图10.12）和加元/美元与石油（图10.13）中最为明显。同样的，商品货币交易者可以通过监测黄金和石油的价格，来预测货币对的价格走势。第二种方法还是原来那个老观点，就是充分利用不同的金融产品，即便不同产品间的相关性较高，但这仍然有助于分散风险。事实上，货币比起商品，还有一个关键的优势，就是可以赚取两个国家的利息差额，而黄金和石油期货就不能。

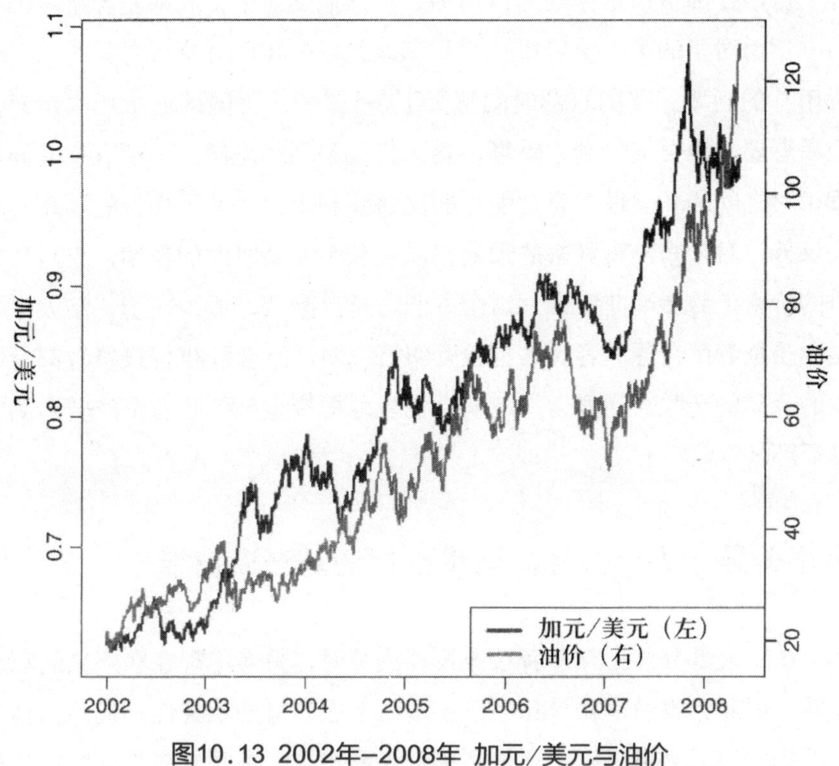


图10.13 2002年–2008年 加元/美元与油价

## 债券价差（息差）作为外汇先行指标

任何一个交易者都能证明，利率是投资决策的必要组成部分。它能驱使市场进入任何一个方向。联邦市场公开委员会的利率决议，是第二个最能影响外汇市场波动的数据，第一个是失业数据。利率发生改变，不仅产生短期影响，也会对外汇市场产生长期的影响。一个中央银行的利率决议在相互关联的外汇市场上，将不止影响一个货币对。伦敦银行同业拆借利率（LIBOR）和10年期债券收益等固定收益工具的收益差异，可以作为货币走势的先行指标。在外汇交易中，利率差异是基准货币（货币对里的第一个货币）的利率减去标价货币（货币对里的第二个货币）的利率。美国东部时间每天下午5：00，美国外汇市场收市时，交易者要么需要支付利率差额，要么将收到利率差额。了解利率差异和货币对之间的相关性，将会使你的交易获利丰厚。除了央行的隔夜利率决议外，对未来隔夜利率的预期，以及利率调整时间的预期，也对货币对的价格走势影响非常大。这个方法之所以有效，原因在于，绝大多数国际投资者都是逐利者。大型投资银行、对冲基金和机构投资者都有敏锐的全球资产收益洞察力，他们会积极地把资金从低收益资产转向高收益资产。

## 利率差异：先行指标，同步指标还是滞后指标

由于大部分外汇交易者在做投资决策时，只考虑现在和将来的利率差异，因此，收益率差异和汇率在理论上应该有些相关性。但是，到底是汇率预测了利率决议，还是利率决议影响了汇率呢？先行指标就是预测未来情况的经济指标，同步指标是与经济事件一起变化的经济指标，而滞后指标是随着经济事件变化而变化的经济指标。例如，如果利率差异可以预测未来的汇率，那么利率差异就是所说的汇率先行指标。利率差异到底是汇率的先行、同步还是滞后指标，要取决于交易者对现在和未来的利率的关心程度。假设在一个高效的市场中，如果交易者只关心现在的利率，不关心未来的利率，就应该认为它们是同步关系；如果交易者同时关心现在和未来的利率，就可以认为利率差异是未来汇率的先行指标。

这里有一个经验法则，就是当收益率差价增加，对某个货币有利时，该货币通常会对其他货币升值。例如，如果现在澳大利亚10年期政府债券收益率是5.50%，美国10年期政府债券收益是2.00%，那么它们之间350个基点的收益率差价就对澳大利亚有利。如果澳大利亚提高利

率25个基点，其10期政府债券的收益率就会上升到5.75%，那么此时新的收益率差价就是375点，将更加利好于澳大利亚。根据历史经验，在这种情形下，澳元兑美元将会上涨。

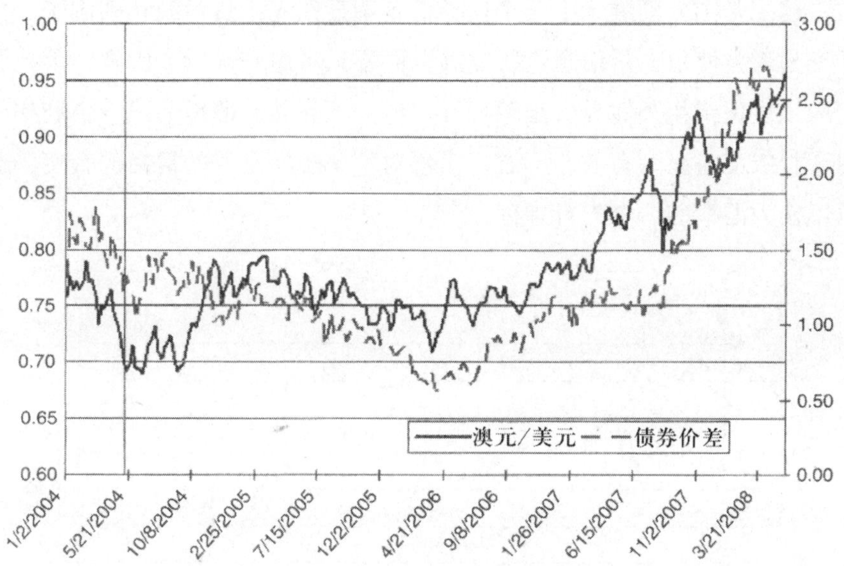


图10.14 澳元/美元与债券价差

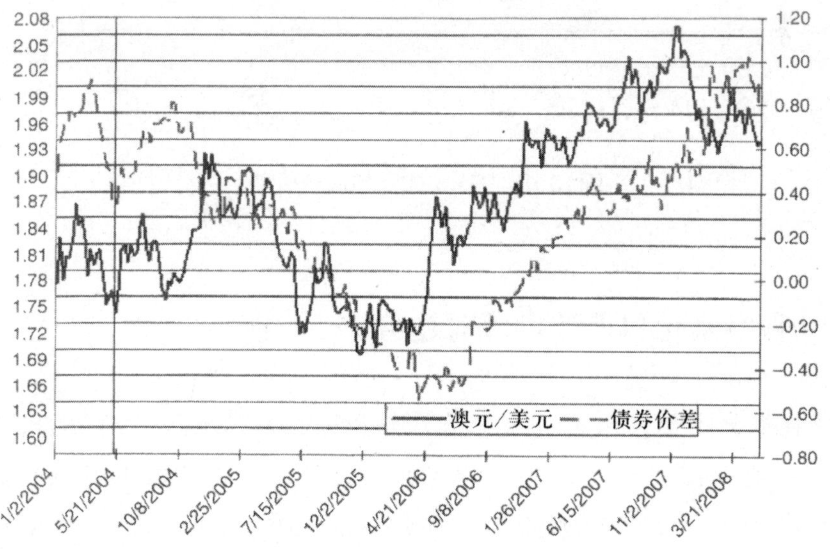


图10.15 英镑/美元与债券价差

在对2002年1月到2005年1月底这3年的数据进行研究后，我们发现利率差异通常是汇率的先行指标。图10.14、图10.15和图10.16就形象地显示了这一发现。

这三张图分别展示了三个债券价差明显领先于货币波动的例子。由于交易者会使用大量信息进行交易，而不只考虑利率一个因素，因此我们应该认识到相关性分析虽然很好，但并不完美。通常情况下，利率运用于长线交易更为有效。不过，市场对利率短期走势的情绪的转变，也可以作为汇率的一个先行指标。

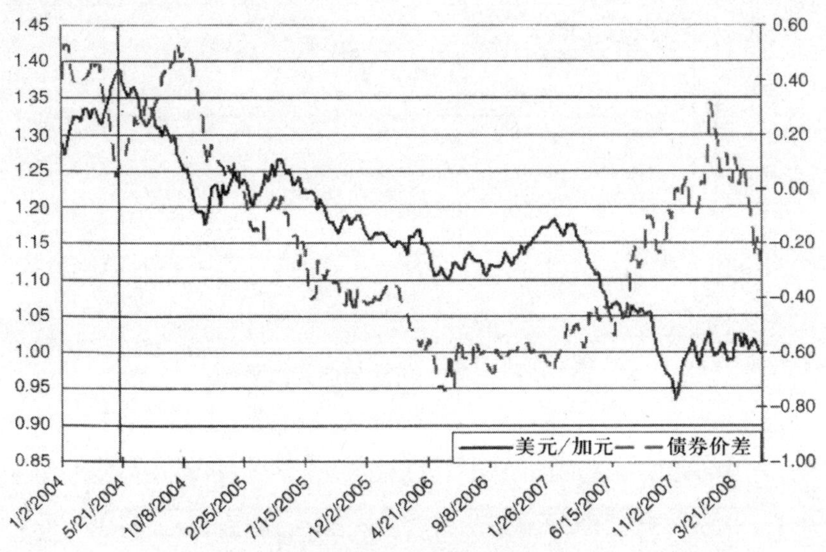

图10.16 美元/加元与债券价差

## 计算利率差异和追踪货币对趋势

在交易中使用利率的最好方法是用EXCEL记录一个月的伦敦银行同业拆借利率或者10年期债券的收益率。这些数据可以在如Bloomberg.com的网站上找到。利率差异是由货币对中的第一个货币的收益率减去第二个货币的收益率计算得出。一定要保证按照货币对的排列顺序来计算利率差异。比如，英镑/美元的利率差异应该是用英国的10年期金边债券收益率减去美国的10年期国库券收益率。而欧元可以采用德国的10年期债券。计算得出的数据可以做成类似表10.2那样的表格。

表10.2　债券的价差

| | 日期 | | | | |
|---|---|---|---|---|---|
| | 2004.1.1 | 2005.1.1 | 2006.1.1 | 2007.1.1 | 2008.1.1 |
| 美国10年期债券收益率 | 4.38 | 4.27 | 4.39 | 4.70 | 3.86 |
| 英镑/美元 | 1.7705 | 1.9234 | 1.7706 | 1.9262 | 1.9708 |
| 英国10年期债券收益率 | 4.86 | 4.54 | 4.10 | 4.80 | 4.74 |
| 英国–美国的收益率差异 | –0.48 | –0.27 | 0.29 | –0.10 | –0.89 |
| 美元/日元 | 107.41 | 102.52 | 114.38 | 118.6 | 105.37 |
| 日本10年期债券收益率 | 1.37 | 1.41 | 1.48 | 1.69 | 1.65 |
| 美国–日本的收益率差异 | 3.01 | 2.86 | 2.91 | 3.02 | 2.21 |

在收集了足够多的数据之后，你就可以绘制货币对汇价和收益率的图表，图表有两条坐标轴，从中可以观察是否存在某种相关性或趋势。图10.14、图10.15和图10.16的X轴是日期，两条Y轴分别是汇率和利率差异。为了能在交易中充分利用这些数据，你应该密切关注你交易的货币对利率差异的走势。

## 基本面交易策略：风险逆转

风险逆转是一个有用的基本面工具，可以加入你的交易指标组合中。外汇交易的一个缺点是，缺乏成交量数据和评估市场情绪的准确指标。目前能得到的关于头寸的唯一报告是商品期货交易委员会（Commodity Futures Trading Commission）公布的《交易者持仓报告》（Commitments of Traders），而且还是延迟三天发布。有一个可供选择的不错办法是使用风险逆转指标。在FXCM交易平台的期权下面的新闻插件，会提供风险逆转的即时数据。我们在前面第8章中介绍过，风险逆转由同一个货币的一对期权（买入期权和卖出期权）组成。根据买入期权/卖出期权的平价关系，具有相同到期日和协议价格的远期价外期权（Delta为25），也会有相同的隐含波动率。但是，在现实中并不是这样，波动率中包含了市场情绪，这使得风险逆转成为一个评估市场情绪的不错工具。一个强烈偏向买入期权的数字，表明市场对买入期权的需求大于对卖出期权的需求。相反，如果数字强烈偏向卖出期权，就表示由于需求更大，卖出期权的建立要多于买入期权。如果风险逆转接近零，就表示市场在买入和卖出间犹豫不决，没有强烈的偏向。

## 风险逆转表

我们已经在第8章列出了一张风险逆转表（表8.13），不过在这里我还想再说一下，以确保大家都能很好地理解这个内容。表中列出了每个货币期权的简称。从表中可以看到，大部分风险逆转都接近于零，这就表示市场没有强烈的偏向。但是，对于美元/日元而言，更长期的风险逆转指出市场强烈偏向日元买入期权和美元的卖出期权。

## 如何使用这个信息？

为了便于绘制和观察，我们在图10.18中分别使用正、负数来表示买入和卖出期权溢价。图中的正数表示买入期权多于卖出期权，此时的市场集体预期基础货币的趋势向上。相反，负数表示卖出期权多于买入期权，此时市场集体预期基础货币的趋势向下。如果能够很好地使用，风险逆转会是一个判断市场头寸情况的非常有用的工具。虽然风险逆转提供的信号不是特别正确，但它们仍然能指示市场将在何时上涨或下跌。

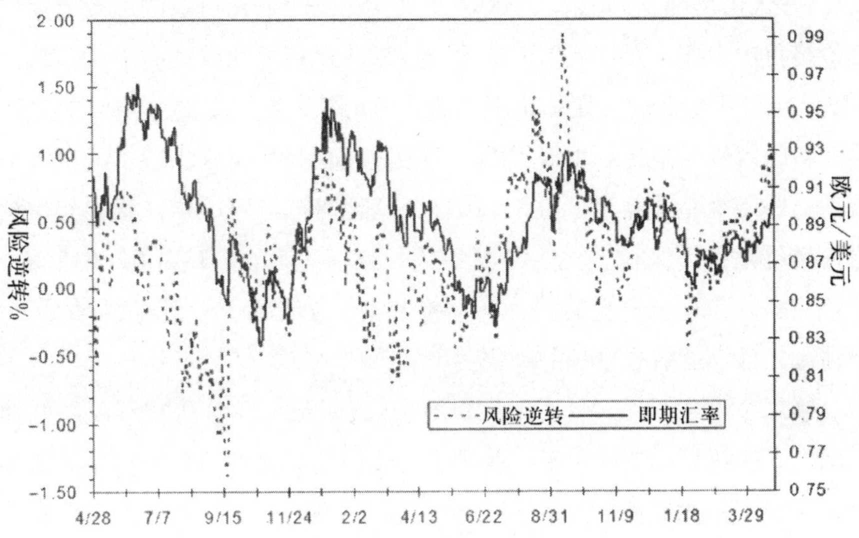


图10.17 欧元/美元与风险逆转图

当数字属于极端水平时，风险逆转就变得非常重要。我们通过一个标准偏差加上或减去平均风险逆转来确定极端水平。当风险逆转处于这种水平时，就发出了反转信号，基于市场情绪指示出货币对处于超买或超卖状态。这个指标被当作反转信号，是因为当市场集体买某个货币上涨时，该货币不但很难上涨，而且更容易因为负面新闻或事件而下跌。因此，一个极端的负数意味着市场处于超卖状态，反之，极端的正数则意味着市场正处于超买。虽然风险逆转发出的买入或卖出信号不太准确，但它们也能在做交易决策时提供一些额外信息。

## 举例说明

我们的第一个例子是欧元/美元，见图10.17。从图中可以看到，

25-delta的风险逆转是欧元/美元走势的一个先行指标。当风险逆转在9月30日降到-1.39时，发出了市场强烈偏向下跌的信号。后来，欧元/美元在9天内反弹了300点，证明了它确实是一个非常可靠的反转指标。当价格再次上涨，而接近0.67的风险逆转表示趋势将继续向上时，欧元/美元却跌到更低的位置，证明欧元/美元多头是错误的。虽然很多风险逆转的信号只是指示小规模的反向波动，但是接下来出现了一次大幅波动，时间是在一年后。在8月16日，风险逆转达到1.43，意味着市场看涨情绪达到了高位，之后三星期内，欧元/美元却下跌了260点。一个月后，风险逆转再次达到1.90，接着我们就看到了欧元/美元的另一个顶部，顶部过后是更深的跌幅。

第二个例子是英镑/美元。如图10.18所示，风险逆转可以很好地识别极端的超买和超卖水平。为了进一步说明风险逆转是如何指示市场反转时间的，我们把买入和卖出水平加进英镑/美元图中。由于没有价格和成交量数据来帮助我们判断市场方向，因此在评估市场整体情绪时，风险逆转就显得特别有用。

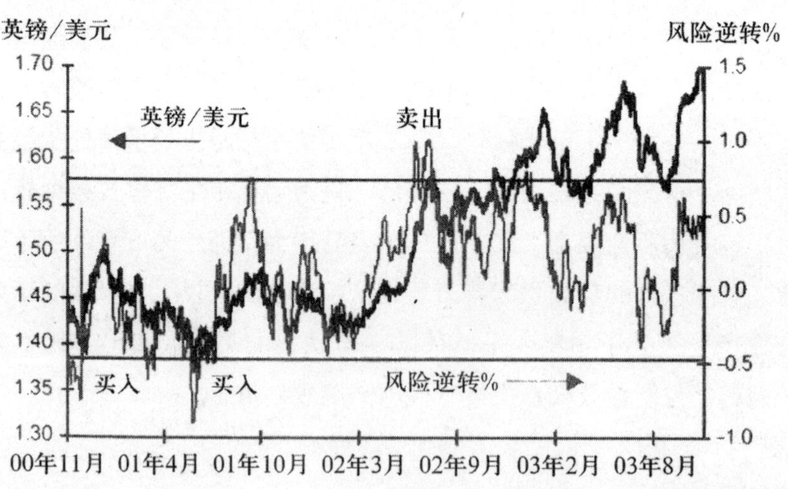


图10.18 英镑/美元风险逆转图

# 运用期权波动率预测市场波动

我们曾在第8章简单介绍过运用期权波动率来预测市场波动的情况。由于这是一个非常有用的交易策略，且非常受专业对冲基金的欢迎，所以我们当然要详细地介绍一下。隐含波动率可以定义为，一种根据过去的价格波动，来测量某个货币对在一段时间内的预期波动的方法。它通常是通过每日价格变化的历史年度标准差计算得出。预估价有助于确定隐含波动率，而隐含波动率可用来计算期权价格。虽然这个听起来很复杂，但它的运用过程却比较简单。期权波动率基本是根据历史波动数据，来衡量一个货币在一段时间内的价格变化比率和幅度。因此，如果欧元/美元的日平均波幅从100点收缩到60点，并维持两个星期，那么比起相同时期的长期波动率，短期波动率出现明显收缩的可能性很高。

## 规则

作为一个指导，这里有两个简单的规则需要遵守。第一个是，如果短期期权波动率显著低于长期波动率，就可以做出将发生突破的预期，只是突破的方向还不确定。第二个，如果短期期权波动率显著高于长期波动率，就可以预期价格会反转回区间交易。

### 这些规则为何有效?

在区间震荡时期，隐含期权波动率不是处于低点就是处于向低点前进的途中。这些规则告诉我们，在区间震荡时期，波动通常很小。我们最关心的是当期权波动率急剧下降时，将预示着真正的突破正在进行。当短期波动率大于长期波动率时，就表示近期的价格波动比长期平均的价格波动更剧烈。这预示着区间最终将向平均水平收缩。根据对过去数据的观察，这种趋势最是明显。以下有一些例子，将介绍规则是如何准确预测趋势或突破的。

在分析这些图表前，需要注意的一点是，我们把一个月波动率当作我们的短期波动率，三个月波动率当作长期波动率。

在图10.19的澳元/加元波动率图中，大部分短期波动率非常接近长期波动率。但是，第一个箭头指示的地方就是短期波动率远远低于长期波动率的情况。正如我们规则所示，这种情况预示着该货币对将出现突破。后来确实出现了这一情形，澳元/加元最终向上突破，并形成了强劲的向上趋势。

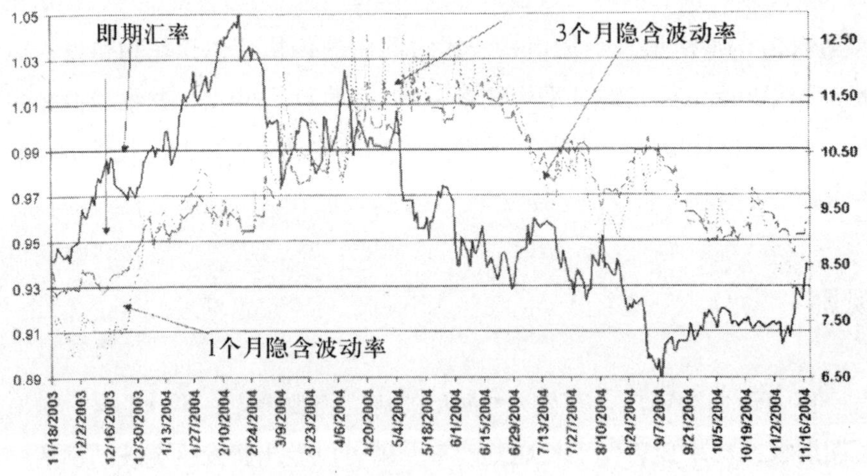


图10.19 澳元/加元的波动率图

相同的趋势还可以从图10.20的美元/日元波动率图中看到。最左边的箭头指示的地方，1个月隐含波动率远远高于3个月波动率。就如预期的那样，即期汇率继续在区间盘整。第二个向下的箭头指示的区域，短期波动率跌到长期波动率以下，导致突破出现，即期汇率上涨。

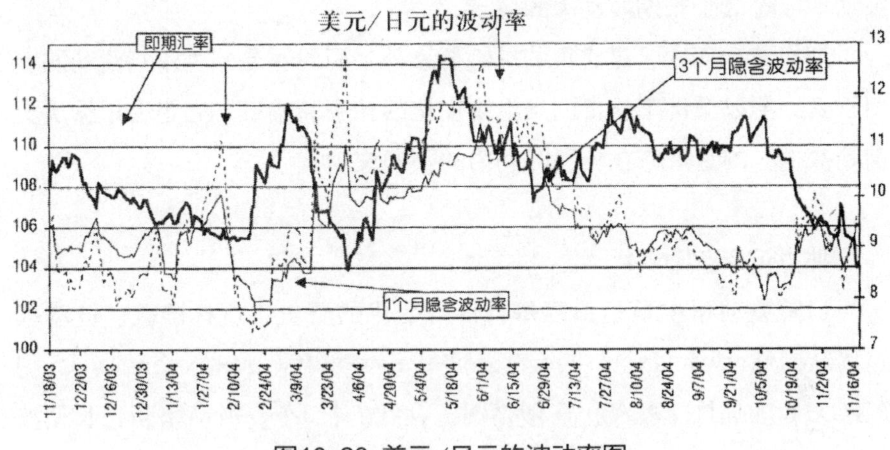


图10.20 美元/日元的波动率图

### 谁可以从这些规则中获利?

这个策略不仅对突破交易者有用，区间交易者也可以利用这个信息来预测潜在的突破。如果波动率收缩并显著下降或者已经变得非常低，那么价格继续进行区间盘整的可能性就降低了。在浏览到一个历史区间后，交易者应该通过察看波动率，来估计即期汇率继续留在区间盘整的可能性有多大。如果交易者决定在区间做多或做空时，只要他还持有该货币对的头寸，就应该继续监测波动率，以帮助判断平仓时间。如果短期波动率远远低于长期波动率，预期中的突破方向不利于交易者，交易者就应该考虑了结头寸。如果目前的价格远离止损点，接近止盈点，那么潜在的突破也可能有利于交易者。在这个假设的情况下，把止盈点移到更远的价位，交易者会从潜在突破中获利更多。但如果现在的价格更接近止损点，那么潜在的突破将对交易者不利，交易者此时应该立即了结头寸。

突破交易者可以通过观察波动率来证实一个突破，如果交易者对某个突破不确定，他可以通过隐含波动率来证实。如果隐含波动率恒定不变或上升，那么货币继续在区间内交易的几率将高于隐含波动率处于低点或下跌时。换句话说，突破交易者在进行突破交易前，应该寻找短期波动率显著低于长期波动率的情形。

期权波动率除了是定价的关键要素外，同时也是预测市场活动的有用工具。期权波动率测量的是汇率变化的比率和幅度。它也会根据历史波动数据，测量汇率在一段时间内的预期波动。

### 独立追踪波动率

追踪波动率主要是追踪每日价格变化的历史年度标准差。波动率可以从网站www.fxcm.com/forex-news-software-exchange.jsp的FXCM新闻插件上找到。一般情况下，我们把3个月波动率当作长期波动率，1个月波动率当作短期波动率。图10.21展示的是新闻插件中波动率的图表。

接下来的一步就是编制一张数据表，包括你关注的货币对的日期、汇率、1个月隐含波动率和3个月隐含波动率。要制作好这张表，最好是通过EXCEL之类的电子数据处理软件，它会使趋势的绘制更加容易。通过计算，寻找1个月和3个月波动率差异最大的情形，或者计算1个月波动率与3个月波动率的百分比，也是非常有益的。

一旦编制了足够的数据，就可以把数据绘制成更便于观察的图表。图表可以使用两条Y轴，汇率数据标注在其中一根轴上，短期波动率和长期波动率标注在另外一根轴上。如果愿意，也可以把短期和长期波动率差异分别绘制在两张只有一条Y轴的图上。

外汇市场观察
外汇期权的隐含波动率

| | 欧元/美元 | 美元/日元 | 英镑/美元 | 美元/瑞郎 | 澳元/美元 |
|---|---|---|---|---|---|
| 1 WK | 8.45 | 7.3 | 7.75 | 10.25 | 8.25 |
| 1 MO | 8.35 | 7.9 | 7.85 | 9.75 | 8.7 |
| 2 MO | 8.5 | 8.1 | 8.05 | 9.75 | 9.15 |
| 3 MO | 8.6 | 8.15 | 8.2 | 9.85 | 9.35 |
| 6 MO | 8.9 | 8.3 | 8.35 | 10.05 | 9.8 |
| 1 YR | 9.2 | 8.45 | 8.6 | 10.2 | 10.15 |
| | 欧元/瑞郎 | 欧元/日元 | 欧元/英镑 | 英镑/瑞郎 | 美元/加元 |
| 1 WK | 3.65 | 7.4 | 5.6 | 5.7 | 7.35 |
| 1 MO | 3.15 | 7.7 | 5.25 | 6.2 | 7.5 |
| 2 MO | 3.15 | 7.95 | 5.3 | 6.2 | 7.5 |
| 3 MO | 3.15 | 8.0 | 5.35 | 6.3 | 7.6 |
| 6 MO | 3.3 | 8.2 | 5.6 | 6.5 | 7.7 |
| 1 YR | 3.4 | 8.35 | 5.85 | 6.75 | 7.7 |

最后更新时间：2005年5月26日格林威治时间17:29

图10.21 IFR的波动率数据

## 基本面交易策略：干预

中央银行对外汇市场的干预，是最能撼动市场短期和长期波动的基本面因素之一。对于短期交易者，央行的干预可以导致剧烈的日内波动，几分钟内波幅就可达150到250点。对于长期交易者，干预则标志着趋势将发生重大转变，因为它表示央行会转变或巩固原来的立场，这就向市场传达了它正在背后支持其货币往某个方向移动的信号。干预基本有两种手段，即消毒干预和不消毒干预。消毒干预需要通过买入或卖出政府债券来抵消干预的影响，而不消毒干预则不需要改变货币基数来抵消干预的影响。很多人都认为不消毒干预对货币的影响比消毒干预更持久。

让我们看看下面一些例子。很显然，央行的干预需要重视，因为它会对货币对的价格波动产生重大影响。虽然干预发生的具体时间总是让人意外——常常是在市场开始讨论干预的必要性之后几天或几周。干预的方向通常事前就会为市场所知，因为央行在进行干预前，通常会在新闻专线上抱怨其货币太过坚挺或疲软。这些信息都是一种预兆，给了交易者参与其中并获得潜在巨额收益的机会，当然，交易者也可以选择离场观望。交易者唯一需要注意的是，干预导致的汇率急剧上涨或下跌，可能很快被进场的投机者的反向操作扭转。这一情形可以在下面的经典案例中看到。市场是否会进行与央行干预方向相反的操作，要取决于央行干预的频率、干预的成功率、干预的力度、干预的时间以及基本面是否支持干预等。总体说来，新兴市场对外汇进行干预比七大工业国更普遍。因为像泰国、马来西亚和韩国这样的国家，需要防止其货币过度升值。过度升值会阻碍经济复苏并降低其出口产品的竞争力。G-7国家很少干预外汇市场，不过一旦进行干预，影响会非常显著。

## 日本

在过去几年，G-7市场出现干预的最大元凶是日本央行。在2003年，日本政府花费创纪录的20.1万亿日元来对外汇进行干预。之前的纪录是1999年的7.64万亿日元。仅在2003年12月（11月27日到12月26日）一个月，日本政府就抛售了2.25万亿日元。当年用于干预的金额达到了国家贸易盈余的84%。作为一个出口型经济，过度坚挺的日元会严重影响日本国内的生产商。日本央行在过去几年干预的频率和力度，使得市场无法看到美元/日元的底部。虽然这个底部在2002年到2005年间，逐渐从115降到100，但市场仍然深深惧怕日本央行和财政部那只看不见的手再次出现。这个恐惧是应该的，因为日本央行的干预，会轻易把日平均100点的波幅扩大到3倍。此外，在干预真正进行时，美元/日元会在几分钟内轻易暴涨100点。

第一个例子见图10.22。在2003年5月19日，日本政府进入市场买入美元，并卖出1.04万亿日元（约为90亿美元）。这次干预发生在美国东部时间早上7:00。在干预前，美元/日元正处于115.20的价位。当早上7:00干预开始后，价格在一分钟内上跳了30点。到7:30前，美元/日元整整上涨了100点。到当天下午2:30时，美元/日元又上涨了220点。干预通常会导致100点到200点的波动。与干预者站到一边，即使行情最后出现反转，仍然可以获利丰厚（虽然也有风险）。

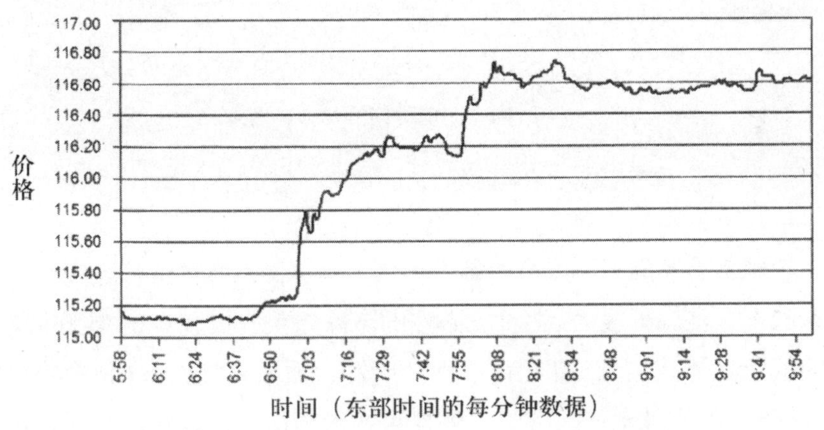


图10.22 2003年5月19日的美元/日元价格走势

第二个美元/日元的例子见图10.23。图中显示了即使价格在后来出现反转，交易者仍然可以站到干预者那一边并获利。在2004年1月9日，日本政府进入市场买入美元、卖出1.664万亿日元（约为150亿美元）。在干预前，美元/日元正处于106.60附近。当日本央行在美国东部时间凌晨12:00进入市场时，价格立即上跳了35点。3分钟后，美元/日元上涨100点。5分钟后，美元/日元高于干预前的价格150点。半小时后，美元/日元仍然高于凌晨12:22时的价格100点。虽然价格最终回到106.60，但是那些紧密关注市场，紧随干预的方向操作的交易者仍然有所获益。

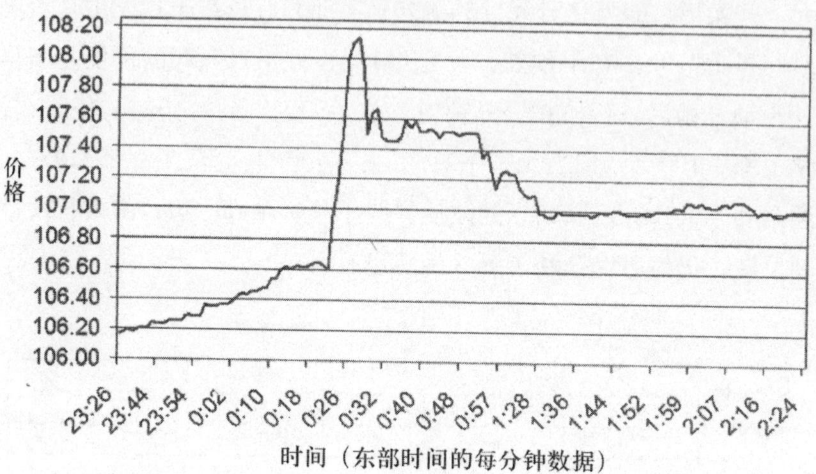


图10.23 2004年1月9日的美元/日元价格走势

关键是不要贪婪，因为如果市场认为基本面确实支持日元强势，而日本政府只是想减缓美元/日元必然的下跌趋势，或者只是在打一场无谓的战争，那么美元/日元将会强劲反转。如果只赚固定100点的利润（或150–200点波动），或者比如使用非常短期的15到20点的日内移动止损，将有助于锁定利润。

日本干预外汇的最后一个例子见图10.24。在2003年11月19日，日本央行买入美元、卖出9480亿日元（约为80亿美元）。在干预之前，美元/日元正处于107.90附近的价位，并曾跌到跌到107.65。当日本央行在美国东部时间早上4:45进入市场后，1分钟内，美元/日元上跳了40点。10分钟后，该货币对已涨到108.65，涨幅达100点。20分钟后，已高于干预前的价位150点。

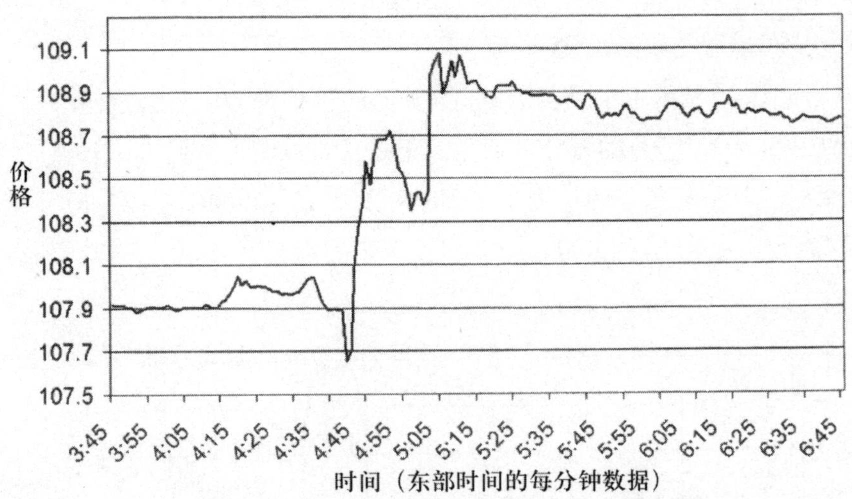


图10.24 2003年11月19日的美元/日元价格走势

## 欧元区

近年来，日本已经不是唯一干预过外汇的主要国家。在2000年的时候，欧洲央行也曾进入外汇市场买入欧元，因为当时欧元兑美元从0.90跌到0.84。在1999年1月，欧元诞生时，欧元兑美元的汇率是1.17。由于欧元快速下滑，欧洲央行说服了美国、日本、英国和加拿大，第一次联合对欧元进行了干预。欧元区不仅担心市场对其新货币缺乏信心，还担心欧元下跌会增加欧元区进口石油的成本。因为当时的能源价格创了10年新高，而欧洲严重依赖石油进口，因此欧元必须坚挺。美国同意进行干预，是因为买入欧元卖出美元有助于提高欧洲进口，弥补其不断扩大的贸易赤字。日本加入干预，是因为担心走软的欧元会对日本自身的出口造成威胁。虽然欧洲央行没有公布干预的具体力度，但是美联储报道称已为欧洲央行买入15亿欧元。虽然实际干预出乎市场意料，但是欧洲央行和欧盟的官员之前曾多次口头上支持欧元，他们已经向市场发出预报。对交易来说，对央行干预的预期给了交易者买入欧元的机会，或者至少可以避免做空欧元/美元。

图10.25显示了干预当天欧元/美元的价格走势。较为遗憾的是，无法找到2000年9月的每分钟数据。但是从日线图上我们可以看到，欧洲央行在其贸易伙伴的协助下干预欧元的当天（2000年9月22日），欧元/美元的波幅超过了400点。

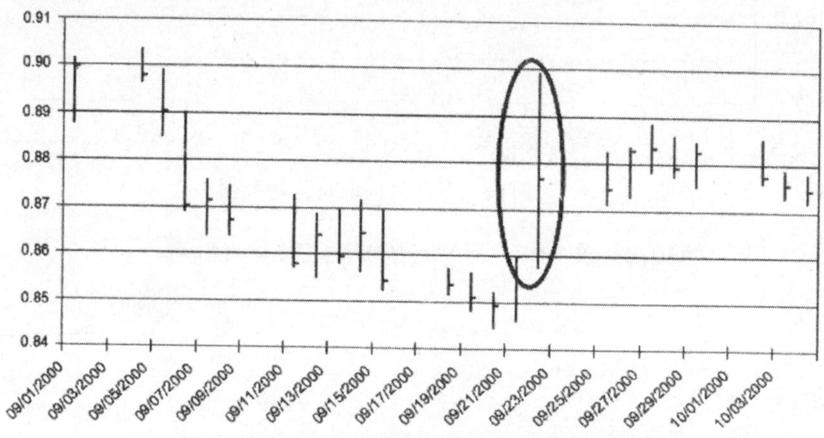


图10.25 2000年9月的欧元/美元

虽然央行的干预不会经常出现，但是参与干预交易仍然是一个非常重要的基本面交易策略，因为每次干预都会给价格带来实质性的波动。

对于交易者来说，央行的干预对交易有三个主要的含义：

1.利用央行的干预。把央行官员们一致的警告当作可能出现干预的信号——日本政府制造的日元看不见的底部，给了美元/日元的多头们捕捉短期底部的大量机会。

2.避免进行与官方干预方向相反的操作。我们中间有很多人通过逆向交易获得了成功，但是如果试图进行与干预方向相反的交易，虽然有时也能获利，但是必须承担很大的风险。央行一次干预就轻易可以引起汇率100到150点的波动（或者更多），触及大量止损单后，波动会加剧。

3.因为潜在的干预是一个风险，所以交易者应该运用止损单。因为外汇市场具有24小时全天候运作的特性，所以央行干预可以出现在一天中的任何时间。虽然入场订单被触及后，就应该立即设止损，但是当干预是个巨大的风险时，止损单的设置就显得更加重要了。

## 基于股票走势来交易外汇

在过去几年，股票市场与外汇市场的相关性越来越高。这个越来越紧密的相互关系，部分源于格林斯潘时代过度扩张的货币政策。当时的交易者和投资者把能买入的都买入，导致股票和套息交易成为风险评估工具，因为在交易者处于强烈风险偏好时，两者都会上涨，在交易者处于风险厌恶时，两者都将下跌。但是，基于股票走势来交易外汇，不是简单地在股票下跌时卖出美元/日元，或者在股票上涨时买入美元/日元，真实情况要复杂得多。

就像那个“先有鸡还是先有蛋”的问题一样，很难指出到底是哪个市场走在前头。我发现股票市场的波动常常会引发外汇市场波动，反过来也一样，外汇市场变化也能引起股票市场发生波动。

这里有三个主要的相关性构成了我们本节交易策略的基础。

### 日经指数和道·琼斯指数的相互关系

图10.26显示出日本股票指数（日经225指数）和道·琼斯工业平均指数间具有很强的相关性。自2000年以来，两个指数的价格形态几乎呈镜像式关系。再仔细观察这张图，你会发现日经指数的波动比道指的波动要剧烈很多（请注意，图中的两个指数并不是标准的）。更重要的是

要注意到，有时日经指数会先于道指上涨或下跌，有时道指会领先于日经指数波动。全球股票市场指数相互关联已经不是稀奇事，不是只有日本和美国的才有。

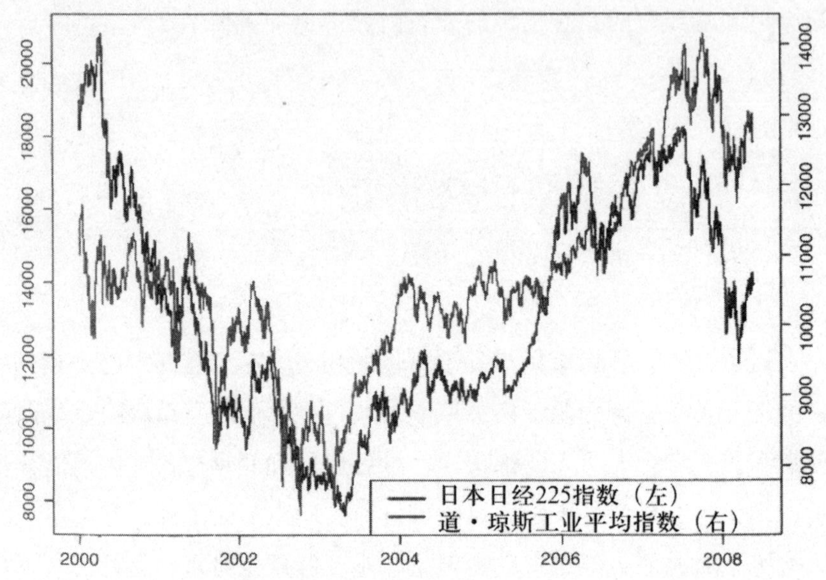


图10.26 2000年–2008年日经225指数vs.道・琼斯工业平均指数

## 日经指数和美元/日元的相互关系

图10.27显示了日经指数和美元/日元之间的关系。虽然它们的相关性不如图10.27所示的那么强，但是仍然非常显著。图中日经指数的坐标轴已被倒置（其实，并未倒置——译者注），这就表示当日经指数上涨时，美元/日元会下跌，反之亦然。如果日本股票市场一片繁荣，就表示日本经济状况良好，市场情绪比较乐观，因此，这对日元往往是利好因素。但是，如果日本股票市场开始陷入低迷，日本国内和国外的投资者就会担心，然后大量抛售日本股票和日元。

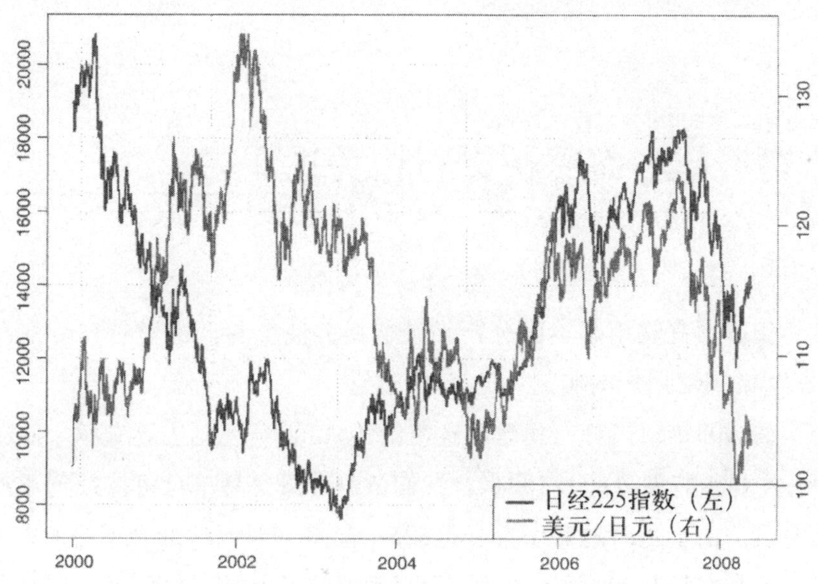


图10.27 2000年–2008年日经225指数vs.美元/日元

## 美元/日元与道指的相互关系

现在让我们来看看美元/日元与道指的关系。由于日经指数和道指的相互关系，与日经指数和美元/日元的相互关系差不多，所以我们自然就会假设道指和美元/日元也具有一定相关性。虽然事实情况确实是这样，但是我们可以看到，它们的相关性比起前两个要弱一些。所以，我们一定不能主要根据这个相关性来制定我们的交易决策。

记住这个后，现在就来介绍利用股票交易外汇的两种不同方法，这两种方法我都比较喜欢，它们同时综合了基本面分析和技术面分析。

## 利用基本面分析进行相关性交易

我非常喜欢用基本面分析来进行相关性交易。这里有一个推荐给BKTraderFX用户的实例（见表10.3）。

在2008年5月7日，我建议做空新西兰元/美元，主要有两个原因。第一个是道指暴跌超过200点，我们认为套息交易平仓将持续到亚洲交易时段。由于当时的利率差异是625个基点（新西兰的利率是8.25%，美国的利率是2.00%），新西兰元/美元成了市场上少数可以进行套息交易的货币对之一。但是，这不是我们进行此次交易的唯一原因。主要原因还是因为新西兰的就业报告即将发布，而我们预期该就业数据将会疲软。当时市场预期新西兰第一季度的就业数据将只下降0.1%，但是鉴于人力指数（Manpower Index）和采购经理人指数中的雇用部分大幅下降，我们因此认为该数据的下降幅度将远超市场预期。套息交易低迷加上新西兰数据疲软的可能性较高，给了我们在0.7812处做空新西兰元的信心。正如我们的交易过程表所示，我们最终赚到了107点。

表10.3 交易实例，BKForex Advisor(资料来源：BKTraderFX.com)

做空新西兰元/美元 05.07.08 +107
2008年5月7日

2008年5月7日下午3:36
做空新西兰元/美元（现价7812）
止损 7860
盈利目标1 7782
盈利目标2 7688
新西兰就业数据即将发布，我们认为这个数据会很疲软。该货币对全天都在下跌，我们打算在数据发布前进场，看我们是否可以从已经形成的下跌动量中获利。

2008年5月7日下午6:45
第一个盈利目标达到，获利30点。把剩余头寸的止损移到7812的盈亏平衡处。

2008年5月7日晚上7:00
行情继续下跌，我们把止损移到7792处，以锁定50点利润。

2008年5月7日晚上8:25
把止损移到7735，锁定107点的利润。

2008年5月7日 晚上8:32
交易平仓出场，获利107点。

图10.28显示了如何交易新西兰元/美元。由于道指暴跌，加上后来的新西兰就业数据难看，导致当天价格急剧下跌。

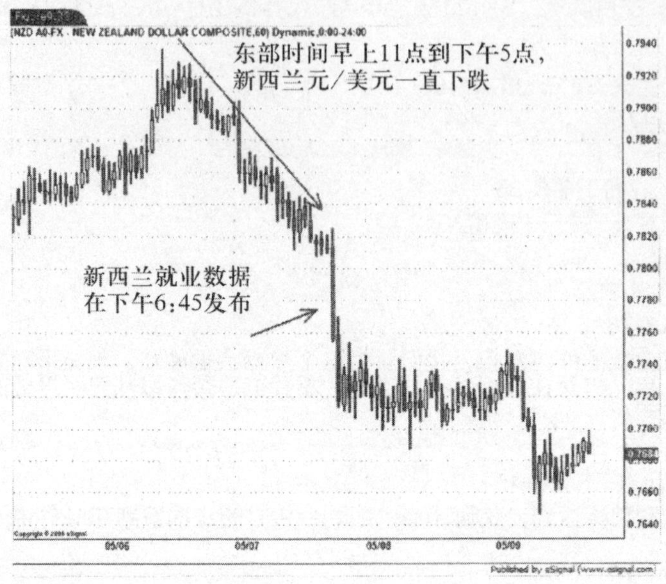


图10.28 新西兰元/美元的小时图（资料来源：www.eSignal.com）

## 利用技术面分析进行相关性交易

另一个进行相关性交易的方法是使用技术分析。这里有一个简单的例子。在2008年5月1日，道·琼斯工业平均指数强势开盘，开盘三小时就涨逾100点。有趣的是，美元/日元并没有跟着上涨。没有跟着上涨的一个原因可能是受到了100日简单移动平均线的强大阻力，如图10.29所示。鉴于股票市场表现很强劲，合理的策略应该是在突破移动平均线后再买入，因为我们预期在美国时段，股票市场会抬升美元/日元，这个上升趋势将一直持续到亚洲交易时段。入场点最好设在有可能发生突破的104.21以上。如图10.27所示，当市场开市后，道指如此强势的上涨会引发日经指数出现类似的上涨。在市场休市之前，道指又上涨了100点。即便美元/日元不会立即上涨，但在整个亚洲和欧洲交易时段，它也会静静地上爬。使用股票市场技术分析的关键在于站在趋势一边。

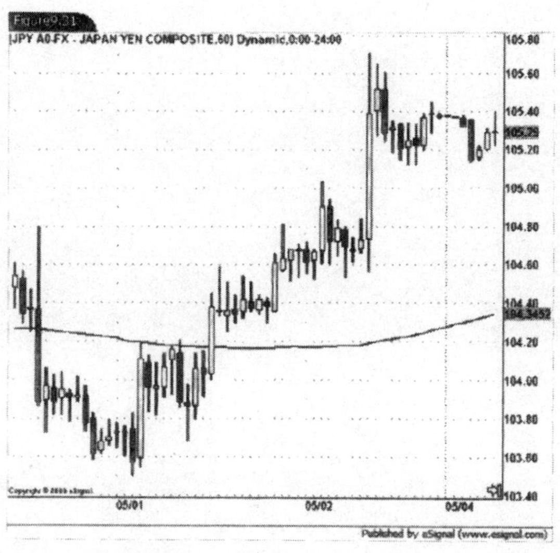


图10.29 美元/日元的小时图（资料来源：www.eSignal.com）

# 第十一章
# 如何像对冲基金经理一样交易

这一章节将真正介绍制定一个成功交易策略的具体步骤。我曾和很多基金经理共事过，也参与了很多管理型基金产品的募集和发起过程，我发现所有的基金经理都以类似的方式工作。他们的最终策略或许不同，但是制定这些策略的方式都很类似。他们之所以思路相同，是因为专业基金经理需要承担责任。换句话说，他们需要彻彻底底地了解自己那套方法。

专业交易者和非专业交易者的区别在于，专业交易者永远不会盲目进行交易。这一点很重要，因为专业基金经理必须对其投资决策怀有足够信心，这不仅需要制定一个经过实践证明的策略，还需要知道自己的策略何时能成功，何时会失败，以及最坏的情况是怎样。

作为零售或个人交易者，我们2万美元账户的重要性相当于任何一个2千万美元的对冲基金。事实上，我们的账户甚至可能更重要，因为我们在用自己的钱做交易，而2千万美元对冲基金的经理更像是在交易别人的钱。因此，如果所有对冲基金经理都按照5步骤方法来制定交易策略，个人交易者就没有理由不这样做。

制定一个交易策略的最好方式是按照5步骤自上而下的方法。

1.正确定义交易策略。

2.入场和出场的技巧。

3.“试驾”。

4.策略绩效评估。

5.自我反思。

## 正确定义交易策略

就像每个交易者一样，每个对冲基金经理都有自己的一套方法。有些交易者只用基本面分析，有些只用技术面分析。所以第一件事情就是要知道自己是什么类型的交易者，以及交易的风格是怎样。这一章不会告诉你什么样的交易风格（基本面与技术面或者短线与长线）最能赚钱，因为没有最好的那种风格。在约翰·威立父子出版公司（John Wiley & Sons）2007年出版的《百万富翁交易者：普通人如何战胜华尔街》（Millionaire Traders:How Everyday People Beat Wall Street at Its Own Game）一书中，我们采访了各行各业12个成功的交易者，发现交易成功的方法不只一个。每个交易者都是不同的，有些交易者会持仓数周或数月，有些则只持有几秒。

当你定义一个策略时，有四个关键点需要考虑，而且必须在交易前就要考虑好。计划制定完全后再进行交易，绝不要在交易中才慢慢制定计划。

### 基本面或技术面？

定义交易策略的第一步是要搞清楚自己是想用基本面还是技术面，或者综合两种方法进行交易。当基金经理在制定系统性交易策略时，要制定明确的规则以便编写程序代码。虽然不是每个人都会把交易策略编写为程序代码，但是从这个过程中可以得到一些启示，因为交易者失败的一个主要原因就是他们太情绪化。制定好你自己的交易规则格外地重要，因为遵循规则可以把交易中的情绪带走。搞清楚自己到底是根据消息还是技术指标来进行交易，仅是定义你的交易策略的第一步。

## 你将交易哪个货币对?

第二步是选择交易哪个货币对，因为不是每个货币对都有均等的交易机会。在外汇市场，一般有两种交易策略——趋势跟踪或者区间交易。大部分对冲基金都是进行趋势跟踪，因为外汇市场倾向于单边走势。但很多人实际上是逆向交易者，他们通常选择区间交易。当然，无论选择哪一个都没有对错，不过为了增加胜算，很多对冲基金经理会缩小他们的货币对选择范围，以便使用他们的系统进行交易。我很少看到专业交易者会把同一个策略运用到所有货币对上，他们几乎会集中选择某几个货币对，而其他货币对则从不涉猎。比如，如果你的交易策略是每笔交易承担不超过100点的风险，那么就要避开那些波幅较大的货币对，如英镑/日元和欧元/加元，因为即使这些货币对最终朝着你期望的方向波动，但它巨幅的波动可能早已让你止损离场。还有一个建议是，只把区间交易策略运用于区间交易货币对，趋势交易策略运用于趋势交易货币对。例如，瑞郎/日元是采用区间交易策略的一个非常棒的货币对，但如果采用趋势交易策略，就非常可怕，因为该货币对波幅很窄，从2007年9月到2008年3月一直困在300点的区间内。因此，采用区间交易策略的交易者应该只交易像瑞郎/日元这样的货币对，而趋势交易者则无论如何都要避免碰触。

谈到货币对，还有一个问题需要考虑，就是主要货币对和交叉货币对。像欧元/美元和美元/日元这样的主要货币对，往往对美元的情况非常敏感，而交叉货币对通常不会，因为它们不涉及美元。消息交易者会发现这句话非常有用，因为除非你交易美国消息，否则交叉货币对是很好的选择，交叉货币对的波动很少被市场对美元的偏好扭曲。

## 应该采纳什么时间框架进行交易?

定义交易策略的第三步是选择你想交易的时间框架。一个在日线图上很管用的策略,如果用到5分钟图上,准确率就会大打折扣。比如,如果你使用内部日交易策略,你会发现内部日在日内走势图上的出现频率要高于日线图。这就是为什么当它们出现在日线图上,就格外精准的原因。事情越稀有,往往越具有价值。

最后,关于时间框架,还有一个需要考虑的问题,就是你是否会持仓过夜或过周末。比如,短线交易者可能会发现,交易在几小时或者市场转入亚洲交易时段后还不见效,就结束交易的做法会有助于获利。这种做法适合于消息交易者,因为如果行情在几小时后还没按你期望的方向运行,就说明来自该消息发布的动量很可能不足。至于周末,有时会在星期五晚上到星期天下午这段时间发生一些大事件。除非你设置了可以承受任何震动的止损单,或者你确定在这期间没有重大事件风险,否则你应该考虑在周末之前了结头寸。

# 入场和出场的技巧

在为《百万富翁交易者:普通人如何战胜华尔街》进行的一次采访中,鲍勃·布克(Bob Booker)打了一个极好的比喻。当时我们谈到是交易的进场更重要还是出场更重要。鲍勃把交易比作飞行,说这个问题就像是在问飞行员到底是起飞重要还是降落重要一样。我觉得甚至不需要问飞行员,作为乘客,我们都会认为起飞和落地都需要同等程度的精准性吧。对交易来说,也是一样。

大部分交易者会花大量时间来寻找最好的入场策略,方法主要是寻找所有发出买入信号的指标出现完美叠加的情形，而他们的出场策略则常常丢到事后再考虑。然而这个“事后考虑”往往就是那些能持续盈利的交易者和那些永远追求更好交易策略的交易者的区别。我常常听到交易者抱怨说他们是如何把盈利单变为亏损单的。

在对冲基金经理设计交易策略时，他们会在进场和出场上花费同样多的精力。这里主要有四种不同的进场或出场方法。

1.单一入场点，单一出场点：只有单一入场点和单一出场点，就表示交易者在一个价位建立整个头寸，然后在一个价位了结整个头寸。

2.单一入场点，多个出场点：意思就是交易者也在一个价位建立整个头寸，但是最后是在不同的价位分批平仓。这个策略通常用于在尽可能长地抓住突破或趋势的同时，不断兑现利润。

3.多个入场点，单一出场点：意思就是交易者在不同价位分批建仓，最后在一个价位平仓出场。这个策略主要是被那些“向下摊平”和“向上摊平”的交易者采用。“向下摊平”就是在价格移动的方向与你期望的方向相悖，却有可能让你获得更好的平均入场价时，加仓。“向上摊平”就是在价格朝着你期望的方向移动时，加仓。

4.多个入场点，多个出场点：意思就是交易者在进场和出场时都分批进行。这个策略经常被趋势交易者采用。他们通过在成功的交易上加仓来“向上摊平”地建立头寸，之后分批平仓，以尽可能从趋势中获利。

如果采用自动交易系统，入场和出场策略就要固定不变，并编程为系统。交易者应该试着用相同的方法来获得入场点和出场点，方法是在进入交易前就决定好采用前四种策略中的哪一种。对于那些喜欢“向上摊平”或“向下摊平”的交易者，有一个很重要的问题要问，即你愿意买入的最高点有多高或者是最低点有多低。如果你不断在亏损的头寸上加仓，那么有可能在某个时候你会痛苦不堪。那个时候，咬紧牙关、兑现亏损并承认你最初期望的波动没有出现或趋势已经改变，会是更明智的做法。一个经验法则是“向下摊平”加仓的次数不超过3次。关于止损，应该没有什么技巧可言——找到一个设置止损的固定规则并坚持下去。

## “试驾”

你永远不会在试驾之前买一辆车，所以你也不应该在内推检验（back-testing）之前就采用某个策略进行交易。对于对冲基金和自动交易系统开发者来说，内推检验格外重要，因为如果一个交易策略在过去都不能赚钱，又如何能相信它在未来能赚钱呢。很多外汇交易者会从他们的朋友、交易教练或者甚至是本书中知道一些交易策略，但是请不要盲从于这些策略，要确定其经过了内推检验和外推检验（forward-testing）。

对于那些特别擅长编程的交易者来说，就需要使用一些像TradeStatioin、eSignal或Meta Trader这样的软件来把你的策略编写为程序代码，然后运行测试，并确认其能够盈利。

不懂如何编写代码的交易者可以进行目测检验。打开你的图表，加上你的指标，至少要找到20次有效的例子。然后降低你图表的时间框架，以确定该策略在你期望的价格上能被执行。例如，如果你正在小时图上运用你的策略，就要确认该策略在5分钟图上也会有效。

你的策略经过了内推检验之后，就该进行外推检验。外汇交易有个很好的地方在于，很容易开通模拟账户和迷你账户。用少量的钱来进行真实测试，是非常重要的一个环节，因为一旦涉及到真正的资金，各种不同的情绪就会出现，而控制这些情绪是形成纪律的重要组成部分——在进行更大金额的交易前，你需要形成这个纪律。

# 策略绩效评估

像对冲基金经理一样思考，需要做到的第四步是深入了解和评估你的策略，因为不是所有的交易策略都是一样的。

## 理解交易绩效

关于交易策略的绩效表现，主要有两种类型的交易策略——一个是高胜算率，一个是高风险报酬率。

在拥有高胜算率的策略里，盈利单赚到的点数常常与亏损单损失的点数差不多。比如说，采用这个策略，10次交易里会有8次赚钱，每笔盈利单的获利是20点，每笔亏损单的损失也是20点。虽然这不符合教科书上关于良好风险报酬率的定义，但如果盈利单的数量远多于亏损单的数量，那么这个策略也很可靠。就像这个例子，10次交易的净利润是120点。因此，如果你有与这个策略相类似的策略，并且开始连续6、7单亏损，那么你该意识到是时候重新检测你的策略了。

对于那些风险报酬率高，但盈利单比例较小的策略来说，出现一连串亏损单是该策略本身的一部分。这种策略特别适合突破交易者，他们在预期将出现大突破时，会持有很小的头寸并设窄幅的止损。虽然他们可能会止损30或40点，但当突破真的发生时，最终波幅将达到400或500点。

这里的关键点是要准确知道，你的策略在什么样的市场环境中将表现较良好，在什么样的市场环境中将表现欠佳，因为只有这样，你才会知道什么时候应该结束交易。

## 理解最大连续亏损（Drawdown）

在外汇市场，控制亏损非常重要。很多外汇新手认为交易外汇的危险程度远远高于交易其他任何资产。在某种程度上，他们这种看法是错的，不过有时也对。如果只交易八个主要货币，那么外汇交易就比其他市场更容易理解和掌握。而且，由于很多人只交易十国集团的货币，所以接触的经济数据不会被随意操纵，绝不会遇到像世通公司和安然公司那样的情形。日常情况下，汇率波动不会超过1%到2%，因此，它们是波动率最低的投资或交易资产之一。但是，外汇市场的高杠杆水平确实大大增加了外汇交易的危险性。有些经纪商提供的杠杆高达400倍，导致1%的波动变成了400%。因此你的账户很容易爆仓。不过谢天谢地的是，这个杠杆是个性化的，交易者应该积极地控制好自己的风险。

如果理解了交易策略的最大连续亏损情况，你就有了判断何时该平仓、何时该坚守的参考，这将有助于管理风险。最大连续亏损指的是由一次交易或一系列交易导致的账户总值减少额。所有专业基金经理对他们交易策略的最大连续亏损都了如指掌。比如，我曾经测试了一个涉及了套息交易的策略，这个策略在过去10年里的最大连续亏损是15%。我知道如果这个最大连续亏损可以降到10%，未必意味着这个策略失败了。但是，如果这个最大连续亏损达到15%，我会开始担心；如果达到20%，我就会意识到这可能是个全新的交易环境，在之前的内推检验中并没有被考虑到。因此，这个时候就应该郑重考虑平仓，并承认自己错误，然后停止使用这个策略。

说到最大连续亏损，所有交易者都需要知道关于其策略的三个主要事项。第一个是在某个特定交易中的平均最大连续亏损。了解这个情况很重要，因为你可以知道交易的表现是否与你的策略一致。第二个是最大的最大连续亏损程度。了解以后，你就可以知道最坏的情况是怎样。

最后，你需要知道最大连续亏损是根据平仓后的亏损来计算，还是根据浮动亏损来计算。根据平仓后亏损计算出的最大连续亏损或最大亏损，很多时候都与持仓时计算出的最大连续亏损或浮动亏损数额不同。

## 自我反思

像对冲基金经理一样思考或交易的最后一步，就是进行自我反思。几年前，我曾在马来西亚主持过一次外汇交易研讨会。之后，一个交易者过来向我征求意见。他说他有一个交易策略，除了信息发布时，几乎在所有市场环境下都很有效。很有趣的是，他问我他应该怎么做，我只是说："不要在消息发布时交易。"

很多时候我们会因为太专注于交易，而忽略了一些很明显的事情。所以这就是为什么我们一定要每周或每月花些时间，来回顾或反思自己的交易。在每周结束的时候，我以及与我共同运营BKTraderFX的鲍里斯·施洛斯伯格（Boris Schlossberg）会聚到一起，回顾这周的每一笔交易。我们会问自己为什么某笔交易事先已经制定好策略，最后却无效，以及以后如何改进。我们会同时回顾成功和失败的交易，以寻找提高的空间。事实上，我们进行的每一次交易，我们会问自己此次交易是否符合我们的交易策略，如果不是，我们会在周末进行回顾时，终止对犯相同错误的懊悔。

对于马来西亚那个交易者来说，需要提高的空间很小，只要避开信息发布这一时刻就可以了，这通常也适合区间交易者。其他人可能会意识到他们兑现利润太早，或者发现他们可以通过在一天中的某些时刻避开交易来提高交易成绩。对于所有交易者来说，像那些小而简单的改变，长期下来结果会很不一样。

# 第十二章 主要货币对的概况和特性

对所有交易者而言，掌握好每个最常见货币所属国家的总体经济特点，是非常重要的事情，因为这样就可以估计在通常情况下，什么样的经济数据和因素会对货币的波动产生最显著的影响。有些货币倾向于跟随商品价格的波动而波动，而其他货币的波动则可能完全与之相反。交易者需要注意到预期数据和真实数据的区别。也就是说，在解读消息对外汇市场的影响时，最重要的是判断市场是否已预期到这一消息。这就是所说的“市场贴现机制”。外汇市场和消息之间的相互关系很重要。符合预期的消息或数据对货币波动的影响，要小于意外消息或数据。因此，短期交易者需要密切关注市场的预期。

# 货币简介：美元（USD）

## 宏观经济概况

美国是世界的主要经济动力，其2006年的国内生产总值超过了11万亿美元。这是世界上最大的GDP数值，根据购买力平价模型，这个数值是日本产值的3倍，德国的5倍，英国的7倍。美国是以服务业为主导产业的国家，几乎80%的GDP都来自房地产、交通、金融、医疗保健和商业服务行业。然而，美国规模庞大的制造业仍然使得美元对制造业的发展状况极为敏感。美国拥有世界上最具流动性的股票市场和固定收益市场，外国投资者一直都在增加美国资产的购买。根据国际货币基金组织统计，外国对美国的直接投资几乎达到美国的全球净流入总额的40%。以净值计算，美国吸引了外国储蓄总额的71%。这意味着，如果外国投资者不满意美国资产市场的回报，决定把资金汇回本国，就会对美国资产的价值和美元产生重大的影响。更确切地说，如果外国投资者卖出他们的美元计价资产，并到别处寻找收益更高的资产，那么通常会导致美国资产和美元价值下跌。

美国的进口量和出口量也超过了任何一个国家。这是因为国家的规模庞大，实际的进出口总额占到了GDP的12%。尽管贸易规模很大，但就净值计算，美国有着巨额的经常项目赤字，在2006年已超过8000亿美元。这是一个非常重大的问题，在过去十几年，美国一直在努力解决这个问题。但是，从5年前开始，这个问题不但没解决反而变得更严重。因为外国中央银行考虑将储备多元化，逐渐把美元储备换作欧元，所以可以弥补赤字的外国资金渐渐减少了。巨额的经常项目赤字导致美元对资本流动高度地敏感。事实上，为了阻止美元因为贸易赤字进一步贬值，美国平均每天需要吸引非常巨额的资本流入（在2006年，这一数字超过了20亿/每天）。

美国也是大部分国家的最大贸易伙伴，占了世界贸易总额的20%。由于美元价值在变化，并且变化会对美国与各个国家的贸易活动产生影响，所以美国贸易伙伴的排名就显得特别重要。更确切地说，疲软的美元会增加美国的出口，而强势的美元会抑制外国对美国出口产品的需求。这里有一张美国最重要贸易伙伴的排名表（按重要性排序）。

这个出口市场的排名非常重要，因为它是按照这些国家的经济增长和政治稳定对美国的重要性来排名的。比如，如果加拿大的经济增长放缓，那它对美国出口产品的需求就会下降，而这对美国的经济增长也会产生连锁反应。

**主要的出口市场**

1.加拿大
2.墨西哥
3.日本
4.英国
5.欧盟

**主要的进口来源**

1.加拿大
2.中国
3.墨西哥
4.日本
5.欧盟

资料来源：经济分析局，2006年的《美国国际贸易》报告

## 货币政策和财政政策制定者——美国联邦储备局

美国联邦储备委员会是美国制定货币政策的权力机构。美联储通过联邦公开市场委员会来制定和实施货币政策。联邦公开市场委员会中有选举权的成员，包括联邦储备委员会全部7名成员，其他还有5名由12个地区的联邦储备银行行长轮流担任。联邦公开市场委员会每年举行8次会议，会后的利率声明或者对经济增长变化的预期，受到了市场广泛的关注。

美联储在制定货币政策上有高度的独立性。因为它大部分成员的任期较长，他们在两个政党更替执掌总统职位和国会时期，仍然能保留职位，较少受到政治的影响。

美联储一年二次的货币政策报告，分别在每年2月和7月发布。随后在汉弗莱-霍金斯（Humphrey-Hawkins）听证会上，美联储主席要回答来自国会和银行委员会对于这份报告的问题。这份报告应该特别给予关注，因为它包括了联邦公开市场委员会对GDP增长率、通货膨胀和失业情况的预测。

美联储与其他大多数央行不同，它有一个“要求”或“长期目标”，即要保持“价格稳定和经济持续增长。”为了达到这个目标，美联储必须使用货币政策来控制通货膨胀和失业状况，并达到经济均衡增长。美联储最常用于控制货币政策的工具，是公开市场操作和联邦基金利率。

### 公开市场操作

公开市场操作主要就是美联储购买政府债券，包括国库券、票据和债券。这是美联储向市场发出信号并进行货币政策调整的最常用方式之一。一般来讲，美联储增加购买政府债券，会降低利率，而卖出政府债券会提高利率。

### 联邦基金目标

联邦基金目标利率是美联储的关键政策目标。它是美联储为其成员银行提供贷款的利率。美联储往往通过提高这个利率来抑制通货膨胀，或者降低这个利率来促进经济增长和消费。这个利率的变化受到了市场密切的关注，它的变化往往意味着政策将发生转变，这会严重波及全球固定收益市场和股票市场。市场也会特别关注美联储发表的声明，因为这个声明会为未来的货币政策动向提供一些信号。

美国的财政政策是由美国财政部制定。财政政策包括确定合理的税收水平和政府开支。虽然市场给予了美联储更多的关注，但美国财政部才是真正决定美元政策的政府机构。也就是说，如果美国财政部认为外汇市场上的美元汇率过高或过低，它就会授权并指示纽约联邦储备委员会，通过卖出或买入美元来干预外汇市场。因此，美国财政部对美元政策的观点以及观点的变化，对外汇市场通常也是非常重要的。

在过去几十年，美国财政部和联储局的官员们一直维持着“强势美元”的偏好。这在前财政部长保罗·奥尼尔（Paul O’Neill）在职期间尤其如此，这位前财长曾多次直言不讳地支持强势美元。在布什执政期间，财政部长亨利·保尔森（Henry Paulson）也重申了这一观点，表示他也支持强势美元。但是，在2003年到2008年期间，布什政府并没有采取什么措施来阻止美元的下跌。这让市场开始相信，政府私下实际是支持弱势美元政策的，政府希望通过这个政策来促进经济增长。但是，由于政治上的原因，政府不大可能声称将改变其原有立场去支持弱势美元政策。

## 美元的重要特征

### 超过90%的外汇交易都涉及到美元

外汇市场最具流动性的货币对是欧元/美元、美元/日元、英镑/美元和美元/瑞郎。这几个货币代表了世界上交易最频繁的货币，而所有这些货币对都涉及到美元。事实上，90%的外汇交易都涉及到美元。这就解释了为何美元对所有外汇交易者都很重要。所以，那些通常最能撼动市场的最重要的经济数据就是美元的基本面情况。

**在9·11事件之前，美元被认为是世界首要的避险货币之一。**

美元之所以被认为是世界首要的避险货币之一，是因为在2001年9月11日之前，美国不稳定性的风险非常低。众所周知，当时的美国拥有世界上最安全和最发达的投资市场。美国因为美元的安全避所地位，即使投资回报打了折扣，仍然吸引着投资，导致全球76%的外汇储备都是美元。美元成为外汇储备的另一个原因是，美元是世界主要的结算货币。外国中央银行在选择储备货币时，美元安全避难所的地位发挥了很大的作用。但是，在9月11日之后，美国政治不确定性增加，加上利率降低，导致包括中央银行在内的美元资产外国持有者，开始减持美元。欧元的诞生也威胁着美元作为世界首要储备货币的地位。很多央行已经开始通过减持美元、增持欧元来使储备多元化。这将继续是一个主要的趋势，所有交易者在今后的岁月里都应该注意到。

**美元的走势与黄金走势的相反**

如图12.1所示，历史上，黄金价格和美元有着几乎完美的反向关系。当黄金价格上涨，美元就会下跌，反之亦然。这个反向关系是源于黄金以美元计价这一习惯。导致美元下跌的全球不确定因素，却是黄金上涨的主要原因，因为黄金普遍被看做终极货币。黄金也被视为首要的避险商品。因此，在地缘政治动荡时期，投资者通常会聚焦于黄金，这在实质上打击了美元。

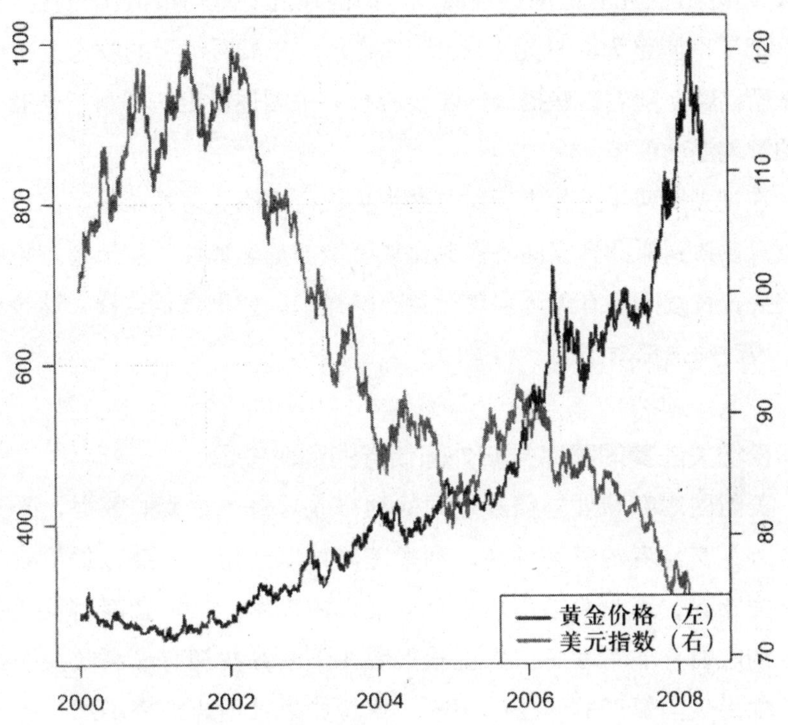


图12.1 2000年-2008年黄金价格与美元指数

## 很多新兴市场的货币都钉住美元

货币钉住美元的基本思想是，一个政府同意通过按固定汇率买入或卖出任意金额的本国货币，来维持美元作为储备货币。这些政府也必须承诺持有的储备货币至少等于流通的本国货币。这是非常重要的，因为这些中央银行已经成为美元的大型持有者，他们有积极的兴趣去管理他们的固定或浮动钉住汇率。直到2005年7月前，采用钉住美元汇率制的国家和地区包括中国内地和香港。中国是个积极的外汇市场参与者。在前一天的收市汇率的基础上，人民币的最大波幅被控制在一个狭窄的区间里。一天中，任何超出这个区间的波动，都会招致中央银行的干预，干预的手段包括买入或卖出美元。在2005年7月21日以前，中国按照8.3

元人民币兑1美元的汇率钉住美元。中国在遭受重估币值压力几年后，终于把汇率调整为8.11元人民币兑1美元，并根据每天的收市汇价来进行重新调整。随着这些措施一步步施行，中国逐渐走向了参考一篮子货币的管理浮动汇率。

在过去一两年里，市场对这些中央银行的购买习惯给予了高度的关注。只要谈到亚洲国家储备多元化或者增加汇率弹性，就知道这意味着这些央行将减少持有美元和美元资产的需求。如果真是这样，这将在很长一段时间内都对美元不利。

### 密切关注美国国库券和外国债券的利率差异

美国国库券和外国债券之间的利率差异是个重要的数据，受到了专业外汇交易者的密切关注。利率差异可以当作一个潜在货币波动的强有力指标，因为美国市场是世界最大的市场，投资者都对美元资产提供的收益率非常敏感。大型投资者在不断寻找拥有最高收益率的资产。如果美国资产的收益率下降，或者如果外国收益率增加，会促使这些投资者卖掉美国资产，买入外国资产。卖出美国的定息债券或者股票，会影响到外汇市场，因为要卖出这些资产就要卖出美元并买入外国货币。如果美国资产的收益率增加，投资者通常更倾向购买美国资产，从而推高美元。

### 留意美元指数

美元指数作为美元整体强弱状况的衡量指标，受到了市场人士的密切关注。美元指数是一种期货合约，可以在纽约期货交易所交易。它是通过6个国家贸易加权的几何平均数计算得出。我们要特别留意这个指数，因为当市场人士称美元整体疲软或者贸易加权美元在下跌时，指的就是这个指数。此外，即使美元兑某货币出现大幅波动，以贸易加权为基础的美元指数也不一定会出现大幅波动。一些央行会选择关注贸易加权的美元指数，而不是个别货币兑美元的表现，所以美元指数非常重要。

**美元的交易受到股票和债券市场的影响**

一个国家的股票和固定收益市场与该国的货币之间有着很强的相关性：总体来说，如果股票市场上涨，外国投资者为了抓住机会，会投资美元；如果股票市场下跌，国内投资者会卖掉当地上市公司的股票，然后去国外寻找投资机会。在债券市场上，经济学认为最具价值的固定收益投资机会，是拥有最高收益率的投资机会，它将吸引外国的投资。这些市场中任何一个市场的日常波动和发展情况，都反映了外国投资组合的变化，这最终都需要进行外汇交易。跨国并购和收购活动也是需要交易者关注的地方。大宗并购和收购交易，尤其是那些涉及了巨额现金的交易，将会对外汇市场产生显著的影响，因为收购者需要买入或卖出美元，来为其跨国收购目标提供资金。

## 美国重要的经济指标

以下所有的经济指标都对美元很重要。但是，因为美国经济是以服务业为主导产业，所以一定要特别关注服务行业的数据。

**就业状况——非农就业人数**

这份就业报告是经济日历上最重要，并受到广泛关注的指标。它的重要性大部分源于政治的影响，而不是单纯的经济原因，因为美联储被施了高压，必须控制失业人数。因此，利率政策直接受到就业状况的影响。月度报告的数据来自两份不同的调查——机构调查(Establishment Survey)和家庭调查(Household Survey)。机构调查采集的数据是非农工资账册上的就业人数、平均每周工作小时和合计工作小时指数。家庭调查则提供了劳动力、家务劳动者和失业率方面的信息。外汇交易者一般只关注经过季节调整的月度失业率和非农就业人数任何有意义的改变。

### 消费者物价指数（CPI）

消费者物价指数是衡量通货膨胀的关键指标。这个指数测量的是固定的一篮子消费品的价格。经济学家通常更关注CPI–U或者核心通货膨胀率，这个指标把价格波动较大的食品和能源部分排除在外。由于CPI会引发大量市场波动，所以受到了外汇市场广泛的关注。

### 生产者物价指数（PPI）

生产者物价指数衡量的是国内生产者为生产产品，所需采购品的物价变化情况。PPI跟踪了国内几乎所有物品生产行业的价格变化，包括农业、电力和天然气、林业、渔业、制造业和矿业。外汇市场通常关注的是经过季节调整的产成品PPI以及该指数在月度、季度和年度的变化。

### 国内生产总值

国内生产总值（GDP）测量的是美国国内生产和消费的商品和服务的总和。经济分析局采用了两种互补的方式来测量GDP。一种是基于收入，一种是基于支出。第一份GDP报告，是在每个季度结束后下一个月发布，内容包括经济分析局对没有公布的一些数据、存货和贸易差额的估计。这份报告是最重要的报告，其他还有一些GDP报告就不那么重要，除非有重大修正，否则不用太关注。

### 国际贸易

贸易差额表示的是商品和服务的对外贸易中进口和出口的差额。数据包括美国和其他所有国家的贸易总额，与特定国家和地区的详细贸易数据，以及各个商品的贸易数据。交易者一般关注经过季节调整的3个月贸易数据，因为通常认为单独1个月的贸易数字不可靠。

### 雇用成本指数

雇用成本指数（ECI）是根据每季度第三个月对雇主工资账册的调查得出，工资支付时间截止到这月的12号。这个调查是个概率样本，调查了大约3600个私人工业主、700个州和地方政府、公立学校和公立医院。ECI的最大优点是包括了非薪资成本，这占到了总劳动力成本的30%。因为这个数据通常很稳定，所以市场对它的反应较平淡。不过，也应该适当留意这个数据，因为它是美联储最喜欢的一个指标。

### 供应管理协会（以前的全美采购经理人协会）

供应管理协会（ISM）每月会公布一个综合指数，对全国范围内20个不同行业的300个具有代表性的采购经理进行了关于生产活动的调查。这个指数如果大于50，就表示经济在扩张；如果小于50，就表示经济在收缩。这个数据受到了广泛的关注，因为前美联储主席艾伦·格林斯潘曾表示这是他最喜欢的指标之一。

### 工业生产指数

工业生产指数是一系列指数，测量了美国制造业、矿业和公用事业每月的物质产出。这个指数分成了行业类型和市场类型两部分。外汇市场主要关注合计总数经过季节调整的月度变化。指数上升通常对美元有利。

### 消费者信心指数

消费者信心指数反映了各个家庭对经济形势的信心强弱程度。调查问卷会被发放到全国范围内具有代表性的5000个家庭，其中约有3500个家庭会填写问卷。问卷中有5个问题：（1）家庭所在区域的商业状况评分；（2）未来6个月的商业状况评分；（3）所在区域的就业状况；（4）未来6个月的就业状况；（5）未来6个月的家庭收入。这些问卷结果经过季节调整，每个问题会得到一个指数，然后把这些指数集合起来，就形成一个综合指数。市场人士把上升的消费者信心指数看作消费增加的前兆，而消费增加也常被视为通货膨胀加速上升的征兆。

### 零售销售

通过零售销售指数，可以知道一个月内被抽样的零售店销售的商品总量。这个指数可以用来估计消费者支出和消费者信心。由于汽车的每月销售量变化很大，所以剔除汽车销量后的数据才是最重要的数据。零售销售会因为季节原因，而变化很大。但是，这个指数仍然是反映经济整体健康状况的重要指标。

### 财政部国际资本流动数据（TIC Data）

通过财政部的国际资本流动数据，可以知道一个月内资本流入美国的总额。在过去几年，随着为美国贸易赤字融资的问题越来越严重，这项数据的发布也变得越来越重要。除了标题数据本身，市场也会关注官方的资本流动，这个数据代表了外国央行对美国国债的需求情况。

## 货币简介：欧元（EUR）

### 宏观经济概况

为了建立一个统一的欧洲，欧盟（EU）作为一个条约组织被发展起来。欧盟目前有15个成员国：奥地利、比利时、丹麦、芬兰、法国、德国、希腊、爱尔兰、意大利、卢森堡、荷兰、葡萄牙、西班牙、瑞典和英国。除了丹麦、瑞典和英国，其他12个成员国都以欧元为统一货币。这12个采用欧元的国家组成了欧洲货币联盟（EMU），由欧洲央行统一制定唯一的货币政策。

欧洲货币联盟是世界第二大经济体，2006年的国内生产总值约为12万亿美元。欧洲货币联盟有高度发达的固定收益市场、股票市场和期货市场，所以对国内外投资者来说，也是世界第二个最具吸引力的投资市场。不过在以前，欧洲货币联盟很难吸引外国直接投资或大规模的资本流入。相反的是，欧洲货币联盟是外国直接投资的净供给者，约占世界资本流出总额的45%，而资本流入只占世界19%。导致这个现象的主要原因是，历史上的美元资产一直有着非常可靠的回报率。因此，美国吸收了外国存款总额的71%。不过，随着欧元逐渐站稳脚跟，以及欧洲货币联盟开始纳入越来越多的成员国，欧元作为储备货币的重要性也逐渐上升。因而流入欧洲的资本也增加了。随着预期外国央行将进一步增加欧元储备，对欧元的需求将继续上升。

欧洲货币联盟是同时受贸易和资本流入驱动的经济体。因此，贸易对它的经济非常重要。欧洲货币联盟不像大部分主要经济体那样，它没有巨额的贸易赤字或盈余。事实上，欧洲货币联盟从2003年的小额贸易赤字，逐渐变到2006年的小额贸易盈余。欧盟的出口约占了世界出口总额的19%，而进口只占世界进口总额的17%。因为欧洲货币联盟与世界其他国家贸易的规模巨大，所以它在国际贸易舞台的影响力非凡。国际影响力就是成立欧盟的主要目标之一，因为它把各个国家集合起来作为一个整体，就可以与他们最大的贸易伙伴——美国进行平等的谈判。下面是欧盟最重要的贸易伙伴排名：

**主要出口市场**

1.美国

2.瑞士

3.日本

4.波兰
5.中国

主要进口市场
1.美国
2.日本
3.中国
4.瑞士
5.俄罗斯

欧洲货币联盟是一个以服务行业为主导产业的经济体。2001年的服务业约占了国内生产总值的70%，而制造业、矿业和公用事业只占了22%。事实上，大量主要生产成品的公司仍然把创新、研发、设计和市场营销等生产活动集中在欧盟，而把大部分的生产业务外包给亚洲。

欧盟在国际贸易中的影响越来越大，这对欧元成为储备货币一角有着重要的意义。一个国家需要持有大量储备货币，以减少汇率风险和交易成本。大部分国际贸易都习惯使用英镑、日元和美元。在欧元诞生之前，持有大量欧洲各个国家的货币是不合理的行为。因此，外汇储备通常都是美元。在上世纪90年代后期，世界约65%的外汇储备都是美元。但是在欧元诞生后，外国储备资产开始转向欧元。由于欧盟逐渐成为世界大部分国家最主要的贸易伙伴之一，因此市场预期这种趋势还将继续。

## 货币政策和财政政策的制定者——欧洲央行

欧洲央行负责制定欧洲货币联盟成员国的货币政策。欧洲货币联盟的执行委员会（Executive Board）由欧洲央行行长、副行长和4名董事组成。这些人加上各国央行行长组成了行长理事会（Governing

Council）。欧洲央行设立后，执行委员会就可以执行行长理事会制定的政策。在两周一次的会议上，新的货币政策要通过，需得到大多数的投票支持，如果出现平局，就由央行行长来投决定性的一票。虽然欧洲央行的会议两周举行一次，每次会议都有权利改变货币政策，但是只会在会后安排有正式新闻发布会时，才会预期政策将出现变化。

欧洲货币联盟的主要目标是保持物价稳定并促进经济增长。货币政策和财政政策的改变都是为了保证达到这一目标。欧洲货币联盟成立后，欧盟订立了《马斯特里赫特条约》。该条约为所有成员国制定了一系列标准，以帮助欧盟达到这个目标。任何一个国家如果偏离了这些标准，就会遭到重罚。很明显，欧洲央行在控制通货膨胀和赤字上有严格的标准。它通常会努力把调和消费者物价指数和M3（货币供给）的年增长率分别维持在2%以下和4.5%左右。

### 欧洲货币联盟的标准

下面列出的标准是1992年的《欧洲联盟条约》（《马斯特里赫特条约》）中规定的。这些标准是任何一个欧盟成员国加入欧洲货币联盟的先决条件。

- 通货膨胀率不得超过3个表现最好成员国的平均通胀率的1.5%，平均数取自评估日之前12个月的同比率。
- 长期利率不得高于3个最低通胀率国家的平均利率的2%。
- 汇率的波动维持在汇率机制的正常波幅内至少2年。
- 政府的债务/GDP比率不得超过60%，但如果是“充分地递减”（sufficiently diminishing），也允许较高比率存在。
- 虽然也允许一个小额并且短暂的超额，但是一般情况下，政府赤字不得超过GDP的3%。

欧洲央行和欧洲中央银行系统独立于国家政府和其他欧盟机构，他们在货币政策上有完全的控制权。这种运作的独立性是《马斯特里赫特条约》中第108条授予的。这一条规定任何政策制定者不得寻求或听从任何社会机构、成员国政府、或团体的指示。欧洲央行用于用于控制货币政策的主要工具包括：

### 公开市场操作

欧洲央行主要有四种公开市场操作方式，用以控制利率、管理流动性并发出货币政策立场的信号。

主要再融资操作。这是每周定期进行的提供流动性反向交易，为期两周。通过这个操作，为金融部门提供了大量再融资款。

长期再融资操作。这是每月进行的提供流动性的反向交易，3个月到期。通过这个操作，为交易对手提供额外的较长期再融资款。

微调性操作。这只在特别的时候才进行此项操作，用于同时管理市场的流动性和调控利率，尤其是为了减缓意外的流动性波动对利率的影响。

结构性操作。这涉及到发行债券、方向交易和断权成交（outright transac-tion）。当欧洲央行希望调整欧元体系相对于金融部门的结构性头寸时，就会进行此项操作（定期或者不定期）。

### 欧洲央行的最低借入利率（回购利率）

欧洲央行的最低借入利率是欧洲中央银行的关键政策目标。它是欧洲央行向其成员国央行提供借款的利率水平。这个利率水平由两周一次的欧洲央行会议决定。欧洲央行因为高度关注通货膨胀，所以为了防止通货膨胀，倾向于把利率维持在很高的水平。欧洲央行的最低借入利率的变化对欧元有着极大的影响。

欧洲央行没有汇率目标，但由于汇率会影响到物价稳定，所以在商议政策时，也会把汇率考虑进去。因此，如果欧洲央行开始担忧通货膨胀时，也不排除到外汇市场进行干预的可能。所以，央行委员会成员的评论受到了外汇市场人士的广泛关注，常常会引发欧元波动。

欧洲央行每月会公布一份报告，该报告详细分析了经济的发展动向及对经济状况的认识上的变化。我们应该重视这份报告，因为从中可以发现货币政策偏向发生改变的信号。

### 欧元的重要特征

· 欧元/美元是最具流动性的货币对，所有主要的欧元交叉货币对也非常具有流动性。

在1999年1月1日，欧元作为一只电子货币正式面世。除了希腊的货币到2001年才换为欧元外，欧元在这时取代了欧洲货币联盟成立前所有成员国的货币。所以，欧元/美元目前是世界最具流动性的货币对，它的波动是欧洲和美国经济健康状况的主要衡量标准。欧元常被称为"反美元"，因为在2003年到2008年间，主要是美元的基本面在决定着该货币对的波动（见图12.2）。

图12.2 欧元/美元5年的走势图（资料来源：www.eSignal.com）

欧元/日元和欧元/瑞郎也是非常具有流动性的货币对，常被用来衡量日本和瑞士的经济状况。欧元/美元和欧元/英镑都是很棒的交易选择，因为它们的点差小，波动有规律，且跳空缺口少。

·欧元具有独一无二的风险

欧元从1999年诞生后到现在，仍然是一个相对较新的货币。欧元有大量的因素需要考虑，这些因素对欧元来说都是风险，可是对其他货币来说却不是问题。这些问题包括15个成员国的经济、政治和社会发展上的风险。 虽然采用欧元的国家数量在增加，但是如果任何一个国家因为认为欧洲央行的行动不符合他们国家的最大利益，开始放弃欧元并恢复使用原来的货币，那么将会影响到整个欧元区的稳定性。欧元是世界上唯一一只非主权货币。即使是德国、法国、意大利和西班牙是欧元区内最大、经济实力最强的国家，欧洲央行仍然有权利和义务为全部15个成员国制定统一的货币政策。来自15个成员国政府的政治压力，不断考验和苛求着欧洲央行的行动。

直到次贷危机前，欧洲央行都被认为是个新成立的、未经考验的央行。但它对信贷紧缩的快速反应和快速注入大量流动性的行动，改变了它的声望。

·10年期美国国库券和10年期德国国债的价差可以指示市场对欧元的情绪。

10年期国债可以作为未来欧元汇率的重要指标，尤其是兑美元的汇率。10年期美国国库券和10年期德国国债的价差，可以为欧元的波动提供很好的指示。如果德国国债利率高于美国国库券利率，并且利率差异在增加或价差扩大，就意味着欧元的行情看涨。如果利率差异降低或价差收窄，欧元的行情则通常看跌。10年期德国国债一般被用作欧元区的基准债券。

·预测欧元区的资金流动

另一个很有用的利率是3个月的利率，也称为欧元区银行同业拆借利率（Euribor rate）。这是大型银行提供给其他银行的银行同业定期存款利率。交易者一般是比较欧元区银行同业拆借的远期利率和欧洲美元的远期利率。欧洲美元指的是那些存在美国境外的银行和其他金融机构的美元存款。因为投资者喜欢高收益资产，所以当欧元区银行同业拆借远期利率和欧洲美元远期利率的价差扩大，并有利于前者时，欧洲固定收益资产就会变得更具吸引力。而当价差收窄时，欧洲资产的吸引力就会降低，流入欧洲的资金就有可能减少。

并购和收购的活动也会对欧元/美元的波动产生重大影响。最近几年，欧盟和美国的跨国公司的并购和收购活动在不断增加。那些大宗交易，尤其是用现金交易的，常常会对欧元/美元的短期波动造成显著的影响。

## 欧元的重要经济指标

下面列出的所有经济指标对欧元来说，都非常重要。不过，因为欧洲货币联盟由12个国家组成，所以还应该密切关注联盟内所有成员国的政治和经济发展状况，比如GDP增长率、通货膨胀和失业情况。联盟内最大的国家是德国、法国和意大利。所以，除了联盟的整体经济数据，这三个国家的经济数据最为重要。

### 国内生产总值初值

国内生产总值初值是欧盟统计局从足够数量的成员国收集数据后，做出估算并发布出来的数据。这些国家通常包括法国、德国和荷兰。而意大利没有包括在该数据内，只会体现到最终的数值里。欧盟15国（EU-15）和欧洲货币联盟11国(EMU-11)每年的总数，只是各国GDP值的简单相加。而季节的总数，就要复杂得多，因为有些国家（如希腊、爱尔兰和卢森堡）还没有季节的国家统计数据。葡萄牙虽有季节账目，不过只有其中一部分，并且严重滞后。因此，欧盟15国和欧洲货币联盟11国的季节统计数据，是根据GDP总数占欧盟GDP总数95%以上的一组国家的季节数据推算出来的。

### 德国工业产值

这个工业产值是经过了季节调整的数据，下面有四个主要子类：矿业、制造业、能源和建造业。制造业总共包括四个产品类别：基本生产资料、资本货物、耐用消费品和非耐用消费品。市场通常只关注年度变化率和经季节调整的月度同比数据。德国的数据最为重要，因为德国是欧元区内最大的国家。不过，市场偶尔也会对法国工业产值有反应。最初发布的工业产值是根据较小的数据样本得出的，所以当获得全部的数据后，就会对该数据进行修正。财政部有时会指示该数据的预期修正方向。

## 通货膨胀指标

### 消费者物价调和指数

欧盟的消费者物价调和指数（HICP）是欧盟统计局按照欧盟法律的要求，进行国家间物价水平比较后公布的一个数据。欧盟统计局从1995年1月开始公布这个数据。从1998年1月开始，欧盟统计局开始为欧盟11国公布一个特别的指数，称为MUICP,即欧洲货币联盟消费者物价指数。物价的信息是来自于每个国家的统计机构。这些统计机构需要向欧盟统计局提供100个指数，用于计算HICP。各个国家的HICP是由欧盟统计局加权平均这些指数，然后合计而成的。每个国家的权重都是特定的。HICP是在统计期的次月底发布，时间约在西班牙和法国公布各自CPI之后10天。这两个国家是欧洲货币联盟5国（EMU-5）里最后公布CPI的国家。虽然在HICP公布时，其中部分信息已为市场所知，但它的发布仍然非常重要，因为它被欧洲央行当作通货膨胀的参考指数。欧洲央行的目标是把欧洲货币联盟内的消费者物价通胀维持在2%以内。

### M3

M3是一个广义货币供应量，包括了从票据、硬币到银行存款的所有金融资产。欧洲央行紧密地监视着M3，因为M3被视为通货膨胀的主要衡量指标。在1998年12月的会议上，行长理事会设定了M3增长率的第一个参考值，为4.5%。在这个数值的增长率下，通货膨胀可以维持在2%以下，同时经济增长率保持在2%到2.5%，此外长期货币周转速度下降0.5%到1%。为了防止每月的波动扭曲合计而成的信息，所以应该监视3个月移动平均的增长率。欧洲央行为其达到货币政策目标的方法，留有很大的机动性和诠释空间。由于欧洲央行不像德意志联邦银行那样会强行控制M3的增长率，所以当M3增长率偏离了参考值时，也不会立即采取行动。此外，尽管欧洲央行把M3看作关键的指标，但仍然需要关注其他货币总量的变化。

### 德国的失业状况

这份由德国联邦劳工局（FLO）发布的失业报告，同时包括了经过季节调整（SA）和未经季节调整（NSA）的失业人数信息，及相对前一月的变化情况。报告中列出了未经季节调整的失业率、职位空缺、短期轮班工作安排和就业人数（曾在1999年短暂中断过）。在联邦劳工局的失业报告发布后的1小时内，德意志联邦银行就会公布经过季节调整的失业率。在报告发布前一天，常常会有一些官方数据从工会泄露出来。泄露出来的数据通常是未经季节调整的失业人数，约有数百万。如果一个未经季节调整的精确失业数字被路透社从某“渠道”获得并报道出来，那么这个数据通常就是官方的数据。在官方发布数据前一周，谣言通常已经散播开来，但是散播的这些数据是出了名地不准确。而且，以前德国官员的评论还曾被国际新闻界错误翻译过，所以在解读新闻报道方面需要多加练习，以提防谣言。

### 各国的预算赤字

《稳定与增长公约》规定，各成员国的财政赤字必须低于GDP的3%。各成员国也设定了目标，以进一步减少赤字。如果没有达到这些目标，将受到市场人士的普遍关注。

### IFO（德国伊福经济研究所）调查

德国目前是欧洲最大的经济体，其GDP占了整个欧洲GDP30%以上。了解了德国的商业状况，就可以看作了解了整个欧洲的商业状况。德国伊福经济研究所会每月进行一次调查，每次调查都会向七千多家公司询问他们对德国商业状况的看法和他们的短期计划。最初公布的结果包括商业景气指数和两个同等加权的分项指标——商业现况指数和商业预期指数。指数通常在80到120之间，数值较高就表示对经济前景信心较大。这个指标非常具有价值，只不过它参照的是过去的数据。

# 货币简介：英镑（GBP）

## 宏观经济概况

英国是世界第四大经济体，2006年的GDP约为2万亿美元。由于有一个世界效率最高之一的央行，英国经历了多年的强劲经济增长、低失业率、产能扩张和富有弹性的消费。消费者的消费力度大部分源于英国强劲的房地产市场，该市场在2003年达到顶点。英国是一个以服务业为主导产业的经济体，制造业在GDP中的比重逐渐减小，现在只相当于国内产值的1/5。英国的资本市场是世界最发达的市场之一，因而金融和银行业对英国的GDP贡献最大。虽然英国的GDP主要来自于服务业，但是要知道，英国还是欧盟内最大的天然气出产国和出口国。能源业产值占了GDP的10%，这在任何一个工业国都是最高份额之一。这一点非常重要，因为能源价格上涨（比如石油），会对英国众多的石油出口商极为有利。（在2003年，由于在北海的石油开采中断，英国曾短时变为石油净进口国，但是不久就恢复了它作为石油净出口国的地位。）

总的来说，英国是商品净进口国，一贯处于贸易赤字状态。它的最大贸易伙伴是欧盟，两者的贸易额占了英国与所有国家进口和出口总额的50%。不过以单个国家计算的话，美国仍然是英国最大的贸易伙伴。下面是英国最重要的贸易伙伴排名。

**主要的出口市场**

1.美国

2.法国

3.德国

4.爱尔兰

5.荷兰

**主要的进口来源**

1.德国

2.法国

3.美国

4.荷兰

5.比利时

虽然英国在2003年6月拒绝采纳欧元，但是在未来很多年以后，采纳欧元的可能性仍将会成为英镑交易者需要考虑的一个因素。如果英国决定加入欧洲货币联盟，将会对其经济产生极其重大的影响，其中最重要的一项是，英国的利率必须调整到和欧元区利率一致。反对英国加入联盟的主要理由之一是，英国政府有着高效的宏观经济政策，且运行非常良好。正是由于其成功的货币和财政政策，才使英国在最近的经济衰退时期，表现得比大多数主要国家都好，包括欧盟。

英国财政部先前就详细列出了采纳欧元前必须满足的5项检验标准。

### 英国为采纳欧元制定的5项经济检验标准

1. 英国和其他货币联盟成员国之间，在经济周期和经济结构上是否存在可持续的趋同性，以使英国公民在欧元利率下仍然可以舒适地生活。

2.在应对经济变化上是否有足够的灵活性。

3.加入货币联盟，能否创造一个鼓励公司投资英国的环境。

4.加入货币联盟，是否对英国金融服务业的竞争力有积极影响。

5.加入货币联盟，能否促进就业的稳定和增长。

英国是一个非常政治化的国家，政府官员非常在意选民的意见。如果选民不支持加入欧元区，那么加入欧元区的可能性就会降低。下面是一些支持和反对采纳欧元的理由。

### 支持采纳欧元的理由

· 对英国的商业来说，可以减少汇率的不确定性并降低货币兑换交易的成本和风险。

· 在欧洲央行管理下的持续低通胀的前景，可以降低长期利率并促进经济持续增长。

· 单一的货币提升了价格的透明度。

· 欧盟内各金融市场一体化，将会提高欧洲资本分配的效率。

· 欧元是世界第二大储备货币，仅次于美元。

· 英国加入货币联盟后，在联盟内的政治影响力将急剧增加。

**反对采纳欧元的理由**

·货币联盟过去曾崩溃过。

·其中一个国家的经济或政治不稳定会影响到欧元，从而影响到其他健康的国家。

·《稳定与增长公约》列出了加入货币联盟的严格标准。

·加入货币联盟，就意味着把货币政策的自主权永远地交给了欧洲央行。

·加入货币联盟会丧失货币政策的自主权，这就对英国的劳动力和房地产市场的灵活性提出了更高要求。

·担心欧洲央行会被某一个国家控制。

·转换为新的货币需要高昂的交易成本。

## 货币政策和财政政策的制定者——英格兰银行

英格兰银行（BOE）是英国的中央银行，通过货币政策委员会（MPC）来制定负责英国的货币政策。货币政策委员会由9名成员组成，包括一名央行行长、两名副行长、两名央行执行董事和四名外部专家。在1997年，委员会被授予了制定货币政策的独立性。尽管可以独立制定货币政策，但货币政策的中心仍然是达到财政大臣提出的通货膨胀目标。目前这个目标是零售物价指数为2.5%。央行有权力调整利率，直到认为可以达到这个通胀目标为止。货币政策委员会每月召开一次会议，市场会紧密关注会后是否有货币政策或利率（银行回购利率）调整的声明发出。

货币政策委员会会在每次会议后发表声明，并发布一份季度通货膨胀报告。报告中详细列出了货币政策委员会对未来两年经济增长和通货膨胀的预测，以及政策调整的理由。此外，还会公布一份《季度公报》，公报中会提供过去货币政策调整的一些信息，并分析国际经济环境及对英国经济的影响。所有这些报告都包含了货币政策委员会制定的政策的详细信息，以及未来货币政策调整的倾向。货币政策委员会和英格兰银行使用的主要货币政策工具如下：

### 银行回购利率

这是货币政策使用的关键利率，用以达到财政部的通胀目标。设定这个利率，是为了银行在市场上的运作，如短期贷款业务。调整这个利率，会影响到商业银行提供给储蓄者和借款人的利率，继而影响到经济中的消费和产出，最终影响到成本和价格。这个利率上升，意味着政府意图控制通货膨胀，而下降，则意味着政府想要刺激经济增长和扩张。

### 公开市场操作

公开市场操作是为了达到调整银行回购利率的目标，同时保证市场上有足够的流动性和银行系统的持续稳定。这体现了英格兰银行的三大主要目标：维持货币的价值、维持金融系统的稳定、争取确保英国金融服务业的高效。为了保证流动性，银行每天进行公开市场操作，买入或卖出短期的政府固定收益工具。如果通过这个操作，还不能满足流动性的需要，英格兰银行也会进行额外的隔夜操作。

## 英镑的重要特征

### 英镑/美元非常具有流动性

英镑/美元是世界上最具流动性的货币对之一，所有外汇交易中6%都涉及到英镑。目前四个最具流动性的货币对是欧元/美元、英镑/美元、美元/日元和美元/瑞郎。英镑如此具有流动性的一个原因，是英国高度发达的资本市场。很多外国投资者除了在美国寻找投资机会，也会把资金投向英国。为了进行投资，外国投资者需要卖出他们的本国货币，买入英镑（见图12.3）。

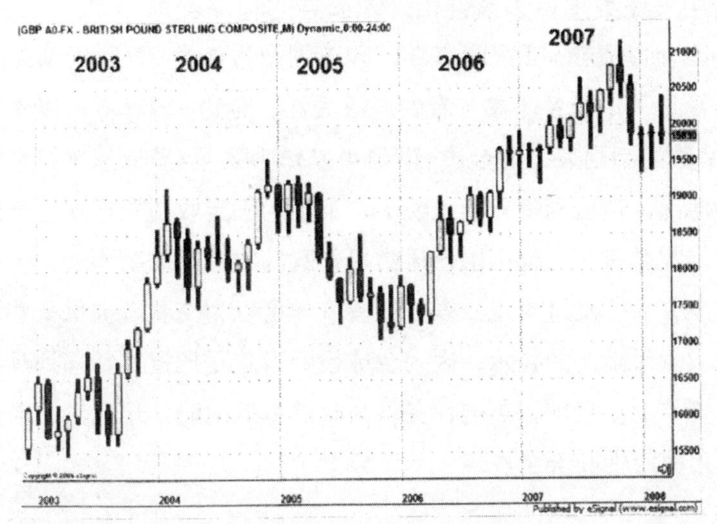


图12.3 英镑/美元5年的走势图（资料来源：www.eSignal.com）

### 英镑有三个名字

英国的货币有三个名字——the British Pound(英镑)、Sterling和Cable。这三个名字可以互换。

### 英镑有大量投机者参与其中

在本书出版时，英镑是发达国家中利率最高的货币之一。虽然澳大利亚和新西兰的利率更高，但他们的金融市场不如英国发达。因此，很多套息交易者或者对新的套息交易感兴趣的投资者，经常会把英镑当作借出货币，买入英镑和卖出诸如美元、日元、瑞郎这些低息货币。一次套息交易涉及买入或借出高息货币，卖出或借入低息货币。近年来，套息交易越来越受欢迎，极大地刺激了对英镑的需求。但是，如果英镑与其他货币的利率差异收窄，套息交易者大批撤离，就会增加英镑的波动率。

### 密切关注英国金边债券和外国债券的利率差异

英国金边债券–美国国库券，和英国金边债券–德国国债之间的利率差异受到了市场各路参与者的广泛关注。金边–国库券可以作为英镑/美元涨跌的晴雨表，而金边–国债可以作为欧元/英镑涨跌的晴雨表。更确切地说，这些利率差异反映了，英国的固定收益资产比起美国和欧洲的固定收益资产（德国国债通常用作欧洲收益率的晴雨表），可以多提供多少收益，反过来也一样。这些差异可以为交易者提供一些潜在资本流动或货币走向的指示，因为全球投资者总是把资本转移到具有最高收益的资本上。目前，英国在提供高收益率的同时，还提供了与美国相同的信用稳定性和安全性。

### 欧洲英镑期货（Eurosterling futures）可以为利率变动提供指示

由于英国的利率或银行回购利率是货币政策使用的主要工具，所以应该特别关注利率的变化。政府官员的言论是估计潜在利率变动倾向的一个方法。但是英格兰银行是少数几个要求货币政策委员会成员公布他们投票记录的央行之一，因此，这种个人责任感表示了，委员会成员的个人言论只代表了他们自己的观点，并不能代表英格兰银行。所以，必须要寻找其他可以指示英格兰银行利率潜在变动的指标。3个月欧洲英镑期货反映了市场对未来3个月欧洲英镑利率的预期。这些合约在预测英国利率变动方面，非常有用，而利率的变动最终会影响英镑/美元的波动。

### 英国政客对欧元的评论会影响欧元走势

任何关于欧元的讲话、评论（尤其是来自首相或财政大臣），或者与欧元有关的民意测验都会影响外汇市场。如果有采纳欧元的迹象，通常会对英镑施加巨大的下行压力，而更进一步对加入欧元区的反对，则常常会推高英镑。因为要让英镑与欧元相一致，英镑的利率必须大幅下调（在写作这本书的时候，英镑的利率是5.00%，欧元的利率是4.00%）。利率降低，会促使套息交易者了结头寸，或者卖出英镑。由于是否采纳欧元还存有不确定性，所以英镑/美元也会跟着下跌。英国的经济在其目前的货币当局的管理下，表现非常出色。最近，欧洲货币联盟正面临着成员国违反货币联盟规定的难题。由一个货币当局来管理覆盖12个国家的货币政策（加上英国就是13个），欧洲货币联盟还需要证明其制定的货币政策适合所有成员国。

### 英镑与能源价格具有正相关性

英国有一些世界上最大的能源公司，比如英国石油公司。英国能源业的产值占了GDP的10%。因此，英镑通常与能源价格有着正的相关性。具体点说，由于很多欧盟成员国要从英国进口石油，所以当油价上涨时，他们必须买入更多英镑，用于能源购买。此外，油价上涨，也会使英国的能源出口商获利更多。

### 英镑有关的交叉货币对

英镑/美元的流动性要高于欧元/英镑，不过欧元/英镑才是衡量英镑强弱的主要标准。英镑/美元往往对美国的发展动向更为敏感，而欧元/英镑则是更倾向于纯粹的英镑基本面交易，因为欧洲是英国的主要贸易和投资伙伴。但是，两个货币对天生就是相互依赖的，这就意味着欧元/英镑的波动会渗入英镑/美元的波动，反过来，英镑/美元的波动也会影响欧元/英镑的波动。因此，英镑交易者必须有意识地去了解两个货币对的交易行为。欧元/英镑的汇率应该刚好等于，欧元/美元除以英镑/美元的汇率。这些汇率上一个小小的价差也常被市场各路参与者加以利用，并很快被消除掉。

## 英国的重要经济指标

下面列出的所有指标对英国来说，都是非常重要的经济指标。但是，因为英国是一个以服务业为指导产业的经济体，所以要特别重视来自服务行业的数据。

### 就业状况

英国国家统计局每月进行一次国内就业状况的调查。调查的目的是要把劳动年龄人口分为3类——就业人口、失业人口和非劳动力人口——并为每一类提供了描述性和解释性的数据。通过调查得来的数据，为市场参与者提供了主要劳动力市场发展趋势的信息，比如跨产业部门的就业情况、工作小时、劳动参与率和失业率。这个调查是反映英国经济状况好坏的晴雨表，它的时效性使它受到了外汇市场的密切关注。

### 零售物价指数

零售物价指数（RPI）衡量的是一篮子商品价格的变化。但是，市场关注的是根本的零售物价指数或RPI-X，这个指数没有包括抵押利息在内。RPI-X受到市场关注的原因是，财政部目前为英格兰银行设定的通胀目标是RPI-X的年增长率为2.5%。

### 国内生产总值

国内生产总值的季度报告是由统计局发布的。GDP通过加总家庭、企业、政府的开支和外国净采购，统计了英国国内生产和消费的商品和服务的总值。GDP物价平减指数可以用来把按现价计量的产值转换为以基准价格表示的GDP（即实际GDP——译者注）。通过这个数据可以估计英国正处于经济周期的哪个阶段。GDP快速增长通常被理解为有通货膨胀倾向，而低速（或负的）增长则表示经济可能处于衰退或疲软。

### 工业生产

工业生产指数（IP）衡量的是英国制造业、矿业、电力、燃气和供水行业的产量变化。产量是指这几个行业生产的有形数量，不像销售收入，兼有数量和价格。这个指数覆盖了用于英国国内销售和出口的全部商品和能源的产量。因为工业生产指数与季度国内生产总值关系紧密，通过它能很好地洞察当前的经济状况，所以受到了市场的广泛关注。

### 采购经理指数

采购经理指数是英国皇家采购与供应学会（Chartered Institute of Purchasing and Supply）每月发布一次的调查报告。这个指数是经过季节调整的产量、新订单、存货和就业状况的加权平均数。指数大于50，表示经济在扩张；指数小于50，就表示经济在收缩。

### 英国新屋开工数据

新屋开工数据衡量了在特定月份内，新开工的住宅房屋建设项目的数量。这是英国一个非常重要的数据，因为房地产市场是支撑其经济表现的主要行业。

## 货币简介：瑞士法郎（CHF）

### 宏观经济概况

瑞士是世界第19大经济体，2006年的GDP超过了2550亿美元。这个经济体虽然相对较小，但如果按人均GDP计算，却是世界最富有的一个。它的繁荣程度和先进的技术比得上很多更大的经济体。国家繁荣主要因为制造业、旅游业和银行业具有相当的专业性。具体地说，瑞士的化学和制药业、机器、精密仪器、手表非常著名，尤其是金融系统在保护投资者机密方面在历史上就已闻名于世。加上瑞士长久以来的政治中立，为国家和货币创造了安全避所的美誉。所以，瑞士是世界最大的离岸资本目的地，持有超过2万亿美元的离岸资产，估计吸引了超过35%的世界私人财富管理业务。瑞士创建了规模巨大且高度发达的银行业和保险业，雇用了超过50%的人口，产值超过GDP的70%。瑞士金融业的繁荣源于它的安全避难所地位和著名的保密性。在全球风险厌恶时期，资本流动往往会推动其经济发展，而在风险偏好时期，贸易流动会推动经济的发展。因此，贸易流动非常重要，在瑞士所有贸易中，有近2/3是与欧洲进行的。瑞士最重要的贸易伙伴是：

主要的进口市场

1.德国
2.美国
3.意大利
4.法国
5.英国
6.日本

主要的进口来源

1.德国
2.意大利
3.法国
4.荷兰
5.美国
6.英国

近年来，瑞士的商品贸易流动一直在赤字和盈余之间徘徊。在另一方面，从1996年起，瑞士的经常项目一直处于盈余。在2006年，经常项目盈余到达了最高点，占了GDP的14.5%。这是所有工业经济体（除了挪威、新加坡和中国的香港地区）中最高的经常项目盈余。大部分的盈余都要归功于大量外国直接投资为了资本安全而投资瑞士，即使瑞士提供的收益率较低。

## 货币政策和财政政策的制定者——瑞士国家银行

瑞士国家银行是瑞士的中央银行。这是一个完全独立的中央银行，负责制定货币政策的委员会由3个人组成，包括一名主席、一名副主席和央行委员会的一名成员。由于委员会的规模较小，因此，所有的决策必须一致投票通过。委员会一个季度至少重新讨论一次货币政策，但是关于货币政策的决定可以在任何时候做出并宣布。不像其他大部分央行，瑞士国家银行没有设定官方的利率目标，而是设定了3个月瑞士银行同业拆借利率的目标区间。

### 瑞士中央银行的目标

在1999年12月，瑞士国家银行把关注焦点从货币供给目标（M3）转到每年低于2%的通货膨胀目标上。衡量的标准是基于国家的消费者物价指数。不过因为货币目标提供了关于长期通货膨胀的信息，所以货币目标仍然是非常重要的一个指标，受到了央行的密切关注。新的通胀目标也增加了央行的透明度。央行曾明确表示："如果中期的通货膨胀率超过2%，瑞士国家银行将倾向于紧缩的货币政策。"如果有通货紧缩的危险，则将采取宽松的货币政策。瑞士国家银行也严密地监视着汇率，因为过度强势的瑞郎会引发通货膨胀。这在全球处于风险厌恶时，尤其是这样。因为在这种时期，流入瑞士的资本会急剧增加。所以，瑞士国家银行通常偏好弱势的瑞郎，并毫不犹豫地把干预作为控制流动性的工具。瑞士国家银行官员干预瑞郎的方式多种多样，其中包括发表关于流动性、货币供给和汇率的言论。

**中央银行的工具**

瑞士国家银行最常用于实施货币政策的工具包括：

（1）目标利率区间

瑞士国家银行通过为3个月利率（瑞士银行同业拆借利率）设定目标利率区间，来实施其货币政策。这个区间通常有100个基点的幅度，并且每个季度至少修订一次。之所以把这个利率当作目标，是因为这是对瑞郎投资最重要的货币市场利率。这个目标发生变化时，会有一个关于经济环境发生变化的明确解释。

（2）公开市场操作

回购业务是瑞士国家银行的主要货币政策工具。一次回购业务，涉及到一个现金购买者（借款人）把证券卖给一个现金供应者（贷款人），并同意在以后某日买回相同类型和数量的证券。这种形式类似于担保借款。现金购买者必须支付利息给现金供应者。这些回购业务的到期日通常很短，从一天到几周不等。瑞士国家银行利用这些回购业务来控制3个月银行同业拆借利率的不良波动。为了防止3个月银行同业利率高于预定目标，瑞士国家银行会通过回购业务，以较低的回购利率提供给商业银行额外的流动性，本质上就为市场创造了额外的流动性。相反，瑞士国家银行也可以通过提高回购利率，来减少流动性或3个月银行同业拆借利率。

瑞士国家银行会公布一份《季度公报》，详细评估目前国家的经济状况，并回顾货币政策。央行还会公布一份《月度公报》，内容包括对经济发展状况的简短回顾。这些报告很重要，需要特别留意，因为它们包括了瑞士国家银行对目前国内状况评估的变化。

## 瑞士法郎的重要特征

### 安全避难所的地位

这个可能是瑞郎最独一无二的特性。由于这个特性和银行系统的机密性这两条关键优势，所以瑞士的安全避难所地位不断被强调着。瑞郎的波动主要受外部事件影响，跟国内的经济状况关系不大。就像前面说的，由于其政治中立，瑞郎被认为是世界首要安全避险货币。因此，在全球动荡时期，投资者通常更关心资本的保值而不是增值。无论此时的经济增长是否良好，资金都会流入瑞士，导致瑞郎升值。

### 瑞郎与黄金的关系密切

瑞士是世界黄金的第四大官方持有国。过去瑞士的宪法规定，货币的40%必须以黄金储备为后盾。从那以后，尽管这条规定已经取消，但是黄金与瑞郎的联系已经深深印在瑞郎投资者的脑海中。因此，瑞郎与黄金的有着接近0.80的正相关性。如果黄金价格上涨，瑞郎跟着上涨的可能性就非常高。另外，由于黄金也被视为终极货币，在全球经济和地缘政治处于不确定时期，黄金和瑞郎都会受益。

### 套息交易效应

在过去数年，瑞郎是工业国家中利率最低的货币之一，因而成为了套息交易者最常选择的货币之一。正如本书提到的，近年来，由于投资者积极地寻找高收益资产，套息交易者的队伍不断壮大。一次套息交易涉及到买入或借出一只高息货币，并卖出或借入一只低息货币。由于瑞郎是所有工业国中利率最低的货币之一，所以它是套息交易中被卖出或借入的主要货币之一。这就引起了卖出瑞郎，买入高息货币的需求。套息交易通常用于如英镑/瑞郎或澳元/瑞郎的交叉货币，但是这些交易会影响到欧元/瑞郎和美元/瑞郎。要进行套息交易，投资者就需要买入瑞郎。

### 密切关注欧洲瑞郎期货和外国利率期货间的利率差异

3个月欧洲瑞郎期货和欧元期货之间的利率差异，受到了瑞郎专业交易者的广泛关注。这些利率差异是指示潜在货币流动的很好指标，因为它们显示了美国固定收益资产提供的收益，比瑞士固定收益资产提供的收益多多少，反过来也一样。这些差异为投资者指示了潜在货币流动，因为投资者往往会寻求具有最高收益的资产。这对套息交易者尤其重要，他们建立头寸或了结头寸都是基于全球固定收益资产之间的正的利率差异。

### 银行制度有可能发生改变

在过去几年，欧盟成员国对瑞士施加了巨大的压力，要求瑞士降低银行系统的保密程度，增加客户账目的透明度。欧盟逼迫此事，是因为他们正在积极采取措施起诉他们的逃税者。这是瑞士未来几年需要担忧的问题。但是对瑞士来说，这是非常难做的决定，因为客户账户的保密性代表了瑞士银行系统的核心优势。欧盟威胁瑞士，如果不遵从他们提出的要求，就会对瑞士施以严厉的制裁。目前，双方正在协商一个公平的解决方案。任何改变银行制度的新闻或言论，都会影响瑞士的经济和货币。

### 跨国并购活动

瑞士的主要产业是银行和其他金融业。在这个行业里，并购活动非常普遍，尤其当整个行业在继续整合的时候。因此，这些并购活动对瑞郎有着重大的影响。如果外国公司要购买瑞士银行或保险公司，就需要买入瑞郎并卖出他们本国的货币。另一方面，如果瑞士银行要购买外国公司，就需要卖出瑞郎并买入外国货币。不管是哪种，瑞郎交易者都应该时常留意涉及到瑞郎的并购活动。

### 瑞郎相关交易行为和交叉货币对的特征

欧元/瑞郎是那些想介入瑞郎波动并从中获利的交易者最常交易的货币对（见图12.4）。而美元/瑞郎的交易频率就要低一些，因为它的流动性较高、波动幅度较大。但是，正是由于其波动率较高，日内交易者通常喜欢交易这个货币对。事实上，美元/瑞郎只是欧元/美元和欧元/瑞郎这两个货币对的合成货币对。做市商或专业交易者通常把这两个货币对当作美元/瑞郎的先行指标，或者当货币对缺乏流动性时，用来给美元/瑞郎定价。理论上，美元/瑞郎的汇率应该刚好等于欧元/瑞郎除以欧元/美元的汇率。只在全球处于极端风险厌恶时期，比如伊拉克战争或“9.11”时期，美元/瑞郎才会发展出自己的行情。这些汇率间的一个小小的差异，也会很快被市场各路参与者利用。

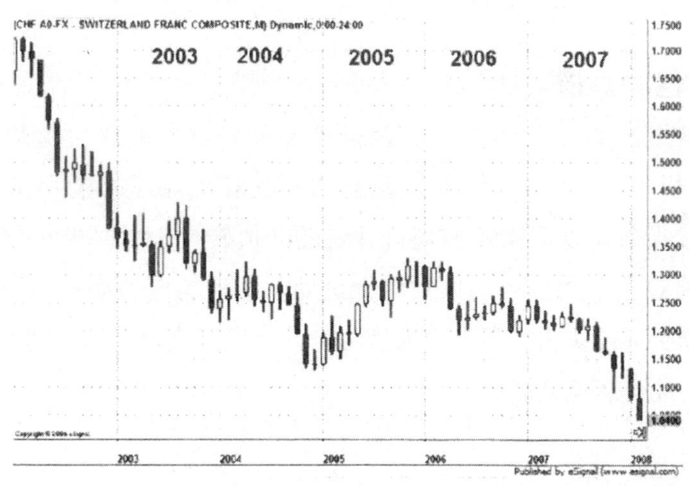


图12.4 美元/瑞郎的5年走势图（资料来源：www.eSignal.com）

## 瑞士的重要经济指标

### KOF先行指标

KOF先行指标报告是瑞士商业周期研究所（Swiss Institute for

Business Cycle Research）发布的一个报告。这个指数一般用来估计瑞士未来经济的健康状况。共有6个部分组成：（1）生产订单的变化；（2）预期制造商未来三个月的采购计划；（3）判断批发企业的存货情况；（4）消费者对自身财政状况的感觉；（5）建造业的未完成项目；（6）制造商的未完成订单。

### 消费者物价指数

消费者物价指数是每月根据在瑞士支付的零售物价计算出来的。根据现行国际惯例，涵盖的商品是根据消费概念来分类的，指数中包括的商品和服务是国民账户中个人消费支出总额的一部分。这一篮子商品不包括所谓的转移支出，如直接税收、社会保险贡献和健康保险费。这个指数是通货膨胀的关键度量标准。

### 国内生产总值

GDP是对瑞士国内生产和消费的商品和服务的总价值的计量，具体是通过加总家庭、企业、政府的开支和外国净采购得来。GDP物价平减指数可以用来把按现价计量的产值转换为以基准价格表示的GDP。通过这个数据可以估计瑞士正处于经济周期的哪个阶段。快速的经济增长常被认为容易出现通货膨胀，而低（或负）增长则表示很有可能处于经济衰退或疲软。

### 国际收支

国际收支是衡量瑞士国际经济活动的账目统称。经常项目是贸易加上服务部分的收支情况。国际收支对瑞郎交易者来说，是个非常重要的指标，因为瑞士总是保持着大额的经常项目余额。经常项目发生任何变化，不管是积极还是消极的变化，都可以引发资金的大额流动。

### 生产指数（工业生产）

这个生产指数是一个季度指标，衡量了工业产量（或者生产者的实物产量）的变化。

### 零售额

瑞士的零售额报告每个月公布一次，时间是在统计月份之后40天。这个数据是反映消费者消费习惯的重要指标，不会经过季节调整。

# 货币简介：日元（JPY）

## 宏观经济概况

日本是世界第三大经济体，2006年的GDP超过了4.2万亿（仅次于美国和整个欧元区或欧洲货币联盟），也是世界第二大主权经济体。日本还是世界最大的出口国之一，每年出口额超过5000亿美元。产品的制造和出口，如电子产品和汽车，是日本经济的主要驱动因素，占了日本国内生产总值的近20%。这也导致了日本持续的贸易顺差，尽管有严重的结构性缺陷，还是创造了对日元的巨大需求。除了是个出口国，日本也是一个原材料的进口大国。日本在进出口方面，主要的贸易伙伴是美国和中国。中国的廉价商品帮助中国占领了日本进口市场最大的份额。中国成为日本越来越重要的贸易伙伴。在2003年，中国已经超越美国，成为了日本最大的进口来源。

### 主要的出口市场

1.美国

2. 中国
3. 韩国
4. 中国台湾
5. 中国香港

**主要的进口来源**

1. 中国
2. 美国
3. 韩国
4. 澳大利亚
5. 中国台湾

## 日本泡沫破灭

要了解日本的经济，首先要了解是什么催生了日本泡沫经济，又是什么导致了它的破灭。

在上世纪80年代，对于正在亚洲寻找投资机会的国际投资者来说，日本的金融市场是最具吸引力的市场之一。它有着亚洲地区最为发达的资本市场，它的银行系统被认为是世界最强大的金融体系之一。那时候的日本，经济飞速增长，通货膨胀接近于零。引发了经济快速增长的预期，推高了资产价格，信贷也快速扩张，这些都助推了资产泡沫的发展。在1990年到1997年间，资产泡沫逐渐破灭了，资产价格下跌了10万亿美元，其中房地产价格的跌幅占了整个跌幅近65%，相当于日本两年的产值。资产价格下跌点燃了日本的银行危机。这场危机从上世纪90年代初开始，到1997年，发展为全面的系统危机，大量非常知名的金融机构纷纷倒闭。在上世纪80年代，资产泡沫达到顶峰的时候，很多银行和金融机构以土地作为抵押物，向建筑商和房地产开发商发放了大量贷款。在资产泡沫破灭以后，很多开发商违约，银行不得不承担这些坏账，有的抵押物的价值比起发放贷款时的价值下跌了60%到80%。由于这些银行机构规模庞大，且在公司融资上扮演着重要角色，这场危机对日本和全球的经济都产生了极深的影响。大量的坏账、下跌的股价和崩盘的房地产市场，削弱了日本经济接近20年。

除了银行危机，日本还有着所有工业国家中最高的债务水平，超过了GDP的140%。由于不断恶化的财政状况和不断增加的政府债务，日本经济陷入了10年的萧条。沉重的债务负担，使得日本仍然面临着流动性危机的风险。银行业已经变得高度依赖于政府的救助。因此，日元对日本的政治动向和政府官员一些言论非常敏感，这些言论中任何可以表明货币及财政政策可能发生变化、政府可能采取紧急援助计划或其他传闻的言辞，都会引发日元的波动。

## 货币政策和财政政策的制定者——日本银行

日本银行是日本主要货币政策的制定机构。在1998年，日本政府通过了赋予日本银行对政府的独立性的法律。日本银行可以独立于财政部（大藏省）运作，在货币政策上有完全决策权。虽然日本政府试图下放决策权，但是大藏省仍然保留了制定汇率政策权力。日本银行负责根据大藏省的指示，执行所有官方的外汇交易。日本银行的政策委员会由日本银行总裁、两名副总裁和6名其他成员组成。货币政策会议两个月举行一次，会议结束后会立即公布会议的议事摘要。日本银行也会公布一份由政策委员会提供的《月度报告》和一份《月度经济报告》。因为日本政府在不断尝试新举措来促进经济增长，而从这两份报告中可以发现央行观点的变化和新的货币或财政措施的一些信号，所以需要给予特别的关注。

日本的大藏省和日本银行都是非常重要的机构，他们都能影响日元的走势。由于大藏省是外汇干预的指挥者，所以要随时关注大藏省官员发表的评论。由于日本是一个出口导向型经济体，日本政府通常偏向于弱势的日元。因此，如果日元对美元显著升值，或升值太快，大藏省和日本银行的成员就会纷纷表述他们的担忧，或者表示对日元现行汇率或行情的不赞同。这些评论往往就是市场的驱动者，但是有一点需要注意，如果政府官员的这些评论已经充斥市场，却不见政府有何行动，市场就开始对这些评论毫无反应。但是，大藏省和日本银行干预外汇市场的历史悠久，他们会积极地操纵日元汇率以符合日本最大的利益。因此，那些官员的评论不可完全忽视。日本银行最常使用的货币政策工具是公开市场操作。

### 公开市场操作

这些业务主要集中在控制无抵押隔夜拆借利率上。现在，日本维持零利率政策已经有一段时间了，这意味着日本银行将不能通过进一步降低利率来促进经济增长、拉动消费或提高流动性。因此，为了维持零利率，日本银行必须通过公开市场操作来控制流动性，目标是隔夜拆借利率为零。它通过公开买入或卖出票据、回购协议或者日本政府债券来控制流动性。一次回购协议就是一个现金购买者（借款人）把证券卖给一个现金供应者（贷款人），并同意在一定期限后买回相同类型和数量的证券。这种形式类似于担保借款。现金购买者必须支付利息给现金供应者。这些回购业务的到期日通常很短，从一天到几周不等。

在财政政策方面，日本银行会考虑很多方法来处理不良贷款。这些方法包括设定通货膨胀目标，把一部分私人银行国有化，重新打包银行坏账然后打折卖出。虽然政策还没有决定，但是政府正在积极考虑这些和其他一些选择。

## 日元的重要特征

### 亚洲货币整体强/弱的代表

日本通常被视为亚洲货币整体强弱的代表，因为它是亚洲GDP最大的国家。日本有亚洲最发达的资本市场，所以一度是那些想进入亚洲地区的投资者的主要目的地。日本也与它的亚洲贸易伙伴有着大量的贸易往来。因此，日本的经济问题或政治不稳定通常会蔓延到其他亚洲国家。但是，这种影响不是单向的。亚洲其他国家的经济或政治问题也会显著地影响日本的经济，从而影响日元的走势。比如，由于七国集团中日本与朝鲜的联系最紧密，所以朝鲜的政治不稳定会对日本和日元造成很大的风险。

### 日本央行的干预习惯

日本的大藏省和日本银行是外汇市场上非常活跃的参与者。如果他们不满意日元的现行汇率，就会进入市场进行干预，日本干预外汇市场的历史非常长。由于日本是一个非常政治化的国家，政府官员和一些大型机构负责人关系密切，所以当大藏省决定让强势的日元贬值时，眼光狭窄。由于日本银行是如此活跃的一个参与者，就与市场的波动和其他参与者非常一致。日本银行会定期从银行那里获得关于大型对冲基金头寸的信息，当投机者一边倒地站到市场的一边时，日本银行很可能出手干预，以让自己获得最大的收益。大藏省和日本银行干预背后通常有三个主要影响因素：

1.日元升值/贬值的总量。历史上，当日元在少于6周的时间内，移动了7日元或更多的时候，干预就会出现。以美元/日元为例，7日元等于700点，相当于从117.00到125.00的波幅（117.00与125.00之间有800点的波幅——译者注），见图12.5。

2.美元/日元的现行汇率。历史上，日本银行所有反对强势日元的干预中，有11%发生在美元/日元的汇率超过115时。

3.投机性头寸。为了使干预的效果最大化，日本大藏省和日本银行会在市场参与者持有相反方向头寸时进行干预。交易者也可以通过美国商品期货交易委员会（CFTC）的网站www.cftc.gov上提供的国际货币市场头寸报告大致估计市场参与者头寸。

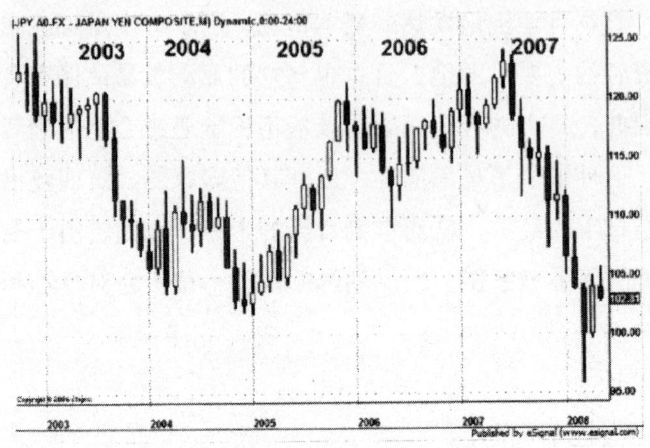


图12.5 美元/日元的5年走势图（资料来源：www.eSignal.com）

### 日元的波动季节性很强

日元交叉货币对在接近日本财政年度末（3月31日）的时候会非常活跃，因为这时的日本出口商会回流他们的美元计价资产。由于日本的银行在这时要调整他们的资产负债表，以符合金融服务管理局要求银行以市价计算他们所持证券的规定，所以这个时期对日本的银行特别重要。由于预期资产回流将引发买入日元的需求，投机者经常会提高日元价格，以从增加的日元流入中获利。因此，在财政年度末后，由于投机者了结头寸，日元通常会下跌。

除了财政年度末这种关键时期，每一天都有时机问题的考虑。不像伦敦或纽约的交易者通常在自己的交易桌上吃午饭，日本的交易者通常会在美国东部时间晚上10点到11点，外出吃饭一小时，只留一个初级交易者在办公室。因此，在日本午饭时间，市场比较具有波动性，因为此时非常缺乏流动性。除非突然发布公告、政府官员发表评论或者发布意外的经济数据，否则除了这段时间，日元在日本和伦敦时段的波动非常有序。而在美国时段，因为美国交易者会积极地建立美元和日元的头寸，所以日元通常具有更高的波动性。

### 银行股被广泛关注

由于日本的银行的不良贷款问题是引发日本经济危机的关键，所以银行股受到了外汇市场参与者的密切关注。这些银行出现任何违约迹象、令人失望的盈利状况或更多巨额不良贷款报告，都表明日本经济存在更深的问题。因此，银行股的波动可以影响到日元。

### 套息交易效应

最近几年，投资者积极地寻找高收益资产，导致套息交易者的队伍不断壮大。由于日元是所有工业国中利率最低的货币，所以成为了套息交易中被卖出或借入的主要货币。最受欢迎的套息交易货币对包括英镑/日元、澳元/日元、新西兰元/日元，甚至还有美元/日元。套息交易者会卖出日元，买入高息货币。所以，由于价差缩小而进行的与套息交易相反的操作，将对日元有利，因为这种反向操作是买入日元，卖出其他货币。

## 日本的重要经济指标

下面列出的所有经济指标都对日本非常重要。不过，由于日本是以制造业为主导产业，所以要特别关注来自制造业的数据。

### 国内生产总值

国内生产总值是对日本国内生产和消费的商品和服务的总价值的计量，分季度和年度两种数据。具体方法是加总家庭、企业、政府的开支和外国净采购。GDP物价平减指数可以用来把按现价计量的产值转换为以基准价格表示的GDP。对外汇市场参与者来说，GDP的初值报告最是重要。

**短观调查（TanKan Survey）**

短观调查是对日本企业进行的短期经济调查，一年公布4次调查数据。这项调查涉及了9000多家企业，所有的企业被分为四个主要类别：大型企业、中型企业、小型企业和主要企业。该调查为日本企业的商业运行趋势提供一个总体的描述，受到了外汇市场参与者的广泛关注。

**国际收支**

通过国际收支提供的信息，投资者可以了解日本的国际经济活动情况，包括商品、服务、投资收入和资本流动。日本银行的经常项目常被视为评估国际贸易的很好指标。国际收支有月度数据和半年数据两种。

**就业状况**

日本的管理和协调机构（Management and Coordination Agency）会每月公布一次日本的就业数据。发布的数据包括日本国内工作职位数量和失业率等。这些数据是来自对现有劳动力的统计调查。由于数据及时，并且是非常重要的经济活动先行指标，所以受到了市场的密切关注

**工业生产**

工业生产指数反映了日本制造业、矿业和公用事业产量的趋势。产量是生产的产品总量。这个指数涵盖了供日本国内销售和出口的全部产品，不包括农业、建筑业、交通业、电信业、贸易、金融和服务行业，还有政府支出和进口部分。工业生产指数是根据各行业在基期内的相对重要程度，加权各个组成部分计算出来的。投资者认为工业生产指数和累积存货，与总产量之间有很强的相关性，通过它可以很好地洞察经济的现状。

# 货币简介：澳元（AUD）

## 宏观经济概况

就GDP而言，澳大利亚是亚太地区第五大国家。在2006年，它的GDP约为6740亿美元。虽然这个经济体相对较小，但如果按人均GDP计算，它可以比上西欧很多工业国家。澳大利亚以服务业为主导产业，接近79%的GDP来自金融、房地产和商业服务等行业。但是，澳大利亚有贸易赤字，制造业在国家的出口贸易中占主导地位，而农业和矿产出口在所有制造业出口中的比例超过60%。因此，澳大利亚的经济对商品价格的变化高度敏感。下面是澳大利亚最重要的贸易伙伴排名，这个排名很重要，因为澳大利亚最大的贸易伙伴的经济是低迷还是快速增长，将会影响对澳大利亚进口和出口的需要。

**最大的出口市场**

1.日本

2.欧盟

3.中国

4.东南亚国家联盟

5.韩国

6.美国

**最大的进口来源**

1.欧盟

2.东南亚国家联盟

3.中国

4.美国

日本和东南亚国家联盟是澳大利亚商品的主要进口国。东南亚国家联盟包括文莱、柬埔寨、印度尼西亚、老挝、马来西亚、缅甸、菲律宾、新加坡、泰国和越南。从中可以推断出，澳大利亚对亚太地区国家的经济表现高度敏感。不过，在亚洲金融危机期间，尽管澳大利亚的出口主要面向亚洲，但在1997年到1999年三年间，澳大利亚的年均增长率仍达到4.7%。澳大利亚能保持如此强劲的经济增长，原因在于国家的内需非常强劲。所以澳大利亚才能安然度过危机。从上世纪80年代起，澳大利亚的国内消费一直稳步增长。因此，在全球经济放缓时，应该重点关注消费者支出这个指标。通过这个指标，可以了解全球经济放缓是否已波及澳大利亚的国内消费。

## 货币政策和财政政策的制定者——澳大利亚储备银行

澳大利亚储备银行是澳大利亚的中央银行。央行的储备银行理事会由央行行长（主席）、副行长（副主席）、财政部秘书和6名政府任命外部成员。货币政策要做出改变，必须得到理事会的一致同意。

### 澳大利亚中央银行的目标

澳大利亚央行的宪章规定，储备银行理事会制定的货币政策和银行政策必须达到以下几个目标：

- 维护澳大利亚货币稳定
- 维持充分就业

・保持经济繁荣并保障澳大利亚人民的福利

为了达到这些目标，政府设定了非正式的消费者物价增长率目标，为每年2%至3%。澳大利亚央行认为，保持经济长期可持续增长的关键是控制通货膨胀。控制通货膨胀就可以维护货币的价值。另外，通货膨胀目标明确了货币政策的制定方向，并引导了私营部门的通货膨胀预期。这也增加了央行运作的透明度。交易者应该知道，如果通货膨胀或通货膨胀预期超过了2%到3%的目标，就向澳大利亚央行发出了危险信号，这将促使央行偏好较为紧缩的货币政策——换句话说，就是进一步提高利率。

货币政策决议包括设定货币市场的隔夜贷款利率。经济中其他一些利率会因这个利率调整而发生不同程度的变化。所以在金融市场上，借款人和贷款人的行为都受到货币政策的影响（虽然货币政策不是唯一的影响因素）。通过这些渠道，货币政策推动着经济追求之前提到的目标。

### 现金利率

这是澳大利亚央行公开市场操作的目标利率。这个现金利率是金融机构之间的隔夜贷款利率。所以，现金利率与货币市场的现行利率有非常紧密的联系。货币政策改变，会直接影响金融系统的利率结构，也会影响市场对货币的情绪。图12.6显示了澳元/美元的汇率走势，以及与汇率相对应的澳元与美元之间的利率差异。总体来说，货币对的利率差异和货币对的波动有着非常明显的正相关性。在1990年至1994年间，澳大利亚激进地把利率从17%的高点降到4.75%，导致澳元/美元出现急剧下跌。而在2000年至2004年间，情况刚好相反。那时候，澳大利亚在提高利率，而美国在降低利率。两个相反的货币政策，导致澳元/美元在接下来的5年里强劲上涨（见图12.7）。

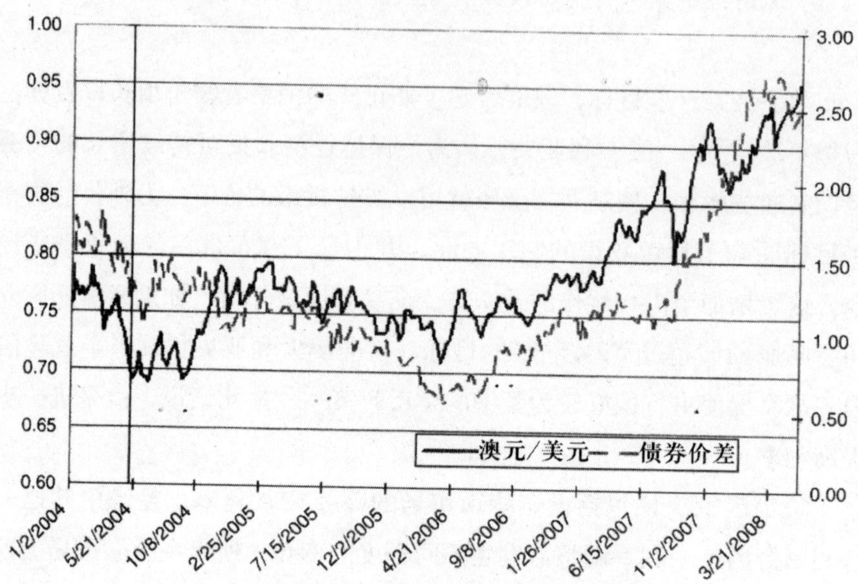


图12.6 澳元/美元和债券价差

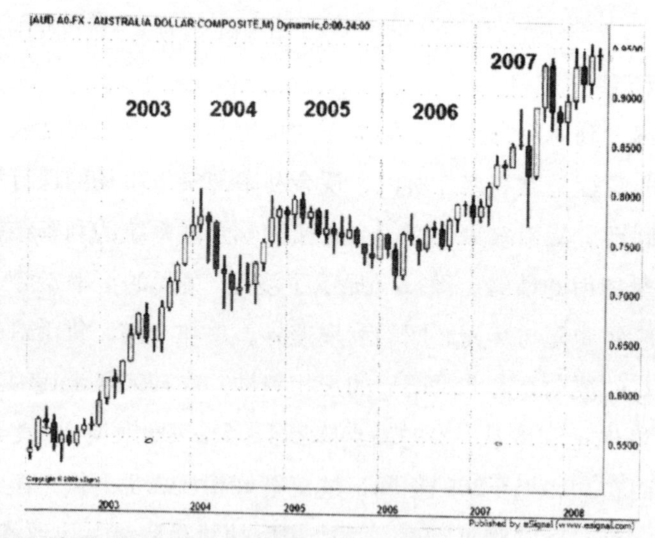


图12.7 澳元/美元的5年走势图（资料来源：www.eSignal.com）

### 维持现金利率：公开市场操作

每天公开市场操作的目标是，通过管理货币市场中商业银行的资金供给，维持现金利率尽可能接近目标。如果央行希望降低现金利率，就会以比现行现金利率更低的利率，增加短期回购协议的供给。通过这个操作，在本质上降低了现金利率。如果央行希望提高现金利率，就减少短期回购协议的供给，这在本质上提高了现金利率。一次回购协议涉及到一个现金购买者（商业银行）把证券卖给一个现金供应者（澳大利亚央行），并同意在一定期限后回购相同类型和数量的证券。这种形式类似于担保借款，借款人必须支付贷款人利息。这种回购业务的到期日通常非常短，从一天到几周不等。

澳大利亚从1983年开始，就一直实行浮动汇率。当市场面临过度波动的危险时，或者当汇率明显与根本的经济基本面不符时，澳大利亚央行会着手进行外汇市场操作。央行监视着一个贸易加权指数，以及与美元的交叉汇率。央行的干预目的一直是为了稳定市场状况，而不是为了达到某个汇率目标。

### 货币政策会议

澳大利亚央行会在每个月（除了1月份）的第一个星期二举行例会，会上讨论货币政策是否需要做出调整。每次会议结束后，央行会发布一份新闻稿，简述货币政策调整的理由。不管利率是否做出调整，都会发表声明。央行每个月还会发布一份《储备银行公报》。5月和11月的《储备银行公报》包括对货币政策的半年综述。2月、5月、8月和11月还会发布一份关于经济和金融市场的季度报告。这些报告会透露潜在货币政策变化的一些信息，值得一看。

## 澳元的重要特征

### 商品货币

历史上，澳元与商品价格，具体点说，是与黄金价格有着非常强的相关性（约80%）。两者间之所以有这样的相互关系，是因为澳大利亚是世界第三大黄金生产国。澳大利亚每年的黄金出口额约50亿美元。因此，当商品价格上涨时，澳元会跟着受益。而当商品价格下跌时，澳元当然也会跟着下跌。如果商品价格走强，对通货膨胀的担忧开始出现，澳大利亚央行就会倾向于提高利率，以抑制通货膨胀。但是，这是一个需要审慎处理的问题，因为黄金价格通常是在全球经济或政治不确定时上涨。如果澳大利亚央行在这样的情况下加息，将更容易受到不良影响。

### 套息交易效应

澳元是发达国家中利率最高的国家之一。由于非常具有流动性，澳元是最常用于套息交易的货币之一。一次套息交易涉及买入或借出一只高息货币，并卖出或借入一只低息货币。在2001年到2007年间，澳元/美元95%的上涨都要归因于套息交易的流行。当股票投资的回报很小时，很多外国投资者四处寻找具有最高收益的资产。但是，只有在实际收益优势能继续保持时，套息交易才能持续。如果全球央行纷纷提高各自的利率，澳元和其他货币之间正值的利率差异收窄，澳元/美元就会遭到大批套息交易者的抛弃。

### 干旱效应

由于澳大利亚出口的大部分都是大宗商品，所以澳大利亚的GDP对可以损害农业生产活动的极端天气状况非常敏感。比如，2002年对澳大利亚来说，就是非常艰难的一年。因为在这一年，澳大利亚遭遇了严重的干旱气候。干旱严重损害了澳大利亚的农业生产，而农业占了国家

GDP的3%，所以干旱是对澳大利亚经济非常重要的一个因素。澳大利亚央行估计“农业的减产会直接降低GDP增长率约1个百分点”。除了影响出口，干旱也会间接影响澳大利亚经济的其他方面。那些供应和服务于农业生产的行业，比如批发和运输部门，以及畜牧业的零售业务都会受到干旱的负面影响。但是，有一点需要注意，澳大利亚有在干旱后强劲恢复经济的历史。1982年–1983年的干旱，开始减少了国家的GDP增长率，后来又为GDP的增长贡献了1到1.5个百分点。1991年–1995年的干旱，曾在1991年–1992年和1994–1995年期间减少了GDP增长率约0.5到0.75个百分点，但是最终为GDP增长贡献了0.75个百分点。

### 利率差异

利率差异是澳大利亚的现金利率和其他工业国家的短期利率之间的利率差异，专业的澳元交易者应该密切关注这个数据。这些差异是指示潜在资金流动的很好指标，因为它们反映了澳元短期固定收益资产提供的收益，比外国短期固定收益资产提供的收益多多少，反之亦然。这个差异为交易者提供了潜在货币波动的指示，因为投资者总是追逐具有最高收益的资产。那些根据全球固定收益资产之间正的利率差异来建立或了结头寸的套息交易者，尤其应该重点关注。

## 澳大利亚的重要经济指标

### 国内生产总值

国内生产总值是对澳大利亚国内生产和消费的商品和服务的总价值的计量。它是通过加总来自家庭、企业和政府开支，以及外国净采购得来。GDP物价平减指数可以用来把按现价计量的产值转换为以基准价格表示的GDP。通过这个数据可以估计瑞士正处于经济周期的哪个阶段。快速的经济增长常被认为容易出现通货膨胀，而低（或负）增长则表示经济很有可能处于衰退或疲软。

### 消费者物价指数

消费者物价指数（CPI）衡量了一篮子商品和服务的价格的季度变化。这一篮子商品和服务占了CPI人群（即大城市的家庭）消费支出的大部分。这个篮子覆盖了很大范围的商品和服务，包括食品、房屋、教育、交通和医疗保健。由于这个数据衡量了通货膨胀水平，货币政策根据这个指标来做出调整，所以这是一个需要重点关注的关键指标。

### 贸易收支

贸易收支（Balance of Goods and Services）是在国际收支的基础上，对澳大利亚每个月商品和服务的国际贸易的计量。日用商品的进口和出口数据，主要来自基于澳大利亚海关记录的国际贸易统计。经常项目是商品贸易加上服务部分的收支情况。

### 个人消费

这是一个国民核算账户，反映的是家庭和向家庭提供个人非营利服务的生产者的支出情况。它包括耐用商品和非耐用商品的采购。但是，并不包括个人在购买住宅上的支出，和非公司性质的企业的资本性支出。这个数据尤其值得关注，因为个人消费或消费者支出是澳大利亚经济富有弹性的基础。

### 生产者物价指数

生产者物价指数（PPI）是一系列指数，衡量的是国内生产者为生产产品所支付的价格的平均变化。PPI几乎跟踪了国内所有的商品生产行业，包括农业、电力和天然气、林业、渔业、制造业和矿业。外汇市场通常关注经过季节调整的产成品PPI，以及每月、每季、每半年和每年的同比变化情况。澳大利亚的PPI每个季度公布一次。

# 货币简介：新西兰元（NZD）

## 宏观经济概况

新西兰是个很小的经济体，2006年的GDP约为1070亿美元。在本书出版时，这个国家的人口规模不到纽约的一半。它曾经是经济合作与发展组织里管制最严的国家，但在过去20年，新西兰逐渐朝着一个更开放、更现代和更稳定的经济体迈进。1994年通过了《财政责任法案》后，新西兰力争从农牧业经济向着拥有高技能、高就业和高附加值的领先的知识型经济转变。这个法案规定，政府必须为其财政绩效对公众负责。该法案还为国家的宏观经济政策设定了框架。下面是《财政责任法案》中规定的基本原则：

· 财政经营预算(operating budget)每年达到盈余，直到把债务减到审慎的水平。

· 债务必须减少到审慎的水平，政府必须保证开支小于收入。

· 政府的资产净值（net worth）必须达到并维持充足的水平，以防未来出现不利事件。

· 必须遵循合理的税收政策。

· 必须审慎管理政府面临的财政风险。

新西兰也有高度的发达的制造业和服务业，而农业占了国家出口总量的大部分。新西兰是非常明显的出口导向型经济，商品和服务的出口约占GDP的1/3。由于经济规模小，贸易总量大，新西兰对全球的经济表现非常敏感，尤其是澳大利亚和日本这两个主要贸易伙伴，与澳大利亚和日本的贸易额占了新西兰贸易总额的30%。在亚洲金融危机期间，由于外部需求下降，新西兰出口减少，加上连续两次干旱导致农业及相关产业减产，新西兰的GDP增长率减少了1.3个百分点。新西兰最重要的贸易伙伴排名如下：

主要的出口市场

1.澳大利亚.

2.美国

3.日本

主要的进口来源

1.澳大利亚

2.中国

3.美国

## 货币政策和财政政策的制定者——新西兰储备银行

新西兰储备银行是新西兰的中央银行。货币政策委员会是银行的内部委员会，每周评估一次货币政策。新西兰央行每年召开8次会议，或者说6周召开一次会议，评估现行货币政策。不像其他大多数央行，新西兰利率调整的最终决定权属于央行行长。由财政部部长和央行行长签署的"政策目标协议"（ Policy Targets Agreement），目标是维持政策稳定，并避免产值、利率和汇率出现不必要的不稳定状况。在维持物价稳定方面，要求保持CPI每年1.5%的增长目标。如果央行没有达到这些目标，政府就可以解除央行行长的职位，但是这种事情很少发生。这就为央行提供了强烈的动机去达到通胀目标。央行最常用于实施货币政策的工具是：

### 官方现金利率

官方现金利率（Official Cash Rate）是央行为实施货币政策而设定的一个利率。央行以高于官方现金利率25个基点的利率，借出隔夜现金给商业银行，又以低于官方现金利率25个基点的利率，接收商业银行的存款或支付利息。央行通过控制商业银行的流动性成本，来影响提供给个人和企业的利率。实际上，这就把隔夜借款利率限制在50个基点的区间内。如果商业银行以高于区间上限的利率提供资金，将很难吸引借款者，因为借款者从央行借款的成本更低。如果商业银行提供的利率低于区间下限，也将很难吸引到存款者，因为他们提供的收益低于央行。通过评估和调整官方现金利率，可以维持经济的稳定。

### 财政政策的目标

公开市场操作是用来达到现金目标的一个工具。现金目标是注册银行所持储备的目标量。现行的目标是2000万新西兰元。为了达到这个目标，新西兰央行会对现金的每日波动做出预测，并据此决定向市场注入或从市场回收的现金数量。下面是来自新西兰财政部的一些目标，这些目标为衡量财政政策提供了一些指引：

· 支出

为了满足未来新西兰养老金融资需要，财政相关支出将控制在GDP的35%左右。

· 收入

提高财政收入，直到达到经营收支(operating balance)的目标。这需要有一个制度健全、税基广泛的税收系统——这是提高财政收入的最公平有效的方式。

· 经营收支

经济周期内的平均经营盈余(operating surplus)，足以满足未来新西兰的退休金需求，确保与债务目标保持一致。

· 债务

在经济周期内，平均总债务低于GDP的30%。不包括用于满足未来退休金要求的资产的净债务，需低于GDP的20%。

· 资本净值

提高资本净值，以和经营收支目标相一致。可以通过增建用于满足未来退休金需要的资产来达到。

## 新西兰元的重要特征

### 与澳元有非常强的相关性

澳大利亚是新西兰最大的贸易伙伴。因为两国地理位置很近，新西兰又以贸易业为主导，所以两国间建立了非常紧密的联系。当澳大利亚经济表现良好的时候，澳大利亚的公司会增加他们的进口业务，新西兰就是最先受益的一个。事实上，从1999年开始，澳大利亚的经济表现格外出色，房地产市场迅猛发展，极大增加了对建筑用品的进口需求。所以，在1999年到2002年间，澳大利亚强劲的经济增长导致从新西兰的进口增长了10%。图12.8显示了两个货币对之间存在的近乎完美的镜像关系。事实上，在过去5年，这两个货币对之间的相关性接近97%。

### 商品货币

新西兰是出口驱动型经济体，商品的出口占了国家出口总额超过40%，导致新西兰元与商品价格之间有50%的正相关性。如果商品价格上涨，新西兰元就很有可能跟着上涨。但是，新西兰元与商品价格的相互关系不只局限于新西兰自己的贸易活动。实际上，澳大利亚经济的表现也与商品价格高度相关。如果商品价格上涨，澳大利亚经济会受益，国家各方面的业务活动都会增加，包括与新西兰的贸易。澳元与新西兰元之间的相关性促成新西兰元成为了一只与商品紧密相关的货币。

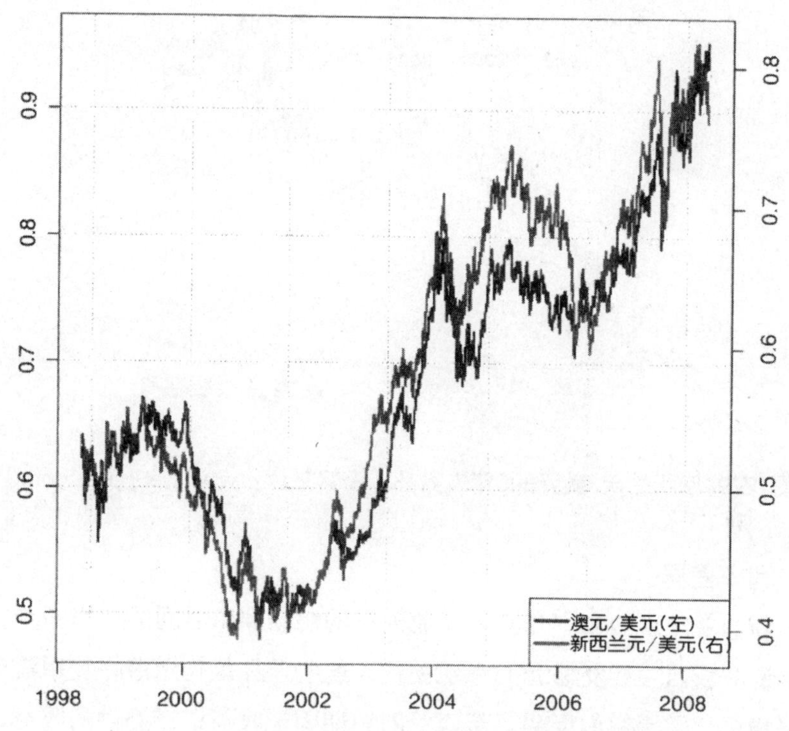


图12.8 澳元/美元与新西兰元/美元的走势图

## 套息交易

新西兰元是工业国家中利率最高的货币之一，它早已成为套息交易中最常买入的货币之一。一次套息交易涉及到买入或借出一只高息货币，并卖出或借入一只低息货币。在全球投资者都在寻找机会获得高收益的环境下，套息交易的普及促成了新西兰元的上涨。但是，这同时也造成新西兰元对利率的变化格外敏感。当美国开始提高利率，而新西兰保持利率不变或降低利率时，新西兰元的息差优势就会降低。在这样的情形下，新西兰元就要面对大批投机者了结套息交易头寸的压力（见图12.9）。

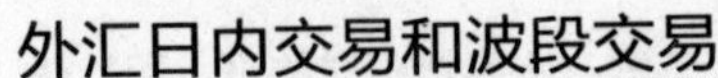


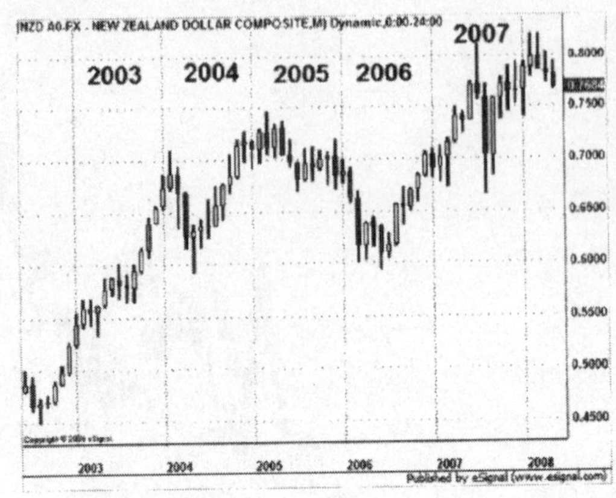


图12.9 新西兰元/美元的5年走势图（资料来源：www.eSignal.com）

### 利率差异

新西兰的现金利率和其他工业国家的短期利率之间的利率差异，受到了专业新西兰元交易者的密切关注。这些差异是指示潜在货币流动的很好指标，因为它们反映了新西兰的短期固定收益资产提供的收益，比外国短期固定收益资产提供的收益高多少，反之亦然。由于投资者总是追逐具有最高收益的资产，所以这个差异为交易者指示了货币可能出现的波动方向。那些根据全球固定收益资产之间正的利率差异来建立或了结头寸的套息交易者，尤其需要给予重点关注。

### 移民

如前所述，新西兰的人口很少，还不到纽约人口的一半。所以，移民的增加，会对这个国家的经济产生显著的影响。在2006年到2007年间，新西兰的人口增加了161276人，这个数字在2001年至2002年间，还只有1700人。虽然这个数据的绝对数值看起来很小，但是对新西兰来说，已是一个非常庞大的数字。事实上，大量移民进入新西兰，对新西兰经济的发展做出了巨大贡献，因为人口增加，对日用商品的需求也会增加，从而提高了整个消费水平。

### 干旱效应

由于新西兰出口的大部分都是大宗商品，所以新西兰的GDP对损害农业生产活动的极端天气状况非常敏感。在1998年，干旱导致的经济损失超过5000万美元。干旱也频繁光临澳大利亚，这个新西兰的最大贸易伙伴。干旱对澳大利亚造成的经济损失达到了国家GDP的1%，间接也对新西兰的经济造成了负面影响。

## 新西兰的重要经济指标

新西兰不常发布经济数据，下面列出的是最重要的经济数据。

### 国内生产总值

国内生产总值是对新西兰国内生产和消费的商品和服务的总价值的计量，是通过加总来自家庭、企业和政府开支，以及外国净采购得来。GDP物价平减指数可以用来把按现价计量的产值转换为以基准价格表示的GDP。通过这个数据可以估计新西兰正处于经济周期的哪个阶段。快速的经济增长常被认为有出现通货膨胀的倾向，而低（或负）增长则表示经济很有可能处于衰退或疲软。

### 消费者物价指数

消费者物价指数衡量了一篮子商品和服务的价格的季度变化。这一篮子商品和服务占了CPI人群（即大城市的家庭）消费支出的大部分。这个篮子覆盖了很大范围的商品和服务，包括食品、房屋、教育、交通和医疗保健。由于这个数据衡量了通货膨胀水平，而货币政策是根据这个指标来做出调整的，所以这是一个需要重点关注的关键指标。

### 贸易收支

新西兰的国际收支平衡表记录了新西兰与其他国家在商品、服务、收益和转移的贸易金额，以及新西兰对其他国家的债权（资产）和债务的变化。新西兰的国际投资头寸表显示，在特定时点上，国家的国际金融资产和国际负债存量情况。

### 个人消费

这是一个国民核算账户，反映的是家庭和向家庭提供个人非营利服务的生产者的支出情况。它包括耐用商品和非耐用商品的采购，但是并不包括个人在购买住宅上的支出，和非公司性质的企业的资本性支出。

### 生产者物价指数

生产者物价指数（PPI）是一族指数，衡量的是国内生产者为生产产品所支付的价格的平均变化。PPI几乎跟踪了国内所有的商品生产行业，包括农业、电力和天然气、林业、渔业、制造业和矿业。外汇市场通常关注经过季节调整的产成品PPI，以及每月、每季、每半年和每年的同比变化情况。新西兰的PPI每个季度公布一次。

## 货币简介：加拿大元（CAD）

### 宏观经济概况

加拿大是世界第七大国家，2006年的GDP达到11780亿美元。从1991年开始，加拿大的经济就稳步增长。由于加拿大早期的经济发展完全依赖国家自然资源的开采和出口，所以通常被认为是资源性经济体。现在，它是世界第五大黄金生产国和第四大石油出产国。但是，加拿大接近2/3的GDP是来自服务业，服务业人口占了总劳动力人口的3/4。

服务业发展如此强劲增长部分归功于公司分包大部分业务已成趋势。比如，一个制造企业把送货服务分包给一家运输公司。尽管如此，但是制造业和资源业对加拿大的经济仍然很重要，因为它们占国家出口总量超过25%，是很多省的主要收入来源。

随着加元兑美元贬值，以及《北美自由贸易协定》于1989年1月1日生效，加拿大的经济开始发展起来。这个协定几乎消除了美国与加拿大之间的所有关税。所以，加拿大现在超过78%的商品出口都是面向美国。后来经过进一步谈判，加拿大、美国和墨西哥共同签署了《北美自由贸易协定》，该协定于1994年1月1日生效。这个更高一级的协定消除了三国之间大部分的关税。加拿大与美国非常紧密的贸易关系，使加拿大对美国的经济状况特别敏感。如果美国的经济表现糟糕，对加拿大出口的需求就会降低；相反，如果美国的经济增长强劲，加拿大的出口就会受益。下面是加拿大的贸易伙伴排名表：

**主要出口市场**

1.美国

2.英国

3.中国

4.日本

5.欧元区

**主要的进口来源**

1.美国

2.中国

3.欧元区

4.英国

5.日本

## 货币政策和财政政策的制定者——加拿大银行

加拿大的中央银行就是加拿大银行。加拿大银行的管理委员会负责制定货币政策。这个委员会有7名成员：行长和6名副行长。加拿大银行一年召开8次会议，讨论是否调整货币政策。央行每个季度会公布一份月度货币政策的最新报告。

### 中央银行的目标

加拿大央行的目标是维持货币的价值，主要就是通过坚持与财政部联合确定的通胀目标，确保物价稳定。目前这个通胀目标是1%到3%。央行认为，高通货膨胀率会危害经济的运行，而低通货膨胀率就等同于物价稳定，将有助于促进经济可持续发展。央行通过短期利率来控制通货膨胀。如果通货膨胀高于了目标，央行就会采取较为紧缩的货币政策，如果低于目标，就会采取宽松的货币政策。总的来说，加拿大央行从1998年以来，在保持通货膨胀目标上，一直做得非常出色。

央行通过它的货币状况指数（Monetary Conditions Index）来衡量货币状况。货币状况指数是90日商业票据的利率和G–10的贸易加权汇率的加权平均数。利率与汇率的权重比是3:1，这是根据历史研究，得出的利率变化对汇率的影响效应。这表示，短期利率提高1%，等同于贸易加权汇率升值3%。为了调整货币政策，加拿大会调控银行利率，而这会影响汇率。如果货币升值到不合意的水平，央行可以通过降低利率来抵消货币升值的影响。如果货币贬值，央行就可以提高利率。但是，调整利率的目的不是为了调控汇率，而是为了控制通货膨胀。下面是加拿大央行最常用于实施货币政策的一些工具。

### 银行利率（Bank Rate）

这是用于控制通货膨胀的主要利率，是加拿大央行向商业银行收取的利率。改变这个利率，会影响到其他利率，包括商业银行收取的抵押按揭利率和最低贷款利率。因此，改变这个利率，将影响到整个经济。

### 公开市场操作

大额资金转账系统（Large Value Transfer System）是加拿大央行实施货币政策的机构。为了给每天的业务融资，加拿大的商业银行通过这个机构，来相互拆借隔夜资金。大额资金转账系统是一个电子平台，通过这个平台，金融机构可以进行大宗交易。这个向隔夜贷款收取的利率被称为隔夜利率或银行利率。如果隔夜贷款利率高于或低于目标银行利率，央行就可以通过以低于或高于现行市场利率的利率提供贷款，来调控隔夜利率。

央行会定期发布很多报告，都应该给予关注。其中有半年公布一次的《货币政策报告》，主要是对经济环境现状和通货膨胀影响的评估。还有每季度公布一次的《加拿大银行评估报告》（Bank of Canada Review），内容包括对经济的评论、专题报道、央行董事会成员的讲话和重要声明。

## 加元的重要特征

### 商品货币

加拿大的经济高度依赖于大宗商品。就如前面提到的，它现在是世界第五大黄金生产国和第四大石油出产国。加元和大宗商品价格之间的相关性接近正的60%。商品价格高涨，通常有利于国内生产商，会增加他们的出口收益。不过有一点要提请注意，高涨的商品价格最终会损害来自如美国这样的进口国的外部需求，减少对加拿大出口商品的需求。

### 与美国有非常紧密的关系

加拿大78%的出口都是面向美国。加拿大从上世纪80年代开始，对美国一直是商品贸易顺差。在2003年，加拿大对美国的经常项目顺差创出了900亿美元的新高。来自美国的强劲需求和高涨的能源价格，使2001年的能源出口额创了约360亿美元的新纪录。所以，加拿大的经济对美国经济的变化高度敏感。如果美国经济加速，与加拿大公司的贸易增加，将有利于加拿大的整体经济表现。相反，如果美国经济减速，美国减少他们的进口业务，加拿大的经济将因此遭受巨大损失。

### 并购

由于美国和加拿大相邻，加上世界各地的公司都在努力进行全球扩张，所以两国间的跨国并购活动非常普遍。这些并购活动导致了两国之间的资金流动，最终会影响到货币。例如，2001年美国公司收购加拿大能源公司时，向加拿大注入了超过250亿美元的资金。美国公司为了支付收购费用，需要卖出美元、买入加元，美元/加元因此出现大跌。图12.10显示的是美元/加元5年来的走势。

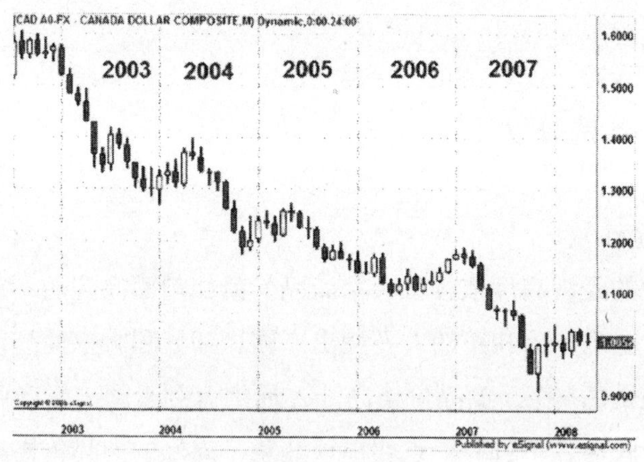


图12.10 美元/加元的5年走势图（资料来源：www.eSignal.com）

### 利率差异

加拿大现金利率和其他工业国的短期利率之间的利率差异，受到了专业加元交易者的密切关注。这些差异是指示潜在货币流动的很好指标，因为它们反映了加拿大的短期固定收益资产提供的收益，比外国短期固定收益资产提供的收益高多少，反之亦然。由于投资者总是追逐具有最高收益的资产，所以这个差异为交易者指示了货币可能出现的波动方向。那些根据全球固定收益资产之间正的利率差异来建立或了结头寸的套息交易者，尤其需要给予重点关注。

### 套息交易

在2002年4月至7月，加拿大把利率提高75个基点后，加元成为套息交易非常喜欢的一只货币。一次套息交易涉及到买入或借出一只高息货币，并卖出或借入一只低息货币。当加元的利率高于美元时，由于两国毗邻，做空美元/加元的套息交易成为最受欢迎的套息交易之一。套息交易者之所以受欢迎，是因为很多外国投资者和对冲基金都在寻找机会获得高收益。但是，如果美国采取紧缩的货币政策，或者加拿大开始降息，加元与其他货币之间的利率差异就会缩小。在这种情形下，加元将面临大批投机者平仓的压力。

## 加拿大的重要经济指标

### 失业率

失业率表示总劳动力人口中失业的人数的百分比。

### 消费者价格指数

这个指数衡量了物价的平均上涨率。当经济学家把通货膨胀作为一个经济问题时，他们通常是指在一段时期内，总体物价水平持续上涨，会导致货币的购买力下降。通货膨胀通常是用消费者物价指数的上涨百分比来衡量。由加拿大联邦政府和央行共同确定的通货膨胀目标制的货币政策，目标是把通货膨胀率维持在1%至3%的目标区间内。如果一年的通货膨胀率达到10%，那么去年平均花费100美元购买的商品，今年平均需要花费110美元。如果通货膨胀率不变，那么明年要购买同样的商品，平均需要花费121美元。依此类推。

### 国内生产总值

加拿大的国内生产总值是一年内在加拿大生产的商品和服务的总价值。它是对加拿大境内产出的计量。GDP也被称为经济产出。为了避免重复计算相同的产出，GDP只包括最终产品和服务——不是那些用于生产其他产品的中间产品，比如，GDP不包括用于生产面包的小麦，但是包括面包。

### 贸易收支

贸易收支是一个国家的产品（商品）和服务的贸易账目。它的商品贸易，包括制成品、原材料和农产品，还有旅游和交通运输。贸易差额是一个国家商品和服务的出口额和进口额之间的差额。如果一个国家的出口额超过进口额，这个国家就有了贸易盈余，贸易差额就为正值。如果进口额大于出口额，这个国家就有贸易赤字，它的贸易差额就为负值。

### 生产者物价指数

生产者物价指数（PPI）是一族指数，衡量的是国内生产者为生产产品所支付的价格的平均变化。PPI几乎跟踪了国内所有的商品生产行业，包括农业、电力和天然气、林业、渔业、制造业和矿业。外汇市场通常关注经过季节调整的产成品PPI，以及每月、每季、每半年和每年的同比变化情况。

### 消费者支出

这是一个国民核算账户，反映的是家庭和向家庭提供个人非营利服务的生产者的支出情况。它包括耐用商品和非耐用商品的采购，但是并不包括个人在购买住宅上的支出，和非公司性质的企业的资本性支出。